国家骨干院校建设规划教材

物 流 管 理 专 业 系 列

热带农产品物流信息技术

主　编◎吕业清　彭继跃

副主编◎刘智学　李坚　肖瑶

参　编◎惠青　黄琳　潘竹　谭异初　李小超　符毅　王学深

中国经济出版社

CHINA ECONOMIC PUBLISHING HOUSE

北京

图书在版编目（CIP）数据

热带农产品物流信息技术/吕业清，彭继跃主编．
北京：中国经济出版社，2014.1
ISBN 978－7－5136－2395－7

Ⅰ．①热… Ⅱ．①吕…②彭… Ⅲ．①热带作物—农产品—物流现代化—教材 Ⅳ．①F724.72

中国版本图书馆 CIP 数据核字（2013）第 055664 号

责任编辑　孙晓霞　伏建全
责任审读　霍宏涛
责任印制　马小宾
封面设计　武汉瑞肯传播　巢新强

出版发行　中国经济出版社
印 刷 者　北京科信印刷有限公司
经 销 者　各地新华书店
开　　本　787mm×1092mm　1/16
印　　张　14.75
字　　数　260 千字
版　　次　2014 年 1 月第 1 版
印　　次　2014 年 1 月第 1 次
书　　号　ISBN 978－7－5136－2395－7/G·1989
定　　价　34.00 元

中国经济出版社 **网址** www.economyph.com **社址** 北京市西城区百万庄北街 3 号 **邮编** 100037

海南经贸职业技术学院
校企合作教材编写委员会

出版说明

国家骨干高职院校的“示范引领”作用离不开专业的特色建设，而专业特色的打造又离不开专业课程体系的创新架构。海南经贸职业技术学院自2010年被批准为国家首批骨干高职学院以来，为培养高素质高端技能型人才，不断深化高职教学改革，提高教学质量。在教学改革的过程中，学院始终把校企合作教材建设作为高职课程体系改革和专业内涵建设的重要抓手，以课程体系改革统领校企合作教材开发，以校企合作教材开发推动校企合作机制体制创新和专业内涵建设。

目前，我院与合作企业开发了一系列高职教材。本系列教材选用了我院校企合作的多项课题研究成果，结合了我院教师多年的教育教学实践，融入了合作企业专家的管理经验，特别是近三年国家骨干校建设的实践，充分地展现了我院三年来国家骨干校课程建设的阶段性成果。本系列教材通过教材编写委员会和合作企业专家共同论证，由教学经验丰富、专业技能突出和理论功底扎实的同志担任编委，负责统稿、修订、润色。目前已确定23部校企合作教材正式出版。这是我院国家骨干高职建设的重要成果，也是我院特色课程建设迈出的重要步伐，是值得特别庆贺的一件事情！

本系列教材不仅体现了国家骨干院校课程建设“模块化、任务驱动”教学的基本要求，而且还体现海南高职教育区域化、职业化、实践化国际化的特色，体现了海南经贸职业技术学院“校企共育、课岗证赛融合、分阶段推进”人才培养思想。

一是突出能力培养这个总目标。根据高职教育教学规律和专业人才培养目标，针对高职学生的认知特点，基于“工作过程”或“任务驱动”来编写教材内容，将理论教学和实践教学融为一体，突出“教学做”一体化，以培养学生实践能力为最终目标，同时兼顾学生毕业后的可持续发展。

二是突出“课岗证赛”融合。在校企合作开发教材的过程中，将企业岗位技能、从业职业资格证要求、技能大赛要点紧密结合起来，在内容的取舍、活动安排、过程设计上，力求做到“教学做”一体，课堂学习与就业要求相对接。

三是突出可读性、实用性。从高职教育的现实需要出发，高职教材必须遵循“理论够用，技能实用”的原则。因此本系列教材在内容上删繁就简，在体例上将案例、实训、知识链接等板块有机集合,图文并茂,确保了实用性、新颖性和可读性。

本系列校企合作教材的编写和出版在学院教材编写委员会的指导下进行的,凝结了各位参编教师的心血与智慧,在展示我院国家骨干校教材建设新成果的同时,必将对我院课程体系改革建设产生积极的、深远的影响。同时,本系列教材能如期出版不仅得益于中国经济出版社的大力支持,也得益于学院领导的关爱和骨干建设资金的资助!由于编写时间有限,编者水平有限,请各兄弟院校师生在使用本系列教材的同时,多提宝贵意见,以利于教材不断完善。

海南经贸职业技术学院
校企合作教材编委会
2013 年 3 月

前 言

在信息化快速发展的今天，信息已成为现代物流的灵魂，尤其是互联网技术的推动，更使物流信息化及其相关的物流信息技术受到空前的重视。

物流信息技术是现代信息技术在物流各个作业环节中的综合应用，是现代物流区别于传统物流的根本标志，也是物流技术中发展最快的领域，尤其是计算机网络技术的广泛应用使物流信息技术达到了较高的应用水平。各种物流信息应用技术已经广泛应用于物流活动的各个环节，对企业的物流活动产生了深远的影响。

目前，物流设备跟踪主要是指对物流的运输载体及物流活动中涉及到的物品所在地进行跟踪。物流设备跟踪的手段有多种，可以用传统的通信手段如电话等进行被动跟踪，可以用射频识别（RFID）手段进行阶段性的跟踪，但目前国内用的最多的还是利用 GPS 技术跟踪。GPS 技术跟踪利用物流 GPS 监控管理系统，它主要跟踪货运车辆与货物的运输情况，使货主及车主随时了解车辆与货物的位置与状态，保障整个物流过程的有效监控与快速运转。物流 GPS 监控管理系统的构成主要包括运输工具上的 GPS 定位设备、跟踪服务平台（含地理信息系统和相应的软件）、信息通信机制和其他设备（如货物上的电子标签或条码、报警装置等）。在国内，部分物流企业为了提高企业的管理水平和提升对客户的服务能力也应用了这项技术，例如 2008 年底，沈阳等地方政府要求下属交通部门对营运客车安装 GPS 设备工作进行部署，从而加强了对营运客车的监管。

企业竞争的全球化发展、产品生命周期的缩短和用户交货期的缩短都对物流服务的可得性与可控性提出了更高的要求，实时物流理念也由此诞生。如果要保证对物流过程的完全掌控，物流动态信息采集应用技术是必需的要素。动态的货物或移动载体本身具有很多有用的信息，例如货物的名称、数量、重量、质量、出产地，或者移动载体（如车辆、轮船等）的名称、牌号、位置、状态等一系列信息。这些信息可能在物流中反复地使用，因此，正确、快速读取动态货物或载体的信息并加以利用可以明显地提高物流的效率。在目前流行的物流动态信息采集技术应用中，一、二维条码技术应用范围最广，其次还有磁条（卡）、语音识别、便携式数据终端、射频识别（RFID）等技术。

目前,我国物流领域中现代信息技术应用和普及的程度还不高,发展也不平衡。据调查,我国的物流服务企业中,仅有39%的企业拥有物流信息系统,绝大多数物流服务企业尚不具备运用现代信息技术处理物流信息的能力。

RFID将成为未来物流领域的关键技术。RFID技术应用于物流行业,可大幅提高物流管理与运作效率,降低物流成本。另外,从全球发展趋势来看,随着RFID相关技术的不断完善和成熟,RFID产业将成为一个新兴的高技术产业群,成为国民经济新的增长点。因此,RFID技术有望成为推动现代物流加速发展的新品润滑剂。

物流动态信息采集技术将成为物流发展的突破点。在全球供应链管理趋势下,及时掌握货物的动态信息和品质信息已成为企业赢利的关键因素。但是由于受到天气、通信、技术、法规等方面的影响,物流动态信息采集技术的发展一直受到很大制约,远远不能满足现代物流发展的需求。借助新的科技手段,完善物流动态信息采集技术,成为物流领域下一个技术突破点。

物流信息安全技术将日益被重视。借助网络技术发展起来的物流信息技术,在享受网络飞速发展带来巨大好处的同时,也时刻饱受着可能遭受的安全危机,例如网络黑客无孔不入的恶意攻击、病毒的肆掠、信息的泄密,等等。应用安全防范技术,保障企业的物流信息系统或平台安全、稳定地运行,是企业将长期面临的一项重大挑战。

信息技术应用水平的提高有赖于相关应用软件和技术设备的开发,因此,国家要鼓励和支持与物流相关的信息技术及相关设备的开发研究活动:一是在国家重点科研计划中加大对物流技术、特别是物流领域信息技术应用方面的研究和开发力度;二是鼓励和扶持企业运用信息技术改进物流管理和运营手段,如利用国家技改资金鼓励流通企业和制造企业进行物流信息系统建设,引入各种先进的物流管理软件和系统等;三是扶持上下游企业之间信息交流和信息共享的网络建设和管理创新。

目前我国已经有一些内部物流管理水平较高的工商企业,也有一批发展迅速的物流先进企业。这些企业在应用信息技术方面有许多经验和教训,应当认真总结,为更多工商企业和物流企业更好地利用信息技术提供示范。此外,有关部门还可以考虑在重点企业中建立物流信息技术的应用和推广的示范工程或基地,探索建立上下游企业之间建立物流信息共享机制的途径和手段,加快信息技术在物流领域中的应用和推广。

随着许多信息技术在物流领域中的广泛应用和物流企业信息密集程度的提高,物流从业人员的知识水平和技能水平也随之发生变化。这就对物流人才的培养和物流从业人员的培训提出了较高要求。政府应当拓宽教育和培训渠道,鼓励行业协会、企业和大专院校开展多方面、多层次的培训工作,并加快培育物流领域信息技术的研究和开发人才。

本教材是高校物流专业老师与物流企业专家多年教学与工作经验的结晶，是针对目前热带农产物流的特点开发出的适合高职高专院校热带农产品物流专业的特色教材。教材编写人员分工如下：第一章、第五章、第七章、前言由吕业清主笔；第二章由彭继跃主笔；第三章由惠青主笔；第四章由黄琳主笔；第六章由潘竹主笔；第八章由谭异初、肖瑶主笔；第九章及附录由李坚、李小超主笔。

吕业清

2013 年 1 月

目录

第一章　热带农产品物流信息技术概述

学习目标

- 了解热带农产品数据、信息和信息技术的概念与特征；
- 掌握热带农产品物流信息的特点与分类；
- 了解热带农产品信息系统的基本结构与基本功能；
- 掌握热带农产品物流信息技术的概念与组成；
- 了解现代热带农产品物流信息管理的主要领域；
- 了解热带农产品物流信息技术在物流中的作用。

案例引入

世界物流巨头DHL是全球快递、洲际运输和航空货运的领导者，也是全球第一的海运和合同物流提供商，为客户提供从文件到供应链管理的全系列的物流解决方案。它服务全球220多个国家，并设有转运中心、仓库和集散站超过450个，口岸240个，飞机420架，作业车辆76200部，每年件量超过15亿件，员工超过28万人。面对如此巨大的业务量和服务范围，发货人却能在发件15分钟内就能在全球任何一处查询到货物的运送状况。这就是DHL信息系统发挥的作用。世界空运物流巨头DHL网络体系完善，并且实现了全球IT统一管理、无缝对接和资源共享。

世界物流巨头DHL在全球约有60多个数据中心，一方面能对数据进行筛选，冗余的数据会被服务器自动删除，在灾难时刻会自动备份。在中国，他们非常重视速递网络建设，善于通过全球通信技术将中国的速递网络纳入到全球网络管理范围之内。同时世界物流巨头DHL也拥有世界一流的快件操作系统和客户自动化工具。世界空运物流巨头DHL的联合快递中心采用的操作系统使货物全部自动分拣、直接装载、就地上机。通过EDI技术（EDI是英文Electronic Data Interchange的缩写，译为“电子数据交换”。它是一种在公司之间传输订单、发票等作业文件的电子化手段。),系统与海关对接,使得进口包裹、文件在航班落地前实现清关,出口货件在飞机起飞前清关,大大缩短了清关和转运时间。

物流自助快件管理工具可通过多种终端,满足不同客户的个性化需求,节省客户拨打电话的时间,保证客户能够随时掌控快件信息。系统可以在电子邮件内容中自动检索运单号码,客户可通过手机查询快件状态。如快件尚未派送,客户也不需再发短信查询,系统会在快件签收后自动发出通知。更加人性化的设计是,考虑到不同国家和地区的时差因素,系统还设置了避免客户在深夜收到短信而影响休息的程序。现在世界物流巨头 DHL 已经成为一家以技术为主导的快递物流服务企业,信息技术在世界物流巨头 DHL 发展战略中占领着重要地位。企业无论是在预约、取件、转运、派送等核心作业环节,还是在追踪、查询等增值服务方面都具有明显的优势。

基于先进的信息系统,世界物流巨头 DHL 推出了包含多种技术工具、多功能、多角度、面向全线客户管理需求的综合性信息化快件管理解决方案,实现了信息化快递管理工具的全面整合和升级。

第一节　热带农产品物流信息

一、信息的含义

信息是指能够反映事物内涵的知识、资料、情报、图像、数据、文件、语言、声音等。信息是事物的内容、形式及其发展变化的反映。

信息普遍存在于人类社会和自然界中,它是物质形态及其运动形式的体现。

信息的特征:客观性、传递性、价值性、时效性、不对称性、共享性。

二、热带农产品物流信息

1. 热带农产品物流信息的定义

热带农产品物流信息是指反映热带农产品物流各种活动内容的知识、资料、图像、数据、文件的总称。它是热带农产品物流活动过程中各个环节生成的信息,一般是随着热带农产品从生产到消费的物流活动的产生而产生的信息流,与热带农产品物流过程中的运输、保管、装卸、包装等各种职能有机结合在一起,是整个物流活动顺利进行所不可缺少的因素。

2. 热带农产品物流信息的特点

热带农产品物流信息除了具有信息的一般属性,还具有自己的一些特点,主要如下:

(1)广泛性。由于物流是一个大范围内的活动,物流信息源也分布于一个大范围内,信息源点多、信息量大,涉及从生产到消费、从国民经济到财政信贷各个方面。物流信息来源的广泛性决定了它的影响也是广泛的,涉及国民经济各个部门、物流活动各环节等。

(2)联系性。物流活动是多环节、多因素、多角色共同参与的活动,目的就是实现产品从产地到消费地的顺利移动,因此在该活动中所产生的各种物流信息必然存在十分密切的联系,如生产信息、运输信息、储存信息、装卸信息间都是相互关联、相互影响的。这种相互联系的特性是保证物流各子系统、供应链各环节以及物流内部系统与物流外部系统相互协调运作的重要因素。

(3)多样性。物流信息种类繁多,从其作用的范围来看,本系统内部各个环节有不同种类的信息,如流转信息、作业信息、控制信息、管理信息等,物流系统外也存在各种不同种类的信息,如市场信息、政策信息、区域信息等;从其稳定程度来看,又有固定信息、流动信息与偶然信息等;从其加工程度看,又有原始信息与加工信息等;从其发生时间来看,又有滞后信息、实时信息和预测信息等。在进行物流系统的研究时,应根据不同种类的信息进行分类收集和整理。

(4)动态性。多品种、小批量、多频度的配送技术与 POS、EOS、EDI 数据收集技术的不断应用使得各种物流作业频繁发生,加快了物流信息的价值衰减速度,要求物流信息的不断更新。物流信息的及时收集、快速响应、动态处理已成为主宰现代物流经营活动成败的关键。

(5)复杂性。物流信息广泛性、联系性、多样性和动态性带来了物流信息的复杂性。在物流活动中,必须对不同来源、不同种类、不同时间和相互联系的物流信息进行反复研究和处理,才能得到有实际应用价值的信息去指导物流活动,这是一个非常复杂的过程。

三、热带农产品物流“四流”的相互关系

物流、商流、资金流和信息流“四流”是商品流通的必要组成部分,它们相互依存、相互作用。这“四流”实质是商品流通的不同运动形式,其中,物流体现商品空间、时间位置的变化运动;商流体现商品所有权的转移运动;资金流体现了商品与货币的等价交换的转移过程;信息流反映了流通中商品价值与使用价值相互适应的状况,引导和控制着物流、商流和资金流有规律地、合理地运动。

物流、商流、资金流和信息流,各有独立存在的意义,并各有自身的运行规律,“四流”是一个相互联系、相互伴随、共同支撑流通活动的整体。在这“四流”之间,商流是物流、资金流和信息流的起点,也可以说是后“三流”的前提。一般来说,没有商流就没有物流、资金流和信息流。反过来,没有物流、资金流和信息流的匹配和支撑,商流也不可能达到目的。

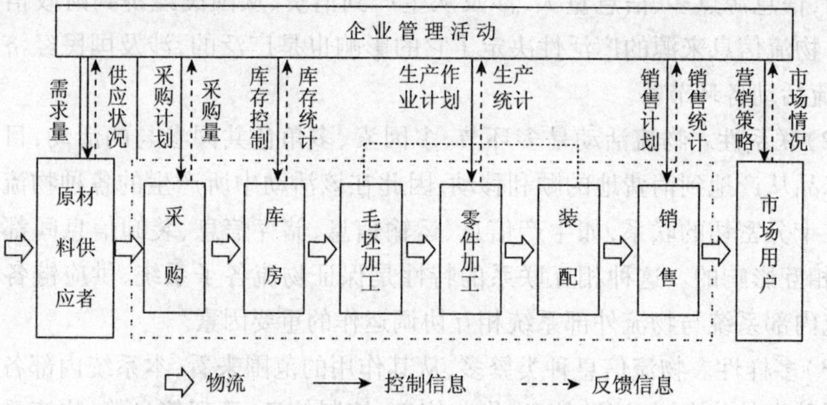

图1-1　企业中的物流与信息流

第二节　热带农产品物流信息技术与热带农产品物流信息系统

热带农产品物流信息技术(Logistics Information Techniques)是指运用于热带农产品物流领域的信息技术。现代物流的重要特征是物流的信息化,现代物流通常被看做是物资实体流通与信息流通的结合。

根据物流的功能以及特点,热带农产品物流信息技术主要包括电子数据交换技术、计算机网络技术、智能标签技术、信息交换技术、数据库技术、数据仓库技术、数据挖掘技术、Web技术、条形码与射频技术、地理信息技术和全球卫星定位技术等。在这些信息技术的支撑下,形成了以移动通信、资源管理、监控调度管理、自动化仓储管理、业务管理、客户服务管理、财务管理等多种业务集成的一体化现代物流信息系统。

一、热带农产品物流信息关键技术

1. EDI技术

EDI是Electronic Data Interchange的缩写,即电子数据交换,它是一种利用计算机进行商务处理的新方法。EDI是指按照规定的一套通用标准格式,将贸易、运输、保险、银行和海关等行业的信息,用一种国际公认的标准格式,通过计算机通信网络,使各有关部门、公司与企业之间进行数据交换与处理,并完成以贸易为中心的全部业务过程,俗称“无纸化贸易”。

2. GPS/GIS技术

(1)GPS技术。全球卫星定位系统(Global Positioning System,简称GPS)是利

用分布在距地面约 2 万公里高空的多颗卫星对地面目标的状况进行精确测定以进行定位、导航的系统，它主要用于船舶和飞机导航、对地面目标的精确定时和精确定位、地面和空中交通管制、空间和地面灾害监测等。

(2) GIS 技术。地理信息系统(Geographic Information System，简称 GIS)是多学科交叉的产物，它综合了数据库、计算机图形学、地理学、几何学等技术，以地理空间数据为基础，采用地理模型分析方法，适时地提供多种空间的和动态的地理信息，是一种以地理研究和决策服务为服务目标的计算机技术系统。

3. 条形码/射频技术/智能标签

(1) 条形码技术。条形码技术是在计算机的应用实践中产生发展起来的一种自动识别技术。条形码是一种信息码，由一组宽度不同、反射率不同的条和空按规定的编码规则组合起来，用于表示一组数据的符号。这种黑色的、粗细不同的线条表示一定的数据、字母信息和某些符号。条形码是一种用光电扫描阅读设备识读并使数据输入计算机的特殊代码。

(2) 射频技术。射频技术(Radio Frequency，简称 RF)的基本原理是电磁理论，射频识别卡可以通过射频通信技术把采集到的数据传到计算机管理系统。射频系统的优点是不限于视线，识别距离比光学系统好，射频识别卡具有读写能力，可携带大量数据，难以伪造，且智能。

(3) 智能标签技术(也称自动识别技术)。智能标签技术是一种低成本的无线身份识别技术，它提供一种集条形码的低成本优势和数据自动采集功能于一身的突破性解决方案。该技术可以替代条形码和传统的射频识别，用于邮政邮件跟踪检测、航空行李跟踪检测、商业商品管理等领域。

4. 通信技术

通信是信息传输或交换的过程五。随阒社会生产力的发展，人们对信息传递的要求越来越高。在种类繁多的通信方式中，利用“电”来传递消息的通信方式得到了广泛的应用并迅速发展。因为电通信方式能使信息几乎在任 通信距离上实现既迅速有效又准确可靠的传递，所以在许多场合，电通信已经成为信息传输唯一的选择。

通信技术分为有线通信技术和无线通信技术两种。有线通信技术是一种通信方式，狭义上现代的有线通信是指有线电信，即利用金属导线、光纤等有形媒质传送信息的方式。光或电信号可以代表声音，文字，图像等，具有受扰较小，可靠性，保密性强，但建设费用大等特点。无线通信技术是利用电磁波信号可以在自由空间中传播的特性进行信息交换的一种通信方式，近些年信息通信领域中，发展最快、应用最广的就是无线通信技术。在移动中实现的无线通信又通称为移动通信，人们把二者合称为无线移动通信。

5. 数据库/数据仓库技术

20世纪60年代以来,计算机用于管理的规模越来越大,应用越来越广泛,数据量急剧增大,对数据共享的要求越来越迫切;同时,大容量磁盘已经出现,联机实时处理业务增多;软件价格在系统中的比重日益上升,硬件价格大幅下降,编制和维护应用软件所需成本相对增加。在这种情况下,为了解决多用户、多应用共享数据的需求,使数据为尽可能多的应用程序服务,数据库技术应运而生,出现了统一管理数据的专门软件系统—数据库管理系统(DBMS, DataBase Management System)。数据库技术的出现主要是为了克服文件管理系统在管理数据上的诸多缺陷,满足人们对数据管理的需求。与文件系统相比,应用程序不再直接访问数据文件,而是通过数据库管理系统来访问数据;数据文件也不再被应用程序管理,而由数据库管理系统统一管理。

随着数据库应用规范、范围和浤度的不断扩大,一般的事务处理已不能满足应用的需要,企业界需要大量信息数据基础上的决策支持(Decision Support, DS)。数据仓主加(Data Warehousing, DW)技术的兴起满足了这一需求。数据仓库技术是目前数据处理中发展十分迅速的一个分支。所谓"数据仓库",就是一种长期数据存储,这些数据来自于多个异种数据源。通过数据仓库提供的联机分析处理(OLAP)工具,实现各种粒度的多维数据分析,以便向管理决策提供支持。数据仓库系统允许将各种应用系统集成在一起,为统一的历史数据分析提供坚实的平台,对信息处理进行支持。数据仓库可以提供对企业数据的方便访问和强大的分析工具,从企业数据中获得有价值的信息,发掘企业的竞争优势,提高企业的运营效率,指导企、业决策。数据仓库作为决策支持系统(Decision Support System, DSS)的有效解决方案,涉及3方面的技术内容:数据仓库技术、联机分析处理(On-Lin Analysis Procesing, OLAP)技术和数据挖掘(Data Mining, DM)技术。

6. 网络安全技术

网络的信息安全是指在信息的采集、存储、处理、传播和运用过程中,信息的自由性、秘密性、完整性等得到良好保护的一种状态。目前网络上主要的安全技术有:数据加密技术、防火墙技术及病毒防范技术。

二、热带农产品物流信息系统

1. 热带农产品物流信息系统的基本功能

热带农产品物流信息系统的基本功能可以归纳为六个方面:信息处理功能、事务处理功能、预测功能、计划功能、控制功能、辅助决策和决策优化功能。

2. 热带农产品物流信息系统的基本组成

热带农产品物流信息系统是一个由人和计算机共同组成的,能进行物流信息的收集、传递、存储、加工、维护和使用的系统。物流信息系统的基本组成要素有硬件、软件、数据库和数据仓库、人员等。

3. 热带农产品物流信息系统的结构层次

处在物流系统中不同管理层次上的物流部门或人员,需要不同类型的物流信息。因此,一个完善的物流信息系统,通常应具有五个层次,即物品管理子系统、储存管理子系统、配送管理子系统、运输与调度管理子系统与客户服务子系统。

4. 热带农产品物流信息系统的类型

(1)按物流作业流程分类,物流信息系统分为进货管理系统、销售管理系统和库存管理系统。进、销、存决策支持系统由三部分组成,分别用于物流活动的三个环节。

(2)按物流环节分类,物流信息系统分为仓库管理系统、出库作业系统、配送管理系统和运输管理系统。

(3)按系统功能性质分类,物流信息系统分为操作型系统和决策型系统。

(4)按系统配置分类,物流信息系统分为单机系统和计算机网络系统。

三、热带农产品物流信息技术与物流信息系统的发展

1. 物流信息化呈现"一高一快两低"态势

(1)信息化意识提高,整体规划能力较低;

(2)建设步伐加快,整体应用水平较低。

2. 物流信息化实现"两化"

(1)物流信息资源共享化;

(2)物流信息网络一体化。

第三节　物流信息标准化

一、热带农产品物流标准化概述

1. 物流标准化的概念

物流标准化是按物流合理化的目的和要求,制定各类技术标准、工作标准,并形成全国乃至国际物流系统标准化体系的活动过程。其主要内容包括:物流系统的各类固定设施、移动设备、专用工具的技术标准,物流过程各个环节内部及之间的工作标准,物流系统各类技术标准之间、技术标准与工作标准之间的配合要求,以及物流系统与其他相关系统的配合要求。

2. 物流标准化的意义

在发展物流技术,实施物流管理工作中,物流标准化是有效的保证,主要表现为:

(1)物流标准化是进行科学化物流管理的重要手段。

(2)物流标准化是降低物流成本、提高物流效益的重要保证。

(3)物流标准化是我国物流企业进军国际物流市场的通行证。

二、热带农产品物流信息标准体系

我国物流信息标准体系表在总体结构上要求尽量科学合理、层次分明，并尽量做到适合国内物流信息技术应用的需求。体系表采用树形结构，由四层构成，层与层之间是包含与被包含关系。

1. 体系表的第一层

本标准体系表从需求角度出发，标准体系表的第一层为物流信息基础标准，是物流信息系统建设中通用的标准。当前主要是指《物流信息术语》。该标准应包括物流信息技术术语、物流信息管理术语、物流信息服务术语的定义。

2. 体系表的第二层

按照物流信息标准化对象特征的不同，第二层分为技术标准、管理标准、服务标准和其他。

3. 体系表的第三层

对物流信息技术标准、物流信息管理标准和物流信息服务标准进一步分层。

4. 体系表的第四层

第四层由第三层扩展而成，共分若干个方面，每个方面都可以继续扩展成若干个更小方面，每一个更小方面都可以组成本专业的一个标准系列或是一个标准。

三、物流信息分类编码标准体系

1. 物流信息分类编码标准体系的三个门类

物流信息分类编码标准体系分为三个门类。第一门类为基础标准，这些标准是制定标准时所必须遵循的、全国统一的标准，是全国所有标准的技术基础和方法指南，具有较长时期的稳定性和指导性；第二门类为业务标准，它是针对物流活动（装卸、搬运、仓储、运输、包装和流通加工）的技术标准，对物流信息系统建设具有指导意义；第三门类为相关标准，它是伴随人类社会技术进步（特别是通信和信息处理技术进步）而产生的专门领域标准，其中电子数据交换（EDI）应用于商业贸易和政府审批（如报关等），它与物流活动密切相关；而全球定位系统（GPS）则是提供对运输工具（含运输物品）的动态实时跟踪和导航的工具系统，也与物流活动密切相关。

2. 三类标准详解

(1)基础标准。基础标准主要包括：《标准体系表编制原则和要求》（GB/T13016—1991）、《标准化工作导则信息分类编码的编写规定》（GB/T7026—1986），《信息分类编码的维护方法和规定》、《信息分类编码标准的注册规定》、《标准化工作导则信息分类编码的基本原则和方法》（GB/T7027—1986）、《文件格式分类与代码编制方法》(GB/T13959—1992)、《国家标准制定程序的阶段划分及代码》(GB/T16733—1997),《事物特性表定义和原理》(GB/T10091—1989)、《数据处理校验码系统》(GB/T17710—1999 和 ISO7064—83)、《信息分类编码通用术语》(GB/T10113—1988)。

(2)业务标准。业务标准分为六个类别:201 物品分类编码标准是描述和表征物品的分类代码,其中不同的分类代码标准适用于不同的场合;202 参与方分类代码标准用来标识物流活动参与各方(如发货人、收货人和保险人等);203 位置分类编码标准可实现对物理位置和地理位置的唯一标识,如位置码可标识出仓库、货位等具体详细物理位置;204 运输分类编码标准主要针对车辆、船舶和集装箱等进行标识;205 单证分类编码标准规定标准单证,包括单证格式、单证指标和编码等;206 时间和计量分类编码标准规定时间表示法和标准计量单位系统,是物流的基础。

(3)相关标准。EDI 相关代码标准主要有 EDI 基础标准(主要包括 EDIFACT 基础标准和开放式 EDI 基础标准)、EDI 代码标准(主要包括管理、贸易、运输、海关、银行、保险和检验等各行业的代码标准)、EDI 报文标准(主要包括海关报文标准、账户报文标准和退休金、卫生、社会保障、统计、通用运输、集装箱运输、危险品、转运以及各种商业报文标准等)、EDI 单证标准(主要包括各式各样的贸易单证标准,如管理、贸易、运输、海关、银行、保险、检验等单证标准)、EDI 网络通信标准(主要包括用于 EDI 的各种通信规程和网络协议)。除以上标准外,还有 EDI 管理标准、EDI 应用标准以及 EDI 安全保密标准等。

四、相关知识

(一) 我国物流信息系统市场需求特点

根据中国仓储协会和中国物流与采购联合会的调查,专家分析认为,我国当前物流信息系统市场需求存在七大特点:

(1)市场需求极大,当前正进入一个加速发展的时期。从中国仓储协会的调查结果看,我国只有 39% 的物流供给企业拥有物流信息系统,说明我国物流供给市场的信息化程度较低,不能满足客户需求。信息系统的业务功能和系统功能是信息系统优越性的重要衡量特征,当前我国远程通信能力低,缺乏必要的决策功能。通过对中国邮政及物流企业信息系统现状的分析,可以看到我国物流企业的现状是无法满足物流市场的竞争。在当前中国物流市场规模以年均 30% 递增的发展速度下,物流信息系统的市场需求将加速扩大。

(2)相当长的一个时期内,需求的特点仍以信息化为主,即在规范流程中实现信息的采集、传输、存储、共享,建立决策、控制依赖于信息的机制。分析近年来现代物流技术在我国得以迅速发展的原因,主要来自于三个层面的因素:第一层是信息技术,第二层是流程设计和优化,第三层是供应链管理。我国目前在推广现代管理技术的时候,ERP(企业资源计划,Enterprise Resource Planning)的成功率很低,很重要的原因就是没有弄清三个层面的需求,也没有搞清楚自己究竟处在哪一个阶段和要解决的主要矛盾是什么,就盲目开方下药。

中国物流与采购联合会的有关专家认为,从总体上来看,我国绝大部分企业,特别是中小企业仍处于第一层需求阶段,即要用少量的投资,解决业务各流程的信息化问题,建立决策要依赖信息的机制,其中特别是将财务核算深入到各业务环节中去。从中国物流采购与联合会征集的案例来看,此类需求占市场的主体,占80%以上。少部分基础较好的企业已经进入了第二层需求,即优化流程设计和运行操作。这样的企业应有较好的经营管理机制,较好的信息化基础,可以为流程再造提供制度保证和数据基础。此类需求虽然还不大,但增长比较快。我国企业进入第三层的目前还是凤毛麟角。

(3)相当长的一个时期内,财务核算和控制仍然是信息系统的主要内容,这些要求将深入到流程的各个环节和时时刻刻。中国仓储协会的调查数据显示,财务管理和仓储作业管理是当前信息系统功能需求中最多的两项内容,各占38%的份额。

(4)流程改造和运行优化的要求在一些基础较好的企业成为现实的需求,并成为提升企业竞争力的主要措施。企业在利益机制的驱动下,不断追求降低成本和加快资金周转,将系统论和优化技术用于物流的流程设计和改造,融入新的管理制度之中。此时的信息系统作用有二:其一是固化新的流程或新的管理制度,使其得以贯彻执行;其二是在规定的流程中提供优化的操作方案,例如仓储存取、运输路径的优化方案等。因此信息系统是固化的管理和优化的操作。

(5)流程改造和运行优化的需求,多数是从流程的某些局部环节提出的。在中国物流与采购联合会征集的案例中,以流程改造为主、具有较强操作优化功能的占15%左右,其中多数是在供应链的一些关键环节上突出表现出来,例如集中采购、集中库存、运输优化管理等。一般来说,流程的改造必然会涉及企业组织结构和制度的变革,难度比较大,所以经常是一个个环节分步实施、逐步完善的。

(6)以协同业务流程和建立企业之间战略合作伙伴关系为特点的供应链,目前成功案例尚较少见。但是供应链的思想已经广泛影响到各类信息系统的建设和流程设计,主要的表现形式是合作企业之间的信息共享,如自动补货系统取代传统的采购供应,销售企业的信息和预测指导生产企业的生产和采购计划等。在中国物流与采购联合会征集的案例中几乎看不到涉及合作企业之间协同业务的内容。但是并不是说供应链思想在我国不适用,相反的,如果有意识地宣传,探索供应链理论和实践,可以加快我国现代物流和供应链管理的发展。

(7)在信息技术、流程设计和优化、供应链管理三个层次的需求上,正由浅入深地稳步发展,企业越来越追求对流程和管理的了解和掌握,对解决方案的要求越来越超出IT商目前所能提供的服务。三个层次的需求在我国表现为物流信息系统的三个发展阶段。后一阶段往往以前一阶段的基础为起点，即流程改造和过程的优化控制是要有信息化基础为起点的，而供应链的形成和供应链管理又要以各企业流程设计和运行优化为基础。由于我国现在是利用后发优势，希望通过更短的过渡时间走过许多跨国公司几十年甚至上百年的历史，所以常常三步并作一步走，这方面也有许多成功的例子，说明处理得好可以缩短这个进程。但是如果处理不好，不能对症下药，反而会适得其反，甚至伤筋动骨。

（二）我国物流信息技术的应用现状

从国际经验来看，物流领域是现代信息技术应用比较普遍和成熟的领域，物流企业正在转变为信息密集型企业群体。目前，我国物流领域中现代信息技术应用和普及的程度还不高，发展也不平衡。据调查，我国的物流服务企业中，仅有39%的企业拥有物流信息系统，绝大多数物流服务企业尚不具备运用现代信息技术处理物流信息的能力。现代信息技术落后严重制约着物流的发展。

1. 条形码技术

条形码作为商品标识方面的应用，目前国内约有38.8%的零售企业并没有完全实现条码化。这不仅对零售企业利用POS系统实现销售效率提高有较大影响，而且影响了整个物流流程的信息采集与反馈、物流企业与工商企业之间的信息共享和相互合作以及物流作业自动化的开展。除商品条形码标识外，高效的物流活动需要对由销售单元组成的储运单元、货运单元及其在物流流程中的位置进行条形码标识。我国75%的企业的储运单元和货运单元都没有条形码标识，93.6%的制造企业、100%的批发企业和97%的零售企业都没有采用位置码（数据来自国际商报）。这三种条形码应用水平低，直接影响了计算机管理的物流系统的运作。同时也影响以计算机为基础的企业信息管理系统的运行效率，限制了仓库管理自动化的实现。

2. EDI应用

EDI作为一种新型有效的商业信息管理手段，可以提高整个物流流程的信息管理水平和各个物流环节的协调发展。然而目前国内EDI的应用范围还非常有限，相对集中在进出口企业与海关、商检等管理部门之间的使用。我国真正意义上的EDI应用还远未开展。其主要原因是EDI的成本过高，大部分中小企业无法使用。目前一种新的数据传输技术——XML已经得到人们的重视，它的优点就是标准化、网络化和低成本，必然成为EDI的换代技术。

3. 物流软件使用

信息技术在物流领域广泛应用的另一个主要标志，是针对物流活动的需要开发的、使用大量信息技术支持的管理软件。目前应用十分广泛的物流系统集成软件，有制造资源计划（MRPII）、企业资源计划（ERP）、供应商管理库存系统（VMI）、供应链管理(SCM)等。据调查显示,ERP、SCM 及 VMI 等集成系统软件在我国企业中使用的尚不足十分之一。

思考与讨论

1. 热带农产品物流信息的概念是什么?
2. 热带农产品物流信息的特点是什么?
3. 热带农产品物流信息关键技术是什么?
4. 我国物流信息系统市场需求特点是什么?

第二章 热带农产品物流管理信息系统

学习目标

- 了解热带农产品物流管理信息系统的组成和结构；
- 了解热带农产品物流管理信息系统的分类和功能，以及系统在实践中的应用。

第一节 热带农产品物流管理信息系统概述

一、热带农产品物流系统

（一）系统的相关概念

1. 系统的定义

系统是一些相互作用的元素为某种目标而有机地结合在一起的整体。系统由5个要素构成，即输入(I)、输出(O)、处理(P)、控制(C)和反馈(F)。

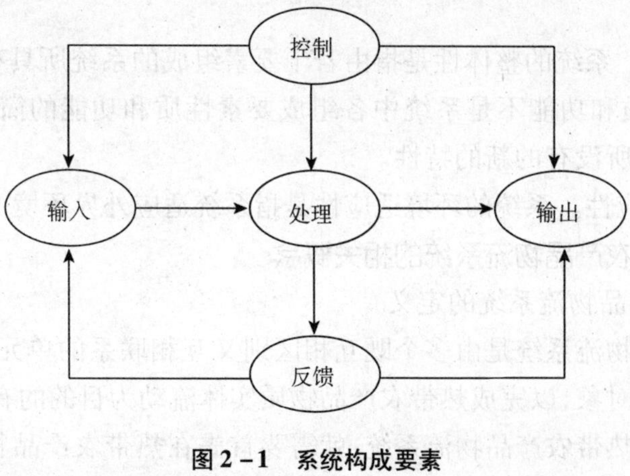

图2-1 系统构成要素

我们可以从三个方面理解系统的概念：

(1)系统是由若干要素组成的。这些要素可能是一些个体、元件、零件,也可能其本身就是一个系统(或称之为子系统)。如运算器、控制器、存储器、输入/输出设备组成了计算机的硬件系统,而硬件系统又是计算机系统的一个子系统。

(2)系统有一定的结构。一个系统是其构成要素的集合,这些要素相互联系、相互制约。系统内部各要素之间相对稳定的联系方式、组织秩序及失控关系的内在表现形式,就是系统的结构。例如钟表是由齿轮、发条、指针等零部件按一定的方式装配而成的,但一堆齿轮、发条、指针随意放在一起却不能构成钟表;人体由各个器官组成,单个各器官简单拼凑却不能成为一个有行为能力的人。

(3)系统有一定的功能,或者说系统要有一定的目的性。系统的功能是指系与外部环境相互联系和相互作用中表现出来的性质、能力和功能。例如信息系统的功能是进行信息的收集、传递、储存、加工、维护和使用,辅助决策者进行决策,帮助企业实现目标。

2. 系统的特性

(1)集合性。系统的集合性是指系统是由两个或两个以上可以相互区别的要素组成的集合体。单个要素不能构成系统。

(2)相关性。系统的相关性是指系统内部各要素之间的某种相互作用、相互依赖的特定关系。在有些情况下,从表面上看要素与要素之间似乎没有什么关系,但是它们可以通过某些中间要素间接地联系起来。

(3)目的性。系统的目的性是指系统具有的明确的目标。

(4)层次性。系统的层次性是指系统各要素之间在地位与作用、结构与功能上表现出来的等级秩序性。系统是由众多要素组成的。一方面,一个系统仅仅是它上一级系统的一个子系统,而这上一级系统又是更大系统的子系统;另一方面,一个系统可以由低一层次的子系统组成,而这一层次的子系统又可以由更低层次的子系统组成。

(5)整体性。系统的整体性是指由若干要素组成的系统所具有的整体的性质和功能,这种性质和功能不是系统中各组成要素性质和功能的简单叠加,而是呈现出各组成要素所没有的新的特性。

(6)环境适应性。系统的环境适应性是指系统适应外界环境变化的能力。

(二)热带农产品物流系统的相关概念

1. 热带农产品物流系统的定义

热带农产品物流系统是由多个既互相区别又互相联系的单元结合起来,以热带农产品为工作对象,以完成热带农产品物质实体流动为目的的有机结合体。

要建立一个热带农产品物流系统,就需要首先在热带农产品物流系统规划阶段进行物流系统的分析、物流系统的建模和物流系统的评价,然后就此做出决策。热带农产品物流系统中的决策是在充分的资料基础上,根据热带农产品物流系统的客观环境，借助于经验、科学的理论和方法在已提出的若干热带农产品物流系统方案中，选择一个合理的、满意的方案的决断行为。

最基本的热带农产品物流系统由包装、装卸、运输、储存、加工及信息处理等子系统中的一个或几个有机地结合而成。每个子系统又可以往下分成更小的子系统，物流系统本身又处在更大的系统之中。

2. 热带农产品物流系统的构成

热带农产品物流系统由物流硬件系统、物流软件系统和物流作业系统三部分组成。

(1)物流硬件系统。包括物流设施，如仓库、道路、物流中心、码头、车站等；物流设备，如车辆、列车、轮船、飞机、管道等。

(2)物流软件系统。包括运输软件，如 GPS(全球卫星定位系统)、GIS(地理信息系统)；仓储管理软件，如 EOS(电子订货系统)、POS(销售点管理系统)、MRP(物料需求计划)、MRP Ⅱ(制造资源计划)、ERP(企业资源计划)等。

(3)物流作业系统。包括运输、储存、装卸搬运、流通加工、包装、配送、信息处理等。

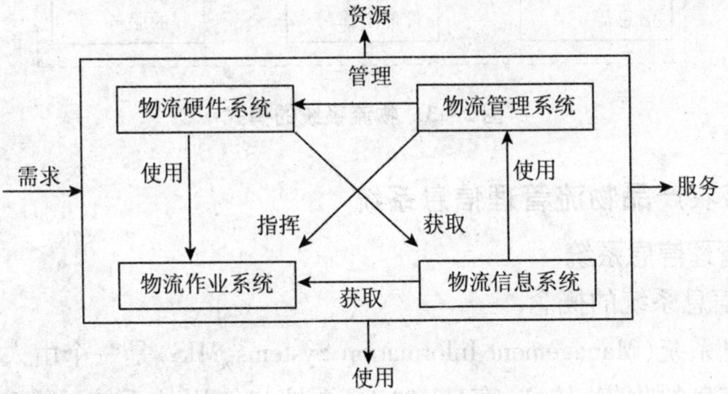

图 2－2　物流系统的构成部分

3. 热带农产品物流系统的模式

热带农产品物流系统的模式包括输入、处理、输出、限制和反馈五部分。如图 2－3 所示。

(1)输入。也就是通过提供资源、能源、设备、劳力等手段对某一系统发生作用，统称为外部环境对物流系统的输入。包括原材料、设备、劳力、能源等。

(2)处理(转化)。从输入到输出之间所进行的生产、供应、销售、服务等活动中的物流业务活动称为物流系统的处理或转化。具体内容有：物流设施设备的建设；物流业务活动，如运输、仓储、装卸、搬运、包装、流通加工等；信息处理及管理工作等。

(3)输出。物流系统用其本身所具有的各种手段和功能,对环境的输入进行各种处理后所提供的物流服务称为系统的输出。具体内容有:产品位置与场所的转移;各种劳务,如合同的履行及其他服务等。

(4)限制或制约。外部环境对物流系统施加一定的约束称之为外部环境对物流系统的限制和干扰。具体内容有:资源条件,能源限制,资金与生产能力的限制;价格影响,需求变化;仓库容量;装卸与运输的能力;政策的变化等。

(5)反馈。物流系统把在输入转化为输出的过程中,由于受系统各种因素的限制,不能按原计划实现,需要把输出结果返回给输入,进行调整,即使按原计划实现,也要把信息返回,以对工作作出评价,这称为信息反馈。信息反馈的活动包括:各种物流活动分析报告;各种统计报告数据;典型调查;国内外市场信息与有关动态等。

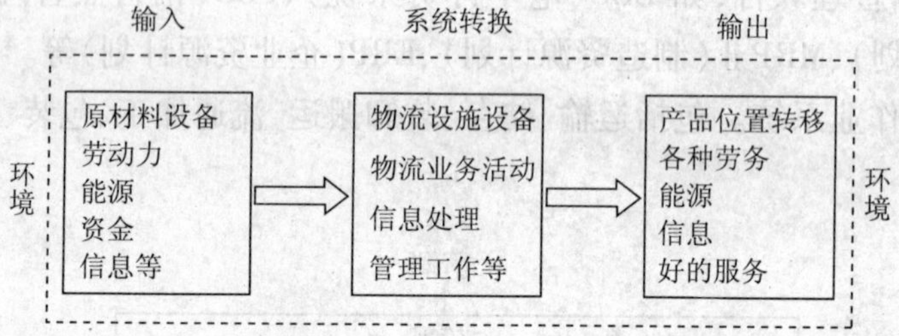

图 2-3　物流系统的模式

二、热带农产品物流管理信息系统

(一) 管理信息系统

1. 管理信息系统的概念

管理信息系统(Management Information Systems,MIS)是一个由人、计算机等组成的能进行信息的收集、传递、存储、加工、维护和使用的系统。管理信息系统能实测企业的各种运行情况;利用过去的数据预测未来;从企业全局出发辅助企业进行决策;利用信息控制企业的行为;帮助企业实现其规划目标。

2. 管理信息系统的分类与结构

(1)管理信息系统的分类

①根据管理信息系统的功能、目标、特点和服务对象不同,从层次上可以分为业务管理系统、管理信息系统和决策支持系统。

②从系统的功能和服务对象不同,可分为国家经济信息系统、企业管理信息系统、事务型管理信息系统、行政机关办公型管理信息系统和专业型管理信息系统等。

(2)管理信息系统的结构

管理信息系统的结构是指系统中各个组成部分以及它们相互关系的总和。

由于管理信息系统的组成方式不同,所以其结构方式也不同,其中最重要的是概念结构、功能层次结构、软件结构和硬件结构等四大类型。

①管理信息系统的概念结构。是指从管理信息系统组成的四大部件,即信息源、信息处理器、信息接收器和信息管理者的角度来分析它们之间的关系。

②管理信息系统的功能层次结构。是指依据管理的层次和功能以及它们之间的联系来划分的结构。

③管理信息系统的软件结构。是由各种功能的软件系统或软件模块所组成的系统结构。这种结构是对应于管理系统的功能层次而形成的。

④管理信息系统的硬件结构。是说明系统硬件的组成、物理位置、功能及其连接方式的一种系统结构。目前我国应用的硬件结构主要包括微机网络结构和小型机及终端的结构。

（三）热带农产品物流管理信息系统

1. 物流信息系统的概念

物流信息系统(Logistics Information System,LIS)。由人员、计算机硬件、软件、网络通信设备及其他办公设备组成的人机交互系统,其主要功能是进行物流信息的收集、存储、传输、加工整理、维护和输出,为物流管理者及其他组织管理人员提供战略、战术及运作决策的支持,以达到组织的战略竞优,提高物流运作的效率与效益。

从物流企业内部来说,LIS 通常由物流管理信息系统(LMIS)、决策支持系统、专家系统、企业内部网、办公自动化系统等一系列的信息系统所组成。

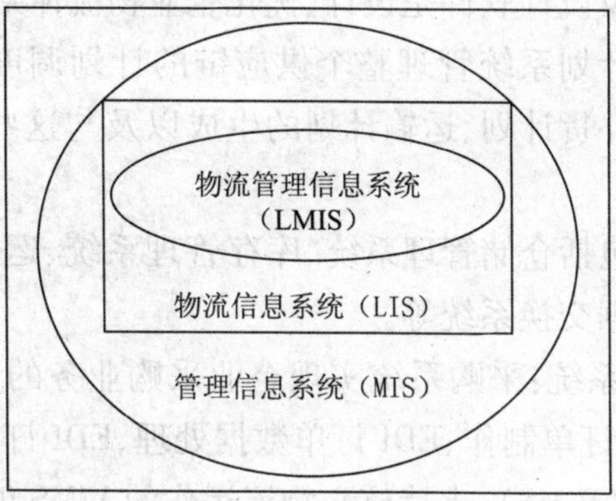

图 2-4 LMIS、LIS、MIS 的区别

2. 热带农产品物流管理信息系统的概念

热带农产品物流管理信息系统(Logistics Management Information System, LMIS)是物流信息系统(LIS)的基础,也是企业信息化的基础,它利用各种信息进行实时、集中、统一的管理,实现信息流对物流、资金流的控制与协调。

按照管理思想或理念的不同,物流管理信息系统(LMIS)可以分为多种,分类如下:

①以“第三方物流”为核心的物流管理信息系统。对于综合型的3PL第三方物流来说,LMIS功能围绕订单展开,即通过订单确立物流服务委托,根据订单提供仓储、运输、流通加工等物流服务,对照订单跟踪、反馈服务的进展情况,同时主要以订单为单位进行费用结算。

②以“企业资源计划”为核心的物流管理信息系统。其功能围绕资源计划展开,包括计划的制订、执行、跟踪和控制等。

③以“客户管理”为核心的物流管理信息系统。其功能围绕客户生命周期展开,满足客户售前、售中、售后各阶段的物流服务需求和信息需求,并对客户价值、客户忠诚度等进行评价。

④以“供应链管理”为核心的物流管理信息系统。其功能围绕供应链上的业务协同展开,包括供需信息传递、业务单据交换等。

此外,还有以“财务管理”为核心的LMIS、以“信息服务”为核心的LMIS、以“绩效管理”为核心的LMIS等。

3. 热带农产品物流管理信息系统的体系结构

热带农产品物流管理信息系统可以划分为三个层次,即:

①供应链模型设计规划。面向大型企业的复杂物流系统中,库存策略、补货模式、预测方式、计划周期、网络拓扑等各种因素均将严重影响物流体系最终的服务水平和总成本。

供应链模型仿真及设计软件是设计、优化企业物流体系的专业工具。

②预测及计划。计划系统管理整个供应链的计划调度过程,包括采购计划、生产计划、库存计划、补货计划、运输计划的生成以及与这些计划相联系的流程控制的管理。

③物流运作物。包括仓储管理系统、库存管理系统、运输管理系统、交付凭证(POD)系统和电子数据交换系统等。

- 采购管理信息系统:采购系统实现企业采购业务的计算机管理,具有订单资料建档和维护、普通订单制作、EDI订单数据处理、EDI订单数据传递等功能。
- 仓储管理系统(WMS):支持核心物流运作的WMS能够对多个逻辑库和物理库、多货品所有者(客户)进行到库位的动态实时货品管理。
- 库存管理系统:即“进销存”,完成订单录入、单据打印及库存查询等最基本的物流运作控制功能。
- 运输管理系统(TMS):面向复杂的运输和配送业务,TMS软件实现运输调度、执行及相应的结算功能。不仅实现运输业务流程的全程控制和路径优化,更重要的是在各种变化的运作约束条件下,面向既定的运输服务响应水平,以最低成本为目的,实现动态的运输计划。

• 客户关系管理系统:实现对所有客户的资料、合约的集中管理,具有对客户基本资料、客户业务资料、客户合约、客户协议价格、客户反馈意见管理的功能。客户合约和客户协议价格资料在通过审批后将提供给系统使用,系统使用这些资料进行对客户服务的费用计算。

• 账务结算系统:实现企业的账务管理,具有应收账款处理、应付账款处理、EDI 票据数据处理、EDI 票据数据传输、财务分析等功能。

• 电子数据交换系统(EDI/XDI):将要发送的数据从信息系统数据库提出,转换成平面文件;将平面文件翻译为标准 EDI 报文,并组成 EDI 信件发送给客户;从 EDI 信箱收取客户 EDI 信件,将客户 EDI 信件拆开并翻译成为平面文件。其目的是为了系统运作系统中更电子化的工作。

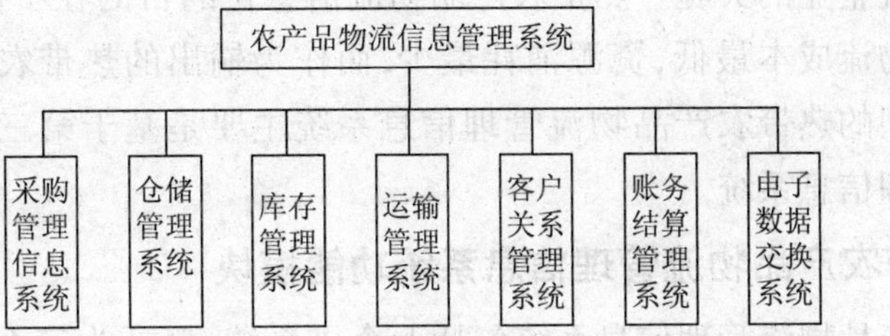

图 2－5　热带农产品物流管理信息系统的体系结构

4. 热带农产品物流信息管理系统构建的原则

(1)完整性原则

物流的不同层次通过信息流紧密地结合起来,在物流系统中存在对物流信息进行采集、传输、存储、处理、显示和分析的信息系统。因此,该信息系统具有功能的完整性,也就是说,根据企业物流管理的实际需要,制定的系统能满足全面、完整地覆盖物流管理的信息化要求。

(2)可靠性原则

农产品物流信息系统要求在正常情况下可靠运行,即要求系统的准确性。系统的准确性依赖于物流信息的精确性和及时性,物流信息必须精确、及时地反映企业当前的状况和定期活动,以衡量顾客订货和存货水平。除依赖于系统的准确性之外,还依赖于系统所存储的信息必须具有易得性和长久性。一个可靠的物流管理系统要能在正常情况下达到系统设计的预期精度要求,不管输入的数据多么复杂,只要是在系统设计要求的范围内,都能输出可靠结果。非正常情况下的可靠性,指系统在软、硬件环境发生故障的情况下仍能部分使用和运行。因此,物流信息系统必须以处理异常情况为基础,依托系统来突出问题和机会,管理者通过信息系统能够集中精力关注最重要的情况,以便及时做出相应的危机公关决策。

(3)经济性原则

企业在系统的投入中要做到最小投入和最大效益,所以软件的开发费用必须在保证质量的情况下尽量地压缩。除此之外,系统必须是友善和易于操作的,这可以使管理者及操作者提高工作效率。系统投入运行之后,还必须保持较低的运行维护费用,减少不必要的管理费用。

第二节 典型的热带农产品物流管理信息系统

热带农产品物流管理信息系统与非农产品物流管理信息系统相比有着显著的特点,热带农产品物流管理信息系统是整个热带农产品物流系统的心脏,是现代农产品物流企业的灵魂。热带农产品物流信息化的目的在于使输入最少,即使热带农产品物流成本最低,资源消耗最少,而作为输出的热带农产品物流服务效果最佳。典型的热带农产品物流管理信息系统主要是基于第三方物流的热带农产品物流管理信息系统。

一、热带农产品物流管理信息系统功能模块

热带农产品物流管理信息系统包括七个子系统,概括为三大类,即基础类、业务操作类和管理类,如图 2-6 所示。

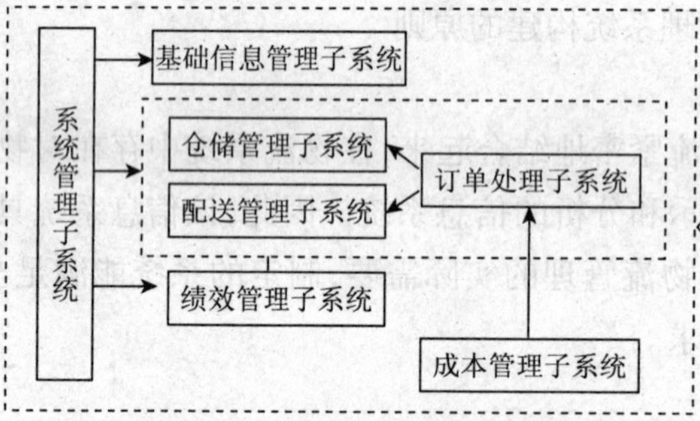

图 2-6 物流管理信息系统功能结构及与外部数据交换图

(1)基础类,即信息数据维护。其中,系统管理子系统是农产品物流管理信息系统安全运转的基础,可对系统用户权限、数据备份与恢复进行管理;基础信息管理子系统用来定义商品、客户、仓库、储位、车辆等基本信息,可进行增、删、查、改等操作。

(2)业务操作类。其中,订单处理子系统可对各种订单进行管理,如增加、修改、作废、查询各种业务单据;仓储管理子系统是物流业务的重点,包括出入库管理、库存管理、盘点及调拨管理等功能;配送管理子系统也可称为运输管理子系统,主要根据订单和货物进行车辆配装,可实现车辆运行的管理与跟踪等。

(3)管理类。可分为成本管理子系统和绩效管理子系统,前者对各种业务的作业过程进行成本分析与计量,后者通过设定一些科学全面的指标对各项业务及人员进行绩效评价。另外,通过电子商务平台可与供需双方的信息系统进行数据对接,实现信息共享。

二、各子系统功能模块说明

(1)系统管理子系统。该子系统是软件安全运转的基础,通过添加不同部门的用户及相应权限对不同用户的操作权限进行分配,用户登录后还可对自己的密码进行修改,为保证系统数据的安全性,系统还提供数据备份与恢复功能。因此,该子系统至少包括以下功能:部门管理、用户管理、权限管理、账号管理、数据备份和数据恢复。

(2)基础信息管理子系统。基础信息也是系统运行的基础,必须对各子系统所需要的商品信息、车辆及司机信息、仓库及储位信息、设备信息、客户信息、配送路线信息等进行初始化定义,并通过对这些基础信息的增加、删除、修改进行维护。

(3)订单处理子系统。在物流业务中,入库处理、配送处理、调拨处理一般来自供货方发送的发货申请单和配送申请单。订单处理中心产生进货通知、配送通知、仓库调拨通知、配送完成通知。可以说,订单处理中心主要针对商户下达的各种指令提供管理、查询、修改、打印等功能,同时将业务部门的处理信息反馈至商户,主要包括订单分配、订单确认、订单生成、订单打印、订单查询等。具体流程见图2－7。

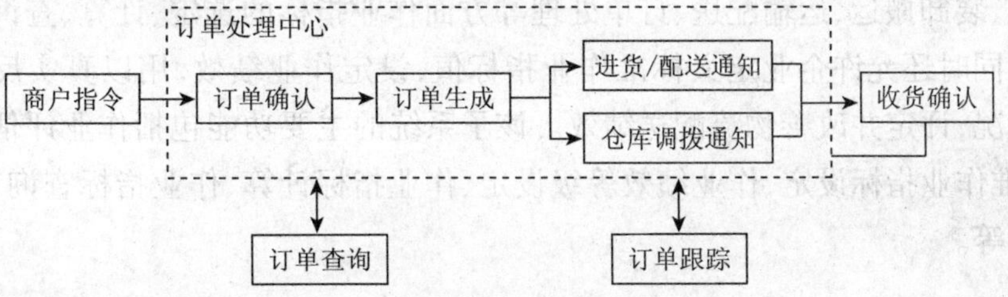

图2－7　订单处理中心业务流程图

(4)仓储管理子系统。在农产品物流管理信息系统中,仓储管理子系统是一个非常重要的系统模块。该子系统的功能模块包括出/入库管理、库存管理、调拨业务及其他功能,具体见图2－8。

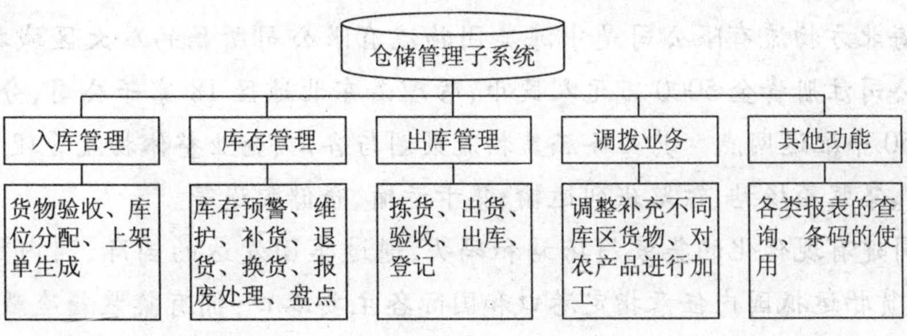

图2－8　仓储管理子系统功能模块图

(5)配送管理子系统。该系统是一个重要的模块,主要包括以下六个功能模块:

①调车配货。主要根据配送单上的货物情况安排配车计划与配货计划。

②路线安排。主要根据配送单上的货物情况进行路线安排、中途换车等。

③回单确认。主要记录货物交接情况,并安排被拒收或未送达货物的去向。

④状态跟踪管理。主要指针对车辆的跟踪记录信息,包括单据信息、时间、方向、状态、所处地区、物流中心、位置、是否故障、故障级别、故障起始时间、故障排除时间等,可引入全球定位系统,将全球定位系统的信息导入状态跟踪模块,实现对在途车辆的实时跟踪查询。

⑤运输成本管理。主要包括成本类型,成本模式,成本账期设定,车辆动态和静态成本,成本指标的定义、输入、调整等。

⑥运费结算。主要对运输子系统中发生的相关业务进行物流费用结算和记录,并将费用信息转至财务结算系统中进行物流业务核算。

(6)成本管理子系统。普通流通企业的成本一般根据所买卖商品计算得出,并使用相应的成本计算方法。而物流企业运营成本则依据物流运营过程中人、财、物的消耗计算得出。

(7)绩效管理子系统。为全面反映物流作业效率,该子系统提供仓储保管、流通加工、装卸搬运、运输配送、订单处理等方面作业指标的选定、计算、查询与分析功能。同时还允许企业定义标准作业指标值,设定作业绩效,用以真实反映物流配送状况,评定并改善物流配送绩效。该子系统的主要功能包括作业评估指标设定、标准作业指标设定、作业绩效等级设定、作业指标计算、作业指标查询、作业指标分析等。

案例链接

中海北方物流有限公司物流管理信息系统

中海北方物流有限公司是中海集团物流有限公司所属的八大区域物流公司之一。公司注册资金5000万元人民币,管理着东北地区18家子公司、分公司、办事处和50个配送网点。其业务涵盖物流策划与咨询、企业整体物流管理、海运、空运、码头、集装箱场站、铁路班列运输、集卡运输、仓储配送等。

公司建有现代化的集装箱场站和码头,通过集团发达的国际、国内集装箱航线,可将货物运抵国内任意指定港口和国际各主要港口;拥有集装箱冷藏班列,独立经营着冠名为“中国海运一号”大连—长春内外贸集装箱班列;组建了实力强大的集卡车队和配送车队，拥有配备 GPS 系统的集卡拖车 200 余辆，配送车 50 辆，构成纵贯东北内陆的陆上运输体系，可将货物运往东北任意指定地点。

公司在大连港建有 10 万平方米的现代化物流配送仓库，采用以条码技术为核心的信息管理系统，配有国际先进的物流仓储设备。并以大连为中心，按照统一标准在各主要城市建有二、三级配送中心，形成了辐射东北三省的梯次仓储配送格局；公司的冷藏高温仓库成为新鲜瓜果、蔬菜存储、加工、包装、分拨和配送中心。

公司具有多年的物流服务经验，吸纳了国内一流的物流人才，拥有完备的物流硬件设备，具有较强的物流策划与实施能力。公司恪守“使客户满意，使客户的客户也满意”的服务宗旨，遵循“5R”原则，提供“安全、优质、便利、快捷”的整体优化服务。

公司主要客户有顶新集团、青啤集团、露露集团、海信电器、TCL 电器、上海家化及沈阳金杯等大型企业。

一、业务流程

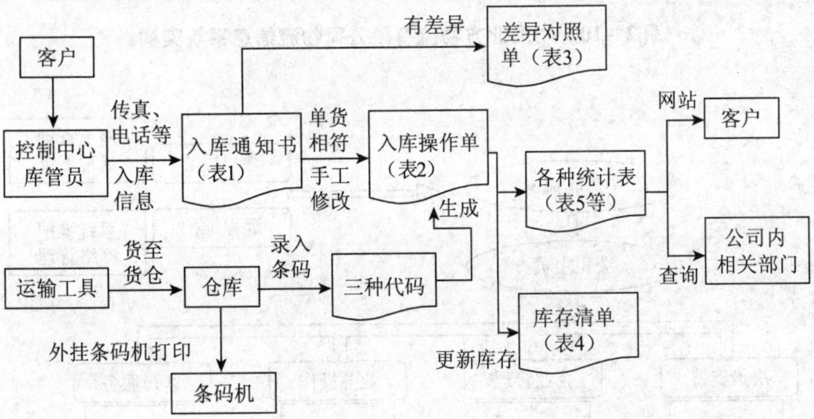

图 2－9　中海北方物流有限公司业务流程图

二、物流信息系统简介

中海北方物流公司的物流信息系统是以 Intranet/Extranet/Internet 为运行平台的，以客户为中心的、以提高物流效率为目的的，集物流作业管理、物流行政管理、物流决策管理于一体的大型综合物流管理信息系统，由电子商务系统、物流企业管理软件、物流作业管理系统和客户服务系统组成。

- 电子商务系统使客户通过 Internet 实现网上数据的实时查询和网上下单。
- 物流企业管理系统对企业的财务、人事、办公等进行管理，对数据进行统计、分析、处理，为企业提供决策支持。
- 物流作业管理系统则通过集成条码技术、GPS/GSM 技术、GIS 技术等物流技术,实现物流作业、管理、决策的信息化。

- 客户服务系统为客户提供优质的服务。

其整体架构如图 2－10 所示,而实际应用流程如图 2－11 所示。

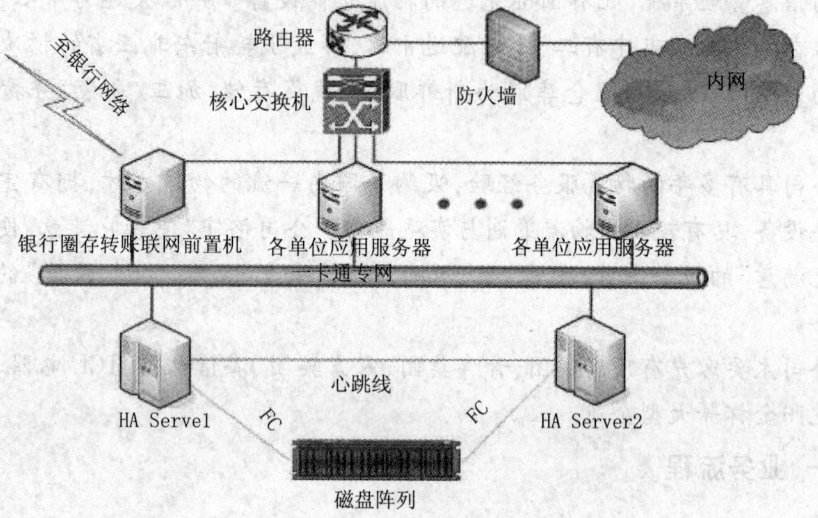

图 2－10　中海北方物流有限公司物流信息系统架构

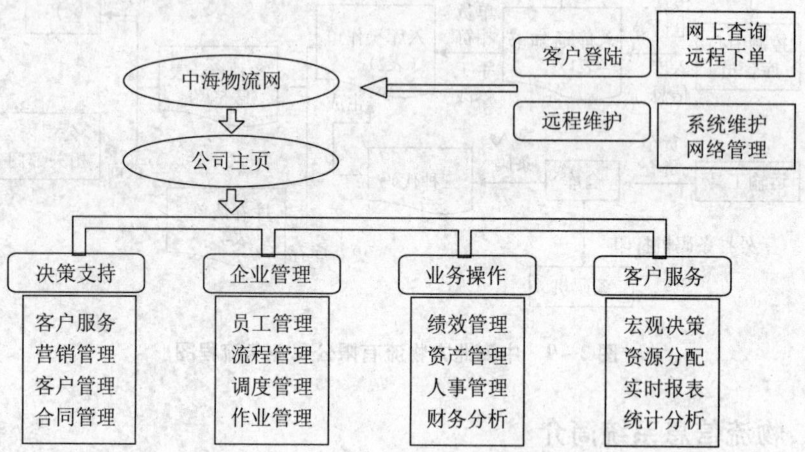

图 2－11　中海北方物流有限公司物流管理信息系统实际应用流程

三、中海北方物流信息系统功能介绍

（一）中海物流信息系统模块结构

中海物流信息系统模块结构如图 2－12 所示。

2. 各系统功能简述

1. 物流业务管理系统

物流业务管理系统由 11 个子系统组成,分别是:仓储管理系统、配送管理系

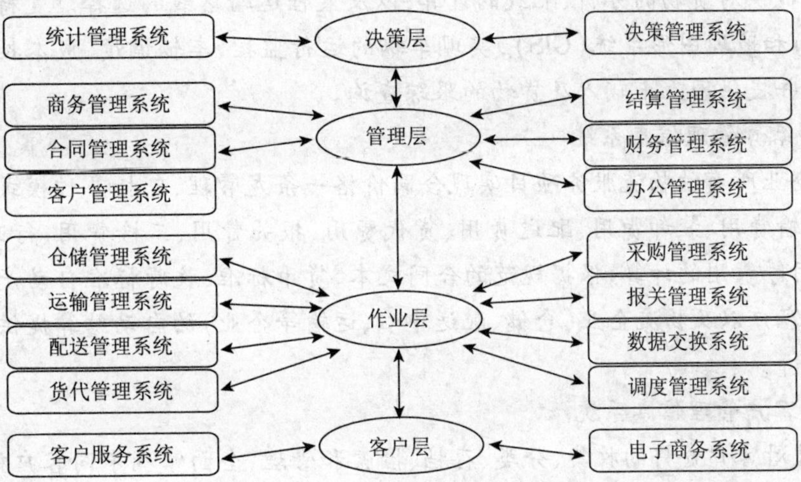

图2－12　中海物流信息系统模块结构图

统、运输管理系统、货代管理系统、报关管理系统、采购管理系统、结算管理系统、合同管理系统、客户管理系统、数据交换系统。

(1)配送管理信息系统

按照即时配送(JIT)原则,满足生产企业零库存生产的原材料配送管理,满足商业企业小批量多品种的连锁配送管理,满足共同配送和多级配送管理。支持在多供应商和多购买商之间的精确、快捷、高效的配送模式。支持以箱为单位和以部件为单位的灵活配送方式。支持多达数万种配送单位的大容量并发配送模式;支持多种运输方式,跨境跨关区的跨区域配送模式。结合先进的条码技术、GPS/GIS技术、电子商务技术,实现智能化配送。

(2)货代管理信息系统

满足国内一级货运代理的要求,完成代理货物托运、接取送达、订舱配载、多式联运等多项业务需求,支持航空、铁路、公路和船务运输代理业务。配合物流的其他环节,实现物流的全程化管理,实现门对门、一票到底的物流服务。

(3)仓储管理信息系统

可以对所有的包括不同地域、不同属性、不同规格、不同成本的仓库资源,实现集中管理。采用条码、射频等先进的物流技术设备,对出入仓货物实现联机登录、存量检索、容积计算、仓位分配、损毁登记、简单加工、盘点报告、租期报警和自动仓租计算等仓储信息管理。支持包租、散租等各种租仓计划,支持平仓和立体仓库等不同的仓库格局,并可向客户提供远程的仓库状态查询、账单查询和图形化的仓储状态查询。

(4)运输管理信息系统

可以对所有运输工具,包括自有车辆和协作车辆以及临时的车辆实行实时调度管理，提供对货物的分析、配载的计算，以及最佳运输路线的选择。支持全球定位（GPS）和地理图形系统（GIS），实现车辆的运行监控、车辆调度、成本控制和单车核算，并提供网上车辆以及货物的跟踪查询。

（5）结算管理信息系统

对企业所有的物流服务项目实现合同价格一条龙管理，包括多种模式的仓租费用、运输费用、装卸费用、配送费用、货代费用、报关费用、三检费用、行政费用、办公费用等费用的计算，根据规范的合同文本、货币标准、收费标准自动产生结算凭证，为客户以及物流企业（仓储、配送中心、运输等企业）的自动结算提供完整的结算方案。

（6）客户管理信息系统

通过对客户资料的收集、分类、存档、检索和管理，全面掌握不同客户群体、客户性质、客户需求、客户信用等客户信息，以提供最佳客户服务为宗旨，为客户提供方案、价格、市场、信息等各种服务内容，及时处理客户在合作中遇到的各类问题，妥善解决客户合作中发生的问题，培养长期的、忠诚的客户群体，为企业供应链的形成和整合提供支持。

（7）报关管理信息系统

集报关、商检、卫检、动植物检疫等功能的自动信息管理于一体，满足客户跨境运作的需求。系统支持联机自动生成报关单、报检单，自动产生联机上报的标准格式，自动发送到相关的职能机构，并自动收取回执，使跨境物流信息成为无缝物流信息传递，使报关、报检业务迅速、及时、准确，为物流客户提供高效的跨境物流服务。

（8）数据交换信息系统

系统提供电子商务化的 WEB－EDI 数据交换服务，通过电子商务网站或者基于 Internet 的数据交换通道，提供标准的 EDI 单证交换，实现与供应链上下游合作伙伴之间的低成本的数据交换，为供应链企业数据交换、电子商务数据交换以及未来开展电子支付、电子交易创造条件。

（9）合同管理信息系统

合同是商务业务和费用结算的依据，系统通过对合同的规范化、模式化和流程化，合理地分配物流服务的实施细则和收费标准，并以此为依据，分配相应的资源，监控实施的效果和核算产生的费用，并可以对双方执行合同的情况进行评估以取得客户、信用、资金的相关信息，交客户服务和商务部门作为参考。

（10）采购管理信息系统

采用规范化的企业采购模式和管理流程，满足企业开放式或供应链采购方式，包括网上招标、供应商管理、采购计划管理、需求管理、报价管理、审批管理、合同管理、订货管理、补货管理、结算管理、信用管理、风险管理等功能，从成本降低、效率提高和流程控制等不同方面为企业创造价值。

(11)调度管理信息系统

用于大型物流企业的业务集中调度管理,适用于网状物流、多址仓库、多式联运、共同配送、车队管理等时效性强、机动性强、需要快速反应的物流作业管理,以应付客户的柔性需求,减少部门之间的沟通环节,保证物流作业的运作效率。

2. 物流企业管理系统

物流企业管理系统由5个子系统组成,分别是:商务管理系统、财务管理系统、统计管理系统、行政管理系统、决策支持系统。

(1)商务管理信息系统

物流企业专业营销管理,包括物流市场预测、物流营销策划、物流项目论证、物流资源整合、物流方案设计、价格政策制定、物流绩效评估等,结合合同管理和客户管理系统,准确地把握企业的市场方向、政策动向和客户需求,灵活地制定营销策略,实现企业发展战略目标。

(2)财务管理信息系统

结合成熟的财务管理理论,针对物流企业财务管理的特点,根据财务活动的历史资料进行财务预测和财务决策,运用科学的物流成本核算、作业绩效评估手段,从财务分析的角度,对企业发展战略、客户满意度、员工激励机制、企业资源利用、企业经济效益等方面进行分析,并得出有关财务预算、财务控制的财务分析报告,为实现企业价值最大化提供决策依据。

(3)统计管理信息系统

统计工作作为企业管理的基础,按照物流行业的标准,针对物流企业的经营管理活动情况进行统计调查、统计分析、统计监督,并提供统计资料。按照物流企业的统计要求,对物流企业的各项经营指标及经营状况进行分类统计和量化管理。

(4)行政管理信息系统

以降低管理成本、提高管理效率为目的,为物流企业的规范化、流程化和科学化管理提供包括办公管理、项目管理、资源管理、人事管理、知识管理在内的统一的企业管理平台,通过电子公文传递、资源动态分配、多方网络会议、邮件自动管理、定位信息传呼等实现企业的无纸化办公。

(5)决策支持信息系统

及时地掌握商流、物流、资金流和信息流所产生的信息并加以科学地利用,在数据仓库技术、运筹学模型的基础上,通过数据挖掘工具对历史数据进行多角度、立体的分析,实现对企业中的人力、物力、财力、客户、市场、信息等各种资源的综合管理,为企业管理、客户管理、市场管理、资金管理等提供科学决策的依据,从而提高管理层决策的准确性和合理性。

3. 物流电子商务系统

通过《中海物流网》实现的电子商务系统功能主要有：

实时查询——客户在网上实时查询库存情况、运输情况和账单

清单录入——客户可以直接录入作业指令单、订车单、订仓单等

网上下单——客户可以直接输入物流服务的需求

信息反馈——客户对物流服务提出建议或投诉

网上报价——客户可以在线发出询价请求并得到报价回复

网上交易——物流服务项目的在线查询、交易撮合和电子签约

网上联盟——通过联盟的形式整合社会物流资源

数据交换——通过 EDI 方式实现异构信息系统的数据对接

信息外包——以 ASP 方式实现远程物流信息系统功能外包

项目招标——通过电子招标的形式获得最佳的供货方

4. 客户服务系统

客户服务系统系统实现的客户服务内容包括：

流程查询——查询有关作业的流程状态

在库查询——查询有关的库存状况

在途查询——查询货物运输途中状况

定制查询——按照客户的要求选择查询内容

账单下载——在线获取结算清单

实时跟踪——查询有关货物的地理位置图形

定制信息——按照需要发出客户所指定的专业信息

咨询服务——在线解答客户在物流活动中的疑难问题

四、特点

1. 全过程的物流信息采集和处理

系统实现了全球采购、运输、仓储、配送、包装、流通加工、装卸搬运、转运、报关、报检、分拣、结算等全过程的信息采集、储存、处理、统计和查询，使信息流通达物流作业和管理的每个环节。

2. 生产物料配送的零库存 JIT 管理

系统支持零库存生产企业的 JIT（即时）和 ECS（高效）物料配送作业，同时满足多供应商对单一生产厂家和多供应商对多生产厂家的配送模式，是唯一能支持精确配送的信息系统。

3. 数字化仓库的智能化管理

系统实现了仓库的数字化、条码化和局部智能化管理。

4. 基于 GPS/GIS 技术的车辆调度管理

系统对不同类型的车辆实行统一管理和调度，利用 GPS/GIS/GSM 技术实现

最佳线路管理。

5. 基于 WEB 方式的客户服务

系统建立在 Intranet/Extranet 的网络拓扑结构下，实现内网和外网的各自独立运作而又以宽带网络连接。通过 WEB 可以为全球客户提供实时在线查询、下单和结算服务。

6. 基于 EDI 方式的海关通关管理

系统自动生成符合国际 EAFACT 标准的 EDI 单证，可以和深圳海关、商检的 EDI 系统直接连接，实现联网通关报验和报检。

7. 国际结算管理体系

系统支持物流作业的即时清算，当一单作业完成之后，产生的费用结算单已经提交到财务结算，并通过信息渠道告知客户，分别按照约定的结算规则完成国际和国内结算。

8. 良好的移植性

遵循 J2EE 规范构建本系统，将 JAVA、HTML、XML、TCP/IP、数据仓库等计算机技术和条码、GPS、GSM、GIS、RF、动态规划等物流技术有机结合，实现了系统的跨平台运行，具有广泛适用性。

五、实施作用

通过实施这套基于 Internet/Intranet 的物流信息系统，中海北方物流有限公司可以高效率、低成本地提供下列服务：

1. 综合物流服务

在数码仓库网络和数码配送体系的基础上，从事专业物流业务，包括为客户提供全过程物流解决方案，组织全国性及区域性的仓储、配送、加工、分销、国际货运代理、信息等综合物流服务，为客户选择合理的运输及配送方式，以最低的物流成本提供最佳的物流服务。

2. 销售增值服务

充分利用数码仓库和数码配送体系的服务优势，整合销售资源，分行业建立生产商直销系统，消除销售环节的不合理现象，为大型生产企业提供销售增值服务。

以网上交易为手段，进行资源整合，提供物流支持，全面发展电子商务业务，利用先进的互联网技术帮助企业提高其经营效率、降低经营成本、提高客户的满意度，使买卖双方获得更多的贸易机会，在提高市场的运作效率的基础上发展销售增值服务。

3. 采购增值服务

面向采购环节，积极挖掘市场，以企业采购、政府采购工程为服务对象，提供适应现代采购业务需要的物流支持和相关服务。

4. 信息系统增值服务

这部分增值服务可分为两部分：

(1)信息增值服务

充分利用信息系统建设所产生的货物流量、流向及价格等信息资源，进行市场客户化工作，为客户提供实时的信息发布与查询，向社会各界提供有偿的市场信息服务。

(2)物流软件增值服务

依托于数码仓库应用系统和数码配送应用系统平台，面向企业客户提供从专家咨询、系统规划、网络集成、软件的客户化、用户培训、数据准备、系统交付到系统维护的一整套的全面 ASP(应用服务提供商)服务，最终协助用户实现成功的物流、商流和资金流的管理。

根据案例回答下列问题：

1. 为什么说中海物流信息系统是一个比较完善的解决方案?
2. 你认为这个系统还有哪些方面需要进一步提高?

◦◦◦ 思考与讨论 ◦◦◦

1. 简述物流管理信息系统的体系结构。
2. 简述 LMIS 与 LIS 的关系。
3. 热带农产品物流管理信息系统构建的原则有哪些?
4. 热带农产品物流管理信息系统的功能结构有哪些?

第三章　热带农产品物流信息处理技术

学习目标

- 学习和掌握热带农产品物流信息的特点；
- 了解热带农产品物流企业信息系统的体系结构以及数据库的相关知识。

第一节　热带农产品物流信息加工处理

一、热带农产品物流信息

（一）热带农产品物流信息的分类

1. 按不同物流功能分类

按信息产生和作用所涉及的不同功能领域分类，热带农产品物流信息包括仓储信息、运输信息、加工信息、包装信息、装卸信息等。对于某个功能领域还可以进一步细化，例如，仓储信息分成入库信息、出库信息、库存信息、搬运信息等。

2. 按信息环节分类

根据信息产生和作用的环节，热带农产品物流信息可分为输入物流活动的信息和物流活动产生的信息。

3. 按信息作用的层次分类

根据信息作用的层次，热带农产品物流信息可分为基础信息、作业信息、协调控制信息和决策支持信息。基础信息是物流活动的基础，是最初的信息源，如物品基本信息、货位基本信息等。作业信息是物流作业过程中发生的信息，信息的波动性大，具有动态性，如库存信息、到货信息等。协调控制信息主要是指物流活动的调度信息和计划信息。决策支持信息是指能对物流计划、决策、战略具有影响和统计信息和宏观信息，如科技、产品、法律等方面的信息。

4. 按信息加工程度的不同分类

按加工程度的不同，热带农产品物流信息可以分为原始信息和加工信息。原始信息是指未加工的信息，是信息工作的基础，也是最有权威性的凭证性信息。加工信息是对原始信息进行各种方式和各个层次处理后的信息，这种信息是原始信息的提炼、简化和综合，利用各种分析工作在海量数据中发现潜在的、有用的信息和知识。

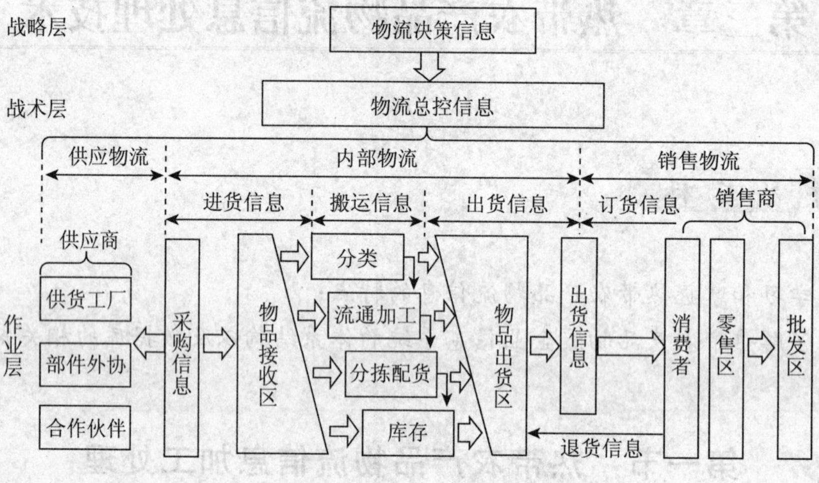

图3－1　物流信息的分类

（二）热带农产品物流信息的作用

热带农产品物流信息在物流活动中具有十分重要的作用，通过热带农产品物流信息的收集、传递、存储、处理、输出等，成为决策依据，对整个物流活动起指挥、协调、支持和保障作用，其主要作用为：

1. 沟通联系的作用

物流系统是由许多个行业、部门以及众多企业群体构成的经济大系统，系统内部正是通过各种指令、计划、文件、数据、报表、凭证、广告、商情等热带农产品物流信息，建立起各种纵向和横向的联系，沟通生产厂家、批发商、零售商、物流服务商和消费者，满足各方的需要。因此，热带农产品物流信息是沟通物流活动各环节之间联系的纽带。

2. 引导和协调的作用

热带农产品物流信息随着物资、货币及物流当事人的行为等信息载体进入物流供应链中，同时信息的反馈也随着信息载体反馈给供应链上的各个环节，依靠热带农产品物流信息及其反馈机制可以引导供应链结构的变动和物流布局的优化；协调物资结构，使供需之间平衡；协调人、财、物等物流资源的配置，促进物流资源的整合和合理使用等。

3. 管理控制的作用

通过移动通信、计算机信息网、电子数据交换（EDI）、全球定位系统（GPS）等技术实现物流活动的电子化，如货物实时跟踪、车辆实时跟踪、库存自动补货等，用信息化代替传统的手工作业，实现物流运行、服务质量和成本等的管理控制。

4. 缩短物流管道的作用

为了应付需求波动，在物流供应链的不同节点上通常设置有库存，包括中间库存和最终库存，如零部件、在制品、制成品的库存等，这些库存增加了供应链的长度，提高了供应链成本。但是，如果能够实时地掌握供应链上不同节点的信息，如知道在供应管道中，什么时候、什么地方、多少数量的货物可以到达目的地，那么就可以发现供应链上的过多库存并进行缩减，从而缩短物流链，提高物流服务水平。

5. 辅助决策分析的作用

热带农产品物流信息是制定决策方案的重要基础和关键依据，物流管理决策过程本身就是对热带农产品物流信息进行深加工的过程，是对物流活动的发展变化规律进行认识的过程。热带农产品物流信息可以协助物流管理者鉴别、评估经比较物流战略和策略后的可选方案，如车辆调度、库存管理、设施选址、资源选择、流程设计以及收益分析等均是在热带农产品物流信息的帮助下才能作出的科学决策。

6. 支持战略计划的作用

作为决策分析的延伸，物流战略计划涉及物流活动的长期发展方向和经营方针的制定，如企业战略联盟的形成、以利润为基础的顾客服务分析以及能力和机会的开发与提炼，作为一种更加抽象、松散的决策，它是对热带农产品物流信息进一步提炼和开发的结果。

7. 价值增值的作用

一方面，热带农产品物流信息本身是有价值的，而在物流领域中，流通信息在实现其使用价值的同时，其自身的价值又呈现增长的趋势，即热带农产品物流信息本身具有增值特征。另一方面，热带农产品物流信息是影响物流的重要因素，它把物流的各个要素以及有关因素有机地组合并联结起来，以形成现实的生产力和创造出更高的社会生产力。同时，在社会化大生产条件下，生产过程日益复杂，物流诸要素都渗透着知识形态的信息，信息真正起着影响生产力的现实作用。企业只有有效地利用热带农产品物流信息投入生产和经营活动，才能使生产力中的劳动者、劳动手段和劳动对象最佳结合，产生放大效应，使经济效益出现增值。物流系统的各个环节的优化所采取的办法、措施，如选用合适的设备、设计最合理路线、决定最佳库存储备等，都要切合系统实际，即都要依靠准确反映这实际的热带农产品物流信息。否则，任何行动都不免带有盲目性。所以，热带农产品物流信息对提高经济效益也起着非常重要的作用。

（三）热带农产品物流信息管理

1. 热带农产品物流信息管理的内容

热带农产品物流信息管理是对物流过程中相关信息进行收集、整理、传输、存储和利用的信息活动过程。

它不仅包括采购、销售、存储、运输等物流活动的信息管理和信息传送，还包括对物流中的各种决策活动如采购计划、销售计划、供应商的选择、顾客分析等提供决策支持；充分利用计算机的强大功能，汇总和分析物流数据，进而做出更好的进销存决策；能够充分利用企业资源，增加对企业的内部挖潜和外部利用，将会大大降低生产成本，提高生产效率，增强企业竞争优势。

2. 物流活动中信息流的基本环节

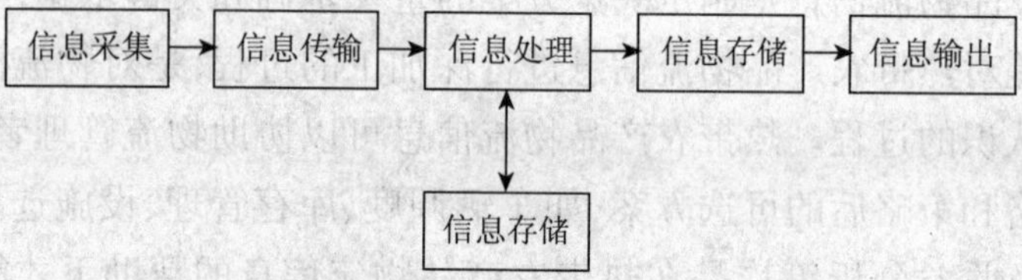

图3－2 信息流的基本环节

（1）热带农产品物流信息的采集

信息采集是整个热带农产品物流信息系统的基础，其首要任务是把分散在企业内外的有关数据，集中起来转化为热带农产品物流信息系统能够接受的形式和格式。信息获取的手段包括条码技术、射频技术、POS、GPS技术等

（2）热带农产品物流信息的传输

信息传输是用数据通信的方式，在终端上的用户与中央计算机的用户之间交换数据。信息传输的手段包括有线网络技术、无线网络技术、EDI技术、GIS技术、GPS技术等。

从各种渠道获得大量的热带农产品物流信息，尤其是有关供应商、用户及产品的有关信息，不仅使用量大，而且有相当一部分是重复使用的。

我们可以采用网络传输的方式，这样不仅可以避免人工输入方式的失误率高、效率低的缺陷，还可以大大降低运行费用，提高物流整体水平。

①电子数据交换EDI。EDI是标准商业文件在企业计算机系统间的直接传输，其工作过程如图3－3所示。

②POS系统

POS（Point Of Sale）即销售时点。POS通常被定义为具有自动信息识别及信息处理能力的销售时点管理系统。

它通过在销售商品时对商品条形码的扫描，将商品的有关信息立即输入到后

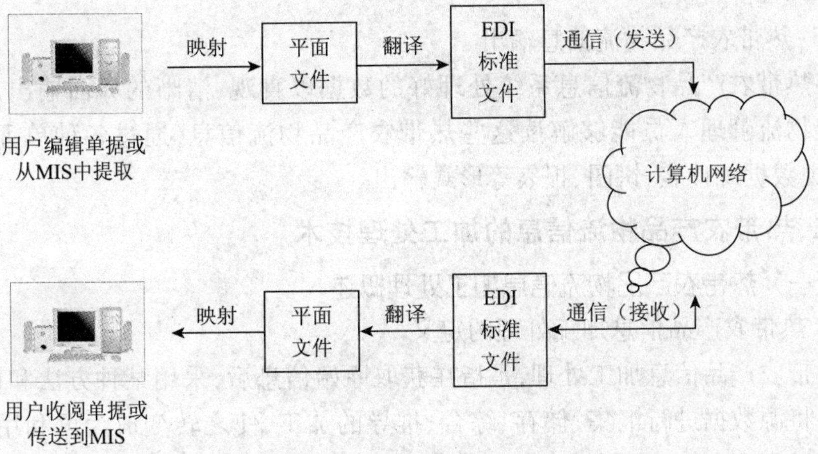

图3-3　EDI工作过程

台的管理信息系统中,进而对信息进行处理,并把相应的信息传输给合作伙伴。

应用于POS系统的VAN(增值网)除了可以传递销售时点信息以外,还可以通过对销售数据的加工分析得到其他信息,诸如商品周转率、商品利润等,根据销售情况区分畅销商品和滞销商品。

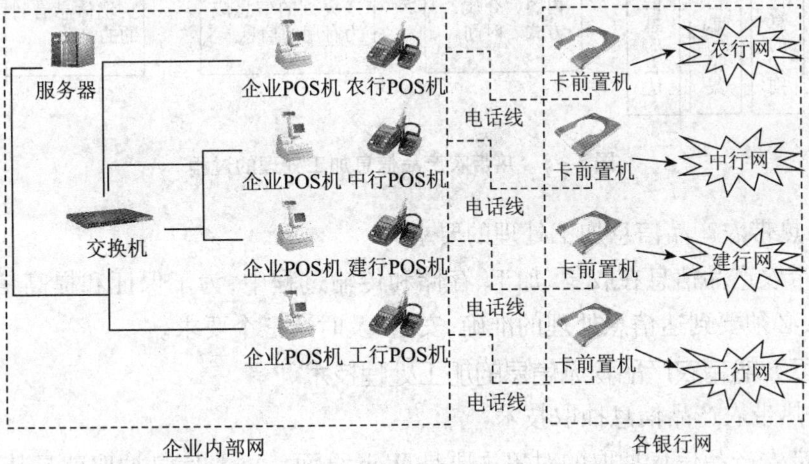

图3-4　POS系统的工作原理

(3)热带农产品物流信息的处理与分析

将输入的数据加工成热带农产品物流信息是信息系统最基本的目标,信息处理与分析可以是简单的查询排序,也可以是复杂的模型求解和预测。

(4)热带农产品物流信息的存储

将输入的数据存储在系统中,以供长期使用。需要确定信息存储的介质、存储方式、使用方式、存储时间、存储内容、存储地方。特别要注意数据存储的安全性和可靠性。

(5)热带农产品物流信息输出

将热带农产品物流信息系统处理好的数据以直观、清晰的界面输出,目的是让各级物流管理人员能够解读这些热带农产品物流信息,通过各种单证界面显示、各类数据统计表、饼图、报表等形式输出。

二、热带农产品物流信息的加工处理技术

(一)热带农产品物流信息加工处理概述

1. 热带农产品信息加工处理的定义

热带农产品信息加工处理,是指在获取原始信息后,采用某种方法和设备,根据需要将源数据进行汇集、储存、综合、推导的加工,使之转变成为可利用的有效信息的过程。

2. 热带农产品信息加工处理的过程

热带农产品信息加工处理的过程如图3-5所示。

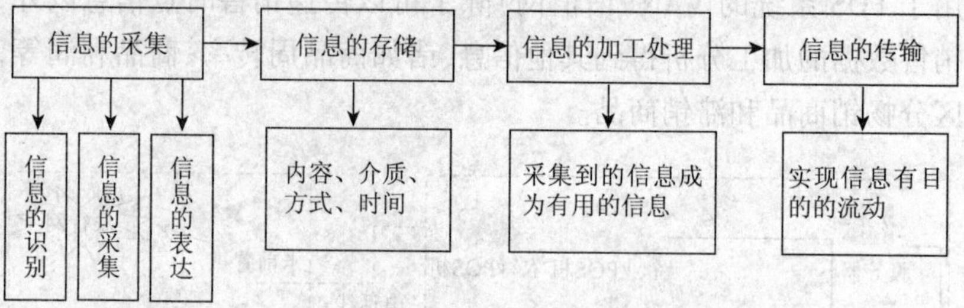

图3-5 热带农产品信息加工处理的过程

3. 热带农产品信息加工处理的要求

热带农产品信息在收集、加工、存储和传输过程中,为了保证和提高信息的使用价值,必须要到达信息处理的准确、安全、及时这三个要求。

(二)热带农产品物流信息的加工处理技术

1. 热带农产品信息抽取技术

热带农产品信息抽取的对象主要是Web页面。Web信息抽取就是从Web页面所包含的无结构或半结构的信息中识别用户感兴趣的数据,并将其转化为结构和语义更为清晰的格式。Web信息抽取工作主要由包装器来完成。包装器是一种软件系统,这个系统应用已经定义好的信息抽取规则,将输入Web页面的信息数据抽取出来,转换为用特定的格式描述的信息。一个包装器一般针对某一个单一数据源中的一类页面。在以前的系统中,主要采用人工方法完成包装器的生成,实现数据的抽取工作。但是由于Web信息量巨大,新资源频繁加入,现存资源的格式也经常变动,因此采用人工实现包装器的方法不仅麻烦而且缺乏适应性。

通常可以采用半自动化的信息抽取方式，或者采用 ECT 来描述网页的层次结构，为每一个 ECT 结点产生一个抽取规则，对每一个 LIST 结点页面再产生一个附加循环规则，整个抽取过程按照这个层次结构展开。另外，针对 HTML 页面的信息抽取，还有另外一种基于主动学习的信息抽取方法。主动学习法能够选择少量有代表性的页面，由用户标记形成训练样本，通过学习这些训练样本形成较一般的信息抽取规则，提高包装器的适应性。

2. 自动分类与聚类技术

自动分类与聚类包括信息内容和信息对象特征两大类的分类与聚类。信息内容的分类与聚类，如文本分类与聚类、图像分类与聚类等；信息对象特征的分类与聚类，如文件分类与聚类、网站分类与聚类等。以文本分类与聚类技术为例，文本分类是指在给定分类体系下，根据文本的内容自动确定文本类别的过程。文本聚类是指把文本集合按照其文本内容相似性归并成若干类别。

3. 自动标引技术

自动标引方法大致可归为 5 大类。

(1)统计标引法。该方法将某一篇较长的文章中每个词出现的频率按照递减顺序排列起来，并用自然数给这些词编上号。通过对这些词语的统计，求出其中的高频词、中频词和低频词，并使用中等频率的词语作为标识文献的主题词。

(2)概率标引法。概率标引法所依据的概率，主要有相关概率、决策概率和出现概率。使用这种方法的实用系统并不多。

(3)句法分析法。句法分析法利用计算机自动分析文本的句法结构，鉴别词在句子中的语法作用和词间句法关系。

(4)语义分析法。语义分析法通过分析文本或话语的语义结构来识别文献中那些与主题相关的词。

(5)人工智能法。人工智能应用在标引中的具体技术是专家系统，专家系统的知识表示方法主要有产生式表示法、语义网络表示法和框架表示法。

4. 数据挖掘技术

数据挖掘的出现为从海量数据中发现人们感兴趣的、隐含的、事先未知的信息，解决知识获取这一难题提供了有效的解决方案，同时也为数据库领域中对数据的深层次利用开辟了新的发展空间。数据挖掘技术即数据库知识发现技术，是跨学科的研究领域，信息分析人员利用基于文献的知识发现方法，开发出各种软件系统，揭示数据库中不同领域知识的联系和问题的答案。数据挖掘技术在信息加工处理的诸多领域都有广泛的应用。

数据挖掘的主要发展趋势是：应用领域的探索和扩张；数据挖掘系统的交互性；隐私保护与信息安全；Web 挖掘；数据挖掘语言的标准化；可视化数据挖掘；不同领域的理论、技术的融合；模型查询与优化方法；专家参与和领域知识的指导。

第二节　热带农产品物流信息数据库

案例引入

经过调查，物流公司在选择数据库时通常会考虑以下因素：

①第三方物流供应商把“数据库的伸缩性、安全性和可靠性”放在首位；其次是“跟企业的应用需求很接近，如支持多媒体数据类型、分布式数据管道，数据库提供商对物流行业要有充分的了解，要在细节上体现积极的服务态度”。

②提供全方位综合物流服务的大型集团，都着重强调了数据库运行的稳定性。60%的企业表示，应该考虑“整套数据库产品对于系统资源的占用要合理，投资规模和成本要合算”。

③仓储物流企业关注“数据库的伸缩性、安全性和可靠性”；10%的企业侧重考虑“对主流厂商的硬件平台的支持，投资规模和成本是否合算”。

④货运企业看重“数据库的伸缩性、安全性和可靠性”以及“整套数据库产品对于系统资源的占用要合理，投资规模和成本要合算”。

⑤商业储运企业看重“数据库的伸缩性、安全性和可靠性”以及“数据库提供商对物流行业要有充分的了解，要在细节上体现积极的服务态度”。

由上可见，数据库技术在热带农产品物流信息管理应用中的重要作用。

一、物流数据库基础知识

（一）数据库技术的基本概念

1. 数据库的定义

(1)定义

数据库(Data Base，简称 DB)是存放在计算机存储设备中的，以一种合理的方法组织起来的，与公司或组织的业务活动和组织结构相对应的各种相关数据的集合，该集合中的数据可以为公司或组织的各级经过授权的人员或应用程序以不同的权限所共享。

(2)数据库管理技术的发展阶段

数据库管理技术是指对数据进行分类、组织、编码、存储、检索和维护的技术。数据库管理技术的发展是和计算机技术及其应用的发展联系在一起的，经历了由低级向高级的发展过程。概括来说，可以分为人工管理阶段、文件系统阶段、数据库系统阶段和高级数据库技术阶段四个阶段。

2. 数据模型

模型是对现实世界事物的抽象模仿和模拟，在数据库技术中，使用数据模型(Relational Model)对现实世界数据特征进行描述。数据模型可分为概念数据模型和结构数据模型两个层次。

(1)概念数据模型

概念数据模型只描述信息的特性和强调语义，而不涉及信息在计算机中的表示，是现实世界到信息世界的第一层抽象。主要概念有：

①实体(Entity)：客观存在并可互相区分的事物。实体可以是人、物、某些概念、事物与事物之间的联系。例如：一个职工、一个学生、学生的一次选课、部门的一次订货。

②属性(Attribute)：实体具有的某一特性。一个实体可由若干个属性来刻画。例如：供应商实体可由供应商号、姓名、地址、电话号、账号等属性组成。(001、宝洁公司、广州市经济开发区、020－8855766、022－334－556－998)这些属性值组合起来表征了一个供应商。

③实体型(Entity Set)：具有相同属性的实体具有共同的特征和性质。用实体名及其属性名集合来抽象和刻画同类实体，称为实体型。例如供应商(供应商号、姓名、地址、电话号、账号)。

④实体集：同型实体的集合称为实体集。例如，全体供应商就是一个实体集。

⑤联系：现实世界的事物之间是有联系的，这种联系必然要在信息世界中反映。一般实体之间的联系有三种：一对一联系(如一个部门有一个经理，而每个经理只在一个部门工作)，一对多联系(如一个部门有若干职工，而一个职工只在一个部门工作)，多对多联系(如一个项目有多个职工参加而一个职工可以参加多个项目工作)。

通常用实体联系图(E－R 图)把现实世界中数据的属性和联系描述出来。实体联系图的符号用法：实体型用矩形表示，联系用菱形表示，属性用椭圆表示。示例图如图 3－6、图 3－7 所示。

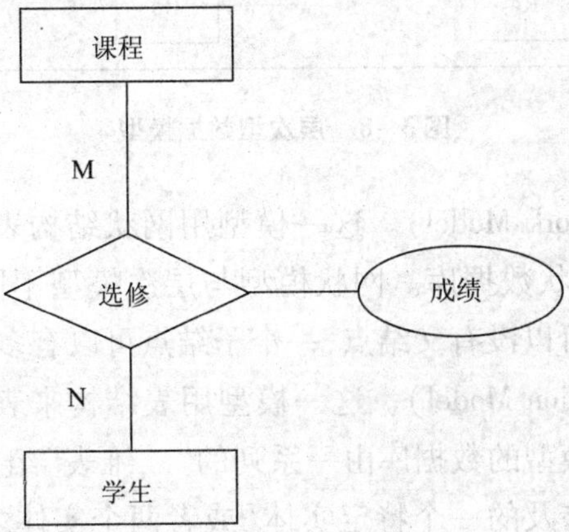

图 3－6　联系的属性

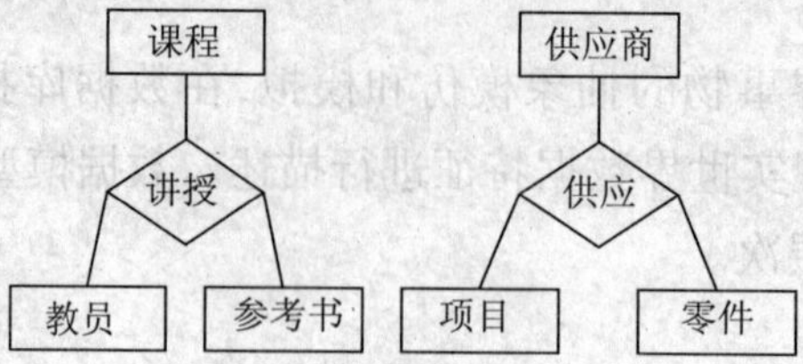

图 3-7　两个以上实体型之间的联系示例

(2)结构数据模型

结构数据模型直接描述数据库中数据的逻辑结构,这一类模型涉及计算机系统,又称为基本数据模型。它用于机器世界的建模,是现实世界的第二层抽象,通常包括一组严格定义的形式化语言,用来定义和操作数据库中的数据,最常用的有层次模型、网状模型、关系模型和面向对象模型。

①层次模型(Hierarchical Model)。这一模型的主要特征是用树型结构表示实体类型以及实体间的联系,有且只有一个结点没有父结点,该结点为根结点;根结点以外的其他结点有且只有一个父结点。最典型的层次模型系统是 IBM 公司 1969 年推出的 IMS(Information Management System)商用数据库系统的数据模型。

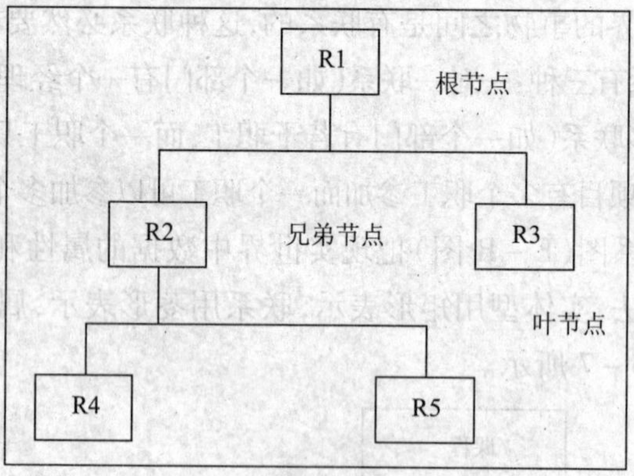

图 3-8　层次型数据模型

②网状模型(Network Model)。这一模型用网状结构表示实体类型及实体之间的联系,用于设计网状数据库。网状模型与层次模型不同的是,在网状模型中允许一个以上的结点可以没有父结点,一个子结点可以有多个父结点。

③关系模型(Relation Model)。这一模型用表结构来表示实体类型以及实体间的联系。采用关系模型的数据库由一系列的“二维表”组成,每个表保存着企业或组织业务活动中所涉及的一个特定实体(或者两个实体之间的某种联系)的所有实例的各种属性值数据。

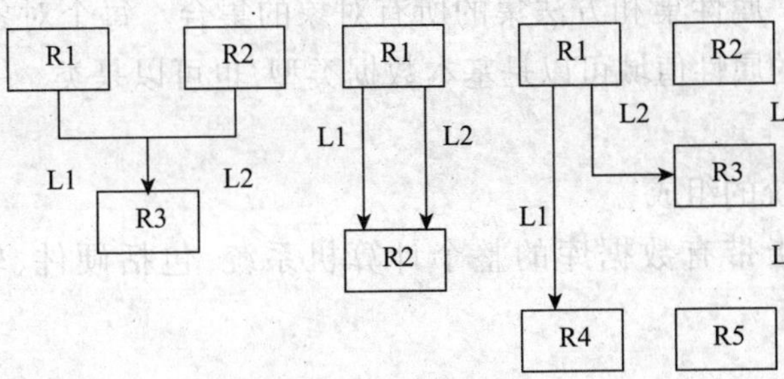

图 3－9 网状数据模型

表 3－1 二维表例子

订单代号	客户代号	订购日期	运货费
D001	K001	03/12/03	300
D002	K002	03/12/10	50
D003	K001	04/04/05	100
D004	K002	04/04/20	80
D005	K003	03/12/20	100
D006	K003	03/06/09	30
D007	K004	03/07/08	200
D008	K005	03/10/08	100

表明各个客户向本公司订购产品的状况的“订单”就是一个实体，为了记录这一实体所有实例的订单代号、客户代号、订购日期和运货费等属性值数据，就可以在公司数据库中规定一个描述公司所有订单内容的“订单”表。

④面向对象模型（Object－Oriented Model）。随着数据库技术的发展，出现了许多如CAD、图像处理等新的应用领域，例如，存储和检索保险索赔案件中的照片、手写的证词等。这就要求数据库系统不仅能处理简单的数据类型，还要处理包括图形、图像、声音、动画等多种音频、视频信息，传统的关系数据模型难以满足这些需求，因而产生了面向对象的数据模型。在面向对象的数据模型中，最重要的概念是对象（Object）和类（Class）。

一个面向对象的数据库模式是由若干个类层次组成的。如上例包含了三个类：书类、工具书类和教科书类。其中，书是超类，而工具书类和教科书类是它的子类。子类可以继承其超类的所有的属性、方法和消息。

对象是对现实世界中的实体在问题空间的抽象。一个对象由属性集、方法集和消息集组成。其中，属性用于描述对象的状态、组成和特性，而方法用于描述对象的行为特征，消息是用来请求对象执行某一操作或回答某些信息的要求，它是对象向外提供的界面。

类是共享同一属性集和方法集的所有对象的集合。每个对象称为它所在类的一个实例。类的属性值域可以是基本数据类型,也可以是类。一个类可以组成一个类层次。

3. 数据库系统的组成

数据库系统指带有数据库的整个计算机系统,包括硬件、软件、数据以及人员。

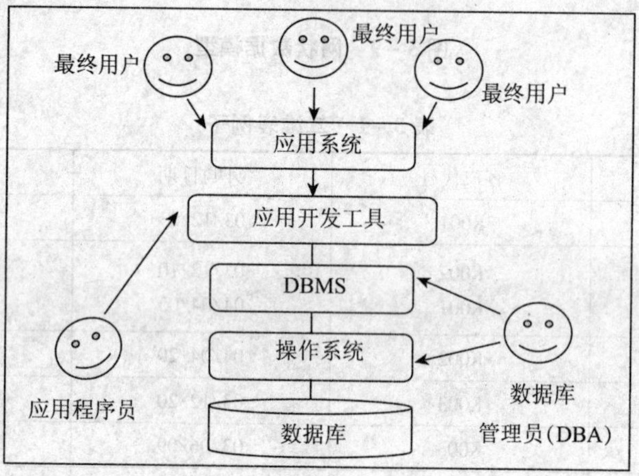

图 3-10　数据库系统组成

4. 数据库系统的特点

(1)冗余度最少。以一定的数据模型组织数据,数据尽可能不重复。

(2)资源共享。以最优方式为某个特定组织的多种应用程序或用户服务(应用程序或用户对数据资源共享)。

(3)数据独立。其数据结构独立于使用它的应用程序。

(4)管控统一。对数据的定义、操纵和控制由数据库管理系统统一进行管理和控制。

(二)数据库技术

1. 基本概念

(1)关系模式(Relation Schema)。关系模式是对一个关系的描述,用来定义关系。关系模式的形式化表示为:

R(U,D,Dom,F)

其中,R——关系名;

U——属性集合;

D——属性来自的域;

Dom——属性向域的映射;

F——属性间数据的依赖关系。

关系模式可简化为一个三元组:R(U,F)

(2)数据依赖。数据依赖是通过一个关系中间属性值的相等与否体现出来的数据间的相互关系。对于一个三元组R(U,F),当且仅当U上的一个关系r满足数据依赖关系F时,r称为关系模式R(U,F)的一个关系。

(3)函数依赖。设R(U)是属性集U上的关系模式,X、Y是U的子集。若对于R(U)的任意一个可能的关系r,r中不可能存在两个元组在X上的属性值相等,而在Y上的属性值不等,则称X函数确定Y或Y函数依赖X。

(4)码。设K为关系模式R<U,F>中的属性组合,若$K \xrightarrow{f} U$,则K为R的一个候选码(Candidate key)。若关系模式R有多个侯选码,则选定其中的一个码做为主码(Primary key)。

(5)范式。满足不同程度要求的约束集称为不同的范式。

(6)规范化。一个低一级范式的关系模式,通过模式分解(投影运算)可以转化为若干个高一级范式的关系模式的集合,这个过程叫做规范化。

2. 范式

(1)第一范式(1NF)

当且仅当一个关系R中,每一个分量都是不可再分的数据项时,$R \in 1NF$。即要求属性是原子的、不可再分的。

(2)第二范式(2NF)

假定只有一个候选码,且该候选码是主码:当且仅当一个关系变量属于1NF,且该关系变量的每一个非码属性都完全依赖于主码时,该关系变量属于2NF。进一步分解的作用是消除传递函数依赖,也正是消除了这种传递函数依赖才解决了更新异常问题。

(3)第三范式(3NF)

第三范式(假定关系变量只有一个候选码,且该候选码是主码):当且仅当一个关系变量属于2NF,且该关系变量的所有非码属性都不传递依赖于主码时,该关系变量属于3NF。规范化过程的第二步可以归纳为利用投影消除非码属性间的传递函数依赖。

(4)BC范式(BCNF)

如果一个关系变量的所有非平凡的、完全的函数依赖的决定因素是候选码,则该关系变量属于Boyce/Codd范式(BCNF)。函数依赖图中唯一的一个箭头是从候选码中出来的。前面已经说过,每一个候选码总有箭头出来,而BCNF认为这里没有其他箭头,也就是说,在规范化过程中已没有箭头可消除。

3. 数据库设计的特点

(1)数据库建设是硬件、软件和数据的结合,常有“三分技术,七分管理,十二分基础数据”的说法。

(2)数据库设计应该与应用系统设计相结合,即数据库设计应包含两方面的内容。

结构(数据)设计:设计数据库框架或数据库结构。

行为(处理)设计:设计应用程序、事务处理等。

设计时,要重视对应用中数据语义的分析和抽象,同时要重视对行为的设计。

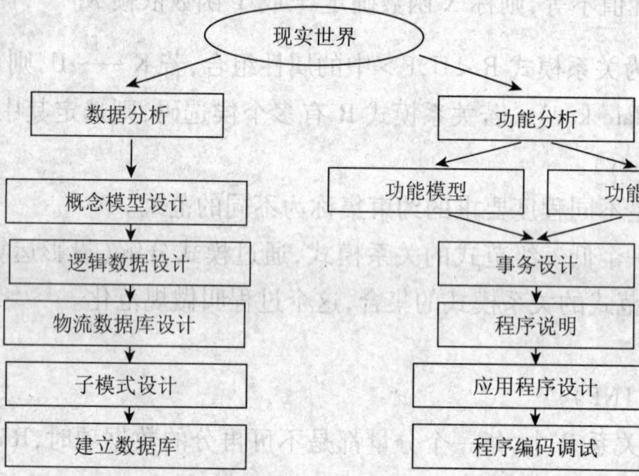

图3-11　数据库设计内容

（三）数据库管理技术

1. 安全性管理

用户登录系统的管理:通过认证来实现。认证是指当用户访问数据库系统时,系统对该用户的账号和口令的确认过程。

用户使用数据库对象的管理:通过许可来实现。许可用来指定授权用户可以使用的数据库对象和这些授权用户可以对这些数据库对象执行的操作。

2. 数据库备份

备份是指制作数据库结构和数据的拷贝,以便在数据库遭到破坏时能够修复数据库。

(1)完全数据库备份。如果数据库是一个只读数据库,那么完全数据库备份就足以防止数据的丢失。

(2)增量备份。对于一个经常修改的数据库,为了最大限度地减少恢复时间,可以执行数据库增量备份。只有在执行了完全数据库备份之后,才能执行增量备份。

(3)事务日志备份。可以通过备份数据库事务日志来记录数据库的任何变化。当执行完全数据库备份时,一般应备份事务日志。

3. 数据库恢复

数据库恢复是指将数据库备份加载到系统中的过程。在恢复数据库时,必须了解执行备份时使用的备份方法类型和备份是否存在,以便从不同的备份中恢复数据库。

(1)从完全数据库备份中恢复。当从完全数据库备份中恢复数据库时,SQL Server 系统重新创建数据库以及数据库相关的全部文件,然后把这些文件放到原来的位置上。

(2)从增量备份中恢复。当从增量备份中恢复数据库时,SQL Server 系统只恢复从最近一次完全数据库备份以后数据库的变化部分,并且将数据库返回到执行增量备份时的状态。

(3)从事务日志备份中恢复。当从事务日志备份中恢复数据库时,SQL Server 系统恢复记录在事务日志中的数据库变化。使用事务日志备份来恢复,可以将数据库恢复到某个指定时刻的状态。

(4)从文件或者文件组备份中恢复。为了减少恢复巨大的数据库所需的时间,可以从文件备份或者文件组备份中恢复数据库。

4. 数据复制

复制是一种实现数据分布的方法,即把一个系统中的数据通过网络分布到另外一个或多个地理位置不同的系统中,以满足可伸缩组织的需要,减轻主服务器的工作负荷,提高数据的使用效率。数据复制的过程类似于报纸杂志的出版过程,即把信息从信息源迅速送到信息接收处。

二、物流管理信息系统中的数据仓库

目前,"数据仓库"一词还未有一个统一的定义,著名的数据仓库专家 W. H. Lnmon 在其著作《Building the Data Warehouse》一书中给予如下描述:数据仓库技术(Data Warehousing,DW)是一个面向主题、集成化、稳定的、包含历史数据的数据集合,它用于支持经营管理中的决策制定过程。对于数据仓库的概念我们可以从两个层次理解:首先,数据仓库用于支持决策,面向分析型数据处理,它不同于企业现有的操作型数据库;其次,数据仓库是对多个异构的数据源的有效集成,集成后按照主题进行了重组,并包含历史数据,而且存放在数据仓库中的数据一般不再修改。

1. 数据仓库的特点:根据数据仓库概念的含义,数据仓库具有如下特点:

(1)面向主题性

面向主题性表示了数据仓库中数据组织的基本原则,数据仓库中的所有数据都是围绕着某一主题展开的。

(2)数据的集成性

数据仓库的集成性是指根据决策分析的要求,将分散于各处的源数据进行抽取、筛选、清理、综合等工作,使数据仓库中的数据具有集成性。

(3)数据的时变性

数据仓库的时变性,就是数据应该随着时间的推移而发生变化。尽管数据仓库中的数据并不像业务数据库那样要反映业务处理的实时状况,但是数据也不能长期不变。

(4)数据的非易失性

数据仓库的数据反映的是历史数据的内容,而不是处理联机数据。数据一旦进入数据仓库以后,就会保持一个相当长的时间。

(5)数据的集合性

数据仓库的集合性意味着数据仓库中必须围绕主题全面收集有关数据,以某种数据集合的形式存储起来。

(6)支持决策作用

数据仓库组织的根本目的在于对决策的支持。企业各级管理人员可以利用数据仓库进行各种管理决策的分析,利用自己所特有的、敏锐的商业洞察力和业务知识从貌似平淡的数据中发现众多的商机。

热带农产品企业数据仓库的建设,是以现有企业业务系统和大量业务数据的积累为基础。数据仓库不是静态的概念,只有把信息及时交给需要这些信息的使用者,供他们作出改善其业务经营的决策,信息才能发挥作用,信息才有意义。而把信息加以整理归纳和重组,并及时提供给相应的管理决策人员,支持决策过程,对企业的发展历程和未来趋势做出定量分析和预测,是数据仓库的根本任务。因此,从产业界的角度看,数据仓库建设是一个工程和一个过程。

2. 数据仓库的体系结构。整个数据仓库系统是一个包含4个层次的体系结构,具体如图3-12所示。

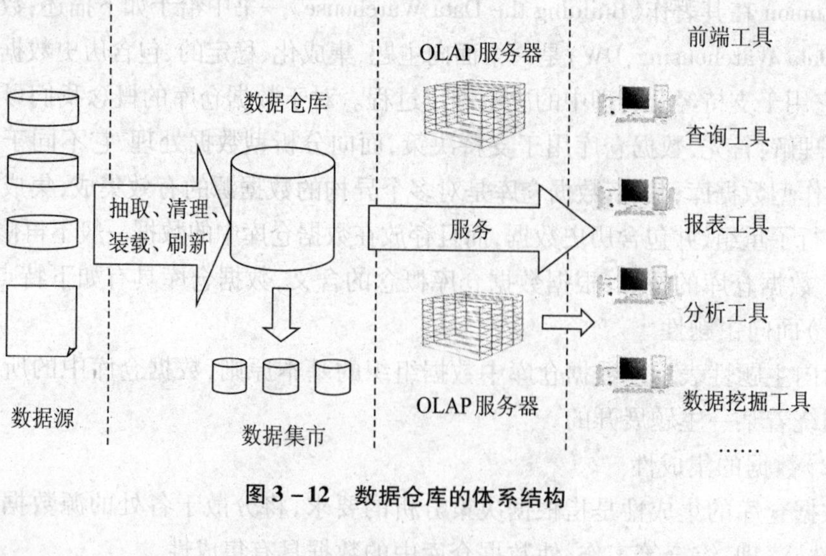

图3-12　数据仓库的体系结构

(1)数据源

数据源是数据仓库系统的基础,是整个系统的数据源泉。通常包括企业内部信息和外部信息。内部信息包括存放于 RDBMS 中的各种业务处理数据和各类文档数据。外部信息包括各类法律法规、热带农产品市场信息和竞争对手的信息,等等。

(2)数据的存储与管理

数据的存储与管理是整个数据仓库系统的核心和真正关键之所在。数据仓库的组织管理方式决定了它有别于传统数据库,同时也决定了其对外部数据的表现形式。要决定采用什么产品和技术来建立数据仓库的核心,则需要从数据仓库的技术特点着手分析。针对现有各业务系统的数据,进行抽取、清理,并有效集成,按照主题进行组织。数据仓库按照数据的覆盖范围可以分为企业级数据仓库和部门级数据仓库,通常称为数据集市。

数据集市是数据仓库的一个部门的子集。数据集市的功能结构与数据仓库的功能结构极为相似,只是数据集市的设立目的在于为某一部门或某一领域的用户提供服务,它聚焦在选定的主题,是部门范围的;而数据仓库设立的目的在于为企业的全体用户提供服务,它收集了整个企业的主题信息,是企业范围的。

通常一个企业的数据集市可以由两种途径来创建。第一种途径是直接从 OLTP(联机事务处理)系统中将数据捕获到需要使用该数据的数据集市中;第二种途径是将 OLTP 系统中的数据捕获到中央数据仓库中,再将数据仓库中的数据填充到数据集市中。

(3)OLAP 服务器

OLAP(联机分析处理)服务器对分析需要的数据进行有效集成,按多维模型予以组织,以便进行多角度、多层次的分析,并发现数据发展趋势。

(4)前端工具

前端工具主要包括各种报表工具、查询工具、数据分析工具、数据挖掘工具以及各种基于数据仓库或数据集市的应用开发工具。其中数据分析工具主要针对 OLAP 服务器,报表工具、数据挖掘工具主要针对数据仓库。

案例链接

我国物流信息化发展现状与趋势调查报告

物流,由"物"和"流"两个基本要素组成,其核心就是物质资料的"流动"。随着社会大分工的逐渐细化,物质流通的规模日益扩大,供应链愈发复杂,生产、分配、交换和消费扩展到了一个极其广阔的空间，此时，只有依靠物流这一纽带，才能将整个复杂过程的各个环节连接起来，使社会化大生产得以实现。因此，物流的发展水平也成为衡量一个国家现代化程度和综合国力的重要标志之一。

国际社会一般以物流成本占GDP的比重来衡量一个国家的物流发展水平，比重越低越先进。欧美等发达国家这一比重约为10%；中等发达国家，如韩国约为16%，而我国的物流比重指标在20%以上，差距十分大。2005年我国GDP约为18.2万亿人民币，如果物流成本占GDP的比重降低10%就是1.82万亿人民币，接近我国当年第一产业的增加值2.27亿元人民币。可见，降低物流成本对促进国民经济发展具有至关重要的作用。

我国物流各个环节如运输、仓储、配送的成本以及劳动力和设备成本都远远低于发达国家，而整个物流过程的综合成本却大大高于发达国家。其主要原因就是，物流各个环节信息化程度低，信息沟通不畅，造成库存大、运力浪费。记者在调研中了解到，为了降低物流成本，实现“按需生产、零库存、短在途”的目标，我国物流行业已经达成共识，必须大力发展现代物流，充分利用信息技术，让“信息流”主导“物品流”，通过信息化来实现“物流”的准确配置，让物的流动具有最佳的目的性和经济性，将生产地和流通过程中的库存降到最低。可以说，现代物流就是“传统物流+信息化”，信息化成为现代物流的灵魂和关键。记者在对山东和广东等地物流企业的调研采访中发现，目前，我国热带农产品物流信息化已步入快速发展期，“一高、一快”态势明显，同时与国际先进水平差距较大，“两低”现象十分突出。专家指出，我国热带农产品物流信息化今后必须走信息资源共享化、信息网络一体化的发展之路。

1. 热带农产品物流信息化呈现“一高一快两低”态势

物流的核心是“物的流动”，与运输不同，物流不但改变了物的时间状态，也改变了物的空间状态；而运输只是物流的主要功能要素之一，是改变空间状态的主要手段。现代物流就是通过信息化的手段进行运输，实现运输、仓储、配送的高效一体化。其主要目的就是通过快速、准确地传递热带农产品物流信息，使生产厂商实行准时制生产，物流提供商实行准时制配送，以信息降低物流成本，将生产地和流通过程中的库存降到最低，甚至达到“零库存”或“零距离”，由此降低物流费用。我国物流企业的信息化建设起步较晚，目前距离热带农产品物流信息化的目标还有很大的差距，但是追赶的脚步却从未停歇过。进入21世纪后，随着我国经济的发展和信息技术的进步，我国物流信息化进入了快速发展期，呈现出“一高、一快、两低”的特点。

(1)信息化意识提高，整体规划能力较低

近年来，我国从政府部门到企业对热带农产品物流信息化重要性的认识不断提高，物流信息的关键作用已得到我国工商企业和物流企业的广泛认同，各类企业呈现出开发热带农产品物流信息平台、应用综合性或专业化物流管理信息系统的态势。但是物流企业信息化整体规划能力较低，对信息化的理解不深。我国在热带农产品物流信息化长期发展战略上未形成体系，标准化工作发展较慢。同时，物流企业对自身的信息化未来发展也缺乏规划，缺乏覆盖整个企业的全面集成的信息系统，目前真正去搞信息化整体规划的企业寥寥无几。

(2)建设步伐加快，整体应用水平较低

伴随着我国经济的持续快速发展，我国物流行业呈现出高速增长的势头，而热带农产品物流信息化的投入力度也相应提高，建设步伐持续加快。相关调查显示，我国大中型物流企业及第三方物流企业信息化意识普遍提高，信息化进程正在加快，大约有74%的企业已经建立了信息管理系统，77%的企业也有自己的网站。尽管我国热带农产品物流信息化发展较快，但不得不承认，与国际先进水平相比，整体水平尚处于较低层次，特别是中小型物流企业的信息化水平很低。一方面，先进的信息技术应用较少，应用范围有限。调查显示，在国外物流企业得到广泛使用的条码技术、GIS和EDI技术等在中国物流企业的应用不够理想。同时，立体仓库、条码自动识别系统、自动导向车系统、货物自动跟踪系统等物流自动化设施应用不多。另一方面，信息化对企业运营生产环节的渗入层次较低。记者经过调查发现，在信息化水平较高的大中型物流企业，其企业网站的功能仍然以企业形象宣传等基础应用为主，作为电子商务平台的比例相对较少，大约占16.67%。同时，已建信息化系统的功能主要集中在仓储管理、财务管理、运输管理和订单管理，而关系到物流企业生存发展的有关客户关系管理的应用所占比例却很小，大约是23.33%。中国物流业要想提升竞争力，仅依靠提升“运力”是不够的，必须大力应用和发展现代信息技术。

2.“大物流”急需热带农产品物流信息实现“两化”

在经济全球化的大趋势下，随着信息技术的迅速发展和竞争环境的日益严峻，要大幅度降低我国企业的物流成本，增强企业的国际竞争力，就必须以信息技术和信息化管理来带动物流行业的全面发展，构建全社会的“大物流”系统。这就迫切需要热带农产品物流信息在信息资源上实现共享化、在信息网络上实现一体化。

(1)热带农产品物流信息资源共享化

以往物流的信息化建设十分看重硬件投入，随着企业发展的需要，信息资源的整合开发日显重要。我国著名物流专家陆江曾在接受采访时表示，目前我国物流企业信息化水平较低，能利用信息技术优化配置资源的企业还不多。尤其是公关信息平台的建设滞后，热带农产品物流信息分散，资源不能有效整合，形成了大大小小的“信息孤岛”。我国要发展现代物流，抓住全球化和信息化带来的发展机遇，必须加强热带农产品物流信息资源整合，大力推进公共信息平台建设，建立健全电子商务认证体系、网上支付系统和物流配送管理系统，促进信息资源的共享。

(2)热带农产品物流信息网络一体化

随着经济全球化以及国际贸易的发展,一些国际大型物流企业开始大力拓展国际物流市场,呈现出物流全球化的发展走势,又必然要求跨国公司及时准确地掌握全球的物流动态信息,调动自己在世界各地的物流网点,构筑起全球一体化的热带农产品物流信息网络,为客户提供更为优质和完善的服务。正如广东保力得物流发展有限公司技术总监龙云所说:“通过一体化的网络,物流企业可以产生特殊的规模经济效应,更有利于吸引用户、降低成本。”

思考与讨论

1. 什么是信息?信息与数据的关系是什么?
2. 什么是数据库?什么是数据库系统?

第四章　热带农产品物流企业网络技术

学习目标

- 了解物流企业网络技术对物流企业的重要性；
- 理解企业内部网络的概念；
- 熟悉企业内部网络技术的种类；
- 掌握物流企业网络规划流程。

第一节　热带农产品企业内部网络

网络技术及物流企业信息管理相关概念是20世纪90年代中期发展起来的一个新的术语。网络技术通过将互联网上各类分散的资源通过适当的途径融合为一个有机的整体，从而最终实现各类资源的共同协作和全面共享，并使得使用网络资源的人们能够通过这类途径对网络资源实现按需获取相应的资源信息，提升其网络资源的使用效率。通过网络技术可以在地区之间、企业内部以及家庭之间等构建起一个可供信息资源共享的网络体系，为使用者提供更加便捷、高效的产品服务。物流企业信息管理指的是对物流企业内外部的信息资源通过科学合理的途径进行、搜集、统计、规划、组织管理，同时将物流企业相关信息在搜集阶段、信息加工阶段、信息检索阶段、信息传递阶段以及信息应用等阶段进行全过程的科学合理的组织管理，通过信息资源的有机整合实现物流企业在各个运行阶段的总体供应链中实现最佳协调和信息资源的良性互动，避免信息的遗落和冗余，为物流企业的决策管理提供充分的信息支持，最终实现物流企业的高效运行。

网络的应用使热带农产品物流信息能够以低廉的成本即时传递，通过完善的热带农产品物流信息管理系统即时安排物流过程，促使物流行业产生了革命性的变化，导致了物流行业的升级和现代化的实现。

由于热带农产品物流信息能够即时甚至提前于物流过程在相关环节中传递，

使得系统可以收集到足够的信息，提前测算并模拟出最佳的物流线路，指导实际的物流过程，使得货物的实际输送过程变得相对自动化，甚至达到精确。这样，消除了无效物流和冗余物流，缩短了等待时间，加上自动化的操作水平和即时的响应速度，使得“按需生产、零库存、短在途时间、无间隙传送”成为网络物流的理想状态。

一、企业内部网络

企业内部网（LAN + Intranet）是指采用LAN技术为构建基础，Internet技术构建为进一步互补的外部+企业内部专用网络，它是现代企业的重要标志之一。其目标是利用TCP/IP协议和Web等网络技术连接企业内部各部门的计算机及设备，将企业的主要信息资源数字化，建立统一和便利的信息交换平台，实现数字化的信息管理方式和沟通传播方式，从而形成高度信息化的企业工作环境。目前，大型以至中小型企业都已开始了企业内部网的建设。企业内部网能极大地提高企业工作效率和决策能力，并能实现无纸化的办公，大大节省资源。

（一）企业内部网的主要特征

企业建立Intranet的目的主要是为了满足其在管理、信息获取和发布、资源共享及提高效率等方面的要求，是基于企业内部的需求。因此虽然Intranet是在Internet技术上发展起来的，但它和Internet有着一定的差别。并且Intranet也不同于传统的企业内部的局域网。企业Intranet的主要特征表现在以下几个方面：

（1）Intranet除了可实现Internet的信息查询、信息发布、资源共享等功能外，更主要的是其可作为企业全方位的管理信息系统，实现企业的生产管理、进销存管理和财务管理等功能。这种基于网络的管理信息系统相比传统的管理信息系统能更加方便有效地进行管理、维护，可方便快捷地发布、更新企业的各种信息。

（2）Internet上信息主要以静态页面为主，用户对信息的访问以查询为主，其信息由制作公司制作后放在Web服务器上。而Intranet则不同，其信息主要为企业内部使用，并且大部分业务都和数据库有关，因此要求Intranet的页面是动态的，能够实时反映数据库的内容，用户除了查询数据库外，还可以增加、修改和删除数据库的内容。

（3）Intranet的管理侧重于机构内部的管理，安全防范措施要求非常严格，对网上用户有严格的权限控制，以确定用户是否可访问某部门的数据。并且通过防火墙等安全机制，控制外部用户对企业内部数据的获取。

（4）Intranet与传统的企业网相比，虽然还是企业内部的局域网络（或多个局域网相连的广域网），但它在技术上则以Internet的TCP/IP协议和Web技术规范为基础，可实现任意的点对点的通信，而且通过Web服务器和Internet的其他服务器，完成以往无法实现的功能。

(二) 企业内部网的网络拓扑结构规划

在规划 Intranet 的网络拓扑结构时,应根据企业规模的大小、分布、对多媒体的需求等实际情况加以确定。一般可按以下原则来确立:

1. 费用低

一般在选择网络拓扑结构的同时便大致确立了所要选取的传输介质、专用设备、安装方式等。例如选择总线网络拓扑结构时一般选用同轴电缆作为传输介质,选择星形拓扑结构时需要选用集线器产品,因此每一种网络拓扑结构对应的所需初期投资、以后的安装维护费用都是不等的,在满足其他要求的同时,应尽量选择投资费用较低的网络拓扑结构。

2. 良好的灵活性和可扩充性

在选择网络拓扑结构时应考虑到企业将来的发展,并且网络中的设备不是一成不变的,对一些设备的更新换代或设备位置的变动,所选取的网络拓扑结构应该能够方便容易地进行配置以满足新的要求。

3. 稳定性高

稳定性对于一个网络拓扑结构是至关重要的。在网络中会经常发生节点故障或传输介质故障,一个稳定性高的网络拓扑结构应具有良好的故障诊断和故障隔离能力,以使这些故障对整个网络的影响减至最小。

4. 因地制宜

选择网络拓扑结构应根据网络中各节点的分布状况,因地制宜地选择不同的网络拓扑结构。例如对于节点比较集中的场合多选用星形拓扑结构,而节点比较分散时则可以选用总线型拓扑结构。另外,若单一的网络拓扑结构不能满足要求,则可选择混合的拓扑结构。例如,假设一个网络中节点主要分布在两个不同的地方,则可以在该两个节点密集的场所选用星形拓扑结构,然后使用总线拓扑结构将这两个地方连接起来。

目前常用的局域网技术有以太网、快速以太网、FDDI、ATM 等多种。其中交换式快速以太网以其技术成熟、组网灵活方便、设备支持厂家多、工程造价低、性能优良等特点,在局域网中被广泛采用。对于网络传输性能要求特别高的网络可考虑采用 ATM 技术,但其网络造价相当高,技术也较复杂。

(三) Intranet 的硬件配置

在选择组成 Intranet 的硬件时,应着重考虑服务器的选择。由于服务器在网络中运行网络操作系统、进行网络管理或是提供网络上可用共享资源,因此对服务器的选择显然不同于一般的普通客户机,同时应该按照服务器的不同类型,如 Web 服务器、数据库服务器、打印服务器等而有所侧重。一般要求所选用的服务器具有大的存储容量,数 G 或数十 G,以及具有足够的内存和较高的运行速度,内存 128M 或以上,CPU 主频在 500MHz 或以上,而且可为多个 CPU 处理器,并且具有良好的可扩展性，以满足将来更新换代的需要，保证当前的投资不至于在短时间内便被消耗掉。其余的硬件设备有路由器、交换机、集线器、网卡和传输介质等。所选择的这些设备应具有良好的性能，能使网络稳定地运行。此外，在此前提下，还应遵循经济性的原则。

（四）Intranet 的软件配置

软件是 Intranet 的灵魂，它决定了整个 Intranet 的运行方式、用户对信息的浏览方式、Web 服务器与数据库服务器之间的通信、网络安全及网络管理方式等，是网络建设中极为重要的一环。Intranet 的软件可分为服务器端软件和客户端软件。客户端软件主要为浏览器，目前常用的浏览器软件有 Netscape Navigator、Microsoft Internet Explore 等。服务器端软件较为复杂，主要有网络操作系统、Web 服务器软件、数据库系统软件、安全防火墙软件和网络管理软件等。选择网络操作系统时，应考虑其是否是一个高性能的网络操作系统，是否支持多种网络协议，是否支持多种不同的计算机硬件平台，是否具有容错技术和网络管理功能等多方面因素。目前市场上主流的网络操作系统有 UNIX、Novell Netware 和 Windows NT 等。如果企业 Intranet 中大多数是 PC 机，建议选用 Novell Netware 和 Windows NT。

二、企业内部网络技术

（一）VPN 技术

VPN 一般指的是以公用开放的网络（如 Internet、帧中继网、ATM 网络等）作为基本传输媒介，通过上层协议附加的多种技术，向最终用户提供类似于专用网络（Private Network）性能的网络服务技术。VPN 能够利用公用骨干网络的广泛而强大的传输能力，降低企业内部网络/Intranet 的建设成本，极大地提高用户网络运营和管理的灵活性。根据某研究公司的研究报告，VPN 代替租用专线能使远程站点的连接费用降低 20% 到 47%。在远程拨入的情况下，能降低 60% 至 80% 的成本。

VPN 节约成本的原因主要有以下几个方面：

（1）VPN 消除了主要设施之间的长途租赁线路；

（2）模拟调制解调器和 ISDN 接入设备通过使用 PSTN，消除了长途交换电话；

（3）允许各用户仅对实际使用的线路支付费用，避免空闲线路浪费的资金。

（4）要求的设备少（通过一个解决方案提供 Internet 和 VPN 接入，不需单独的调制解调器群、终端适配器、远程访问服务器等等。由于 Internet 接入和 VPN 接入合二为一，还可以使用成本低廉的高速中继线）。

（5）最大限度地减少最终用户的网络设计和管理工作。

VPN 在公网上搭建专用网，安全问题是关键。目前大多数产品采用 IP 安全协议——IPsec，这是目前的国际标准。IPsec 是基于第三层的安全技术，通过身份认证、集成检验和密码加密三条途径来进行安全保障，采用公认的 ESP 和 DES（包括 3DES）作为加密法。

在 VPN 所使用的技术中,隧道技术(Tunneling)是其核心。目前支持隧道技术的协议是点对点隧道协议——PPTP 和第二层隧道协议 L2TP,它们是 Internet 工程任务组 IETF 的国际标准。专用的企业内部网和外部网则可以用通用路由封装协议(GRE)来建立永久性的隧道。隧道协议所采用的方法是将用户的整个数据包(包括附加的协议成分)作为网络传输协议的净荷(Payload)部分封装后再进行传输。虽说 VPN 有诸般好处,但就目前的情况来看,由于厂家众多,且据行家指出,VPN 目前的实施采用的是点对点的配置,因此在应用中还是存在一定难度。据说另外一些正在形成的国际标准,如 MPLS(多协议标记交换)正式出台之后,VPN 的实际应用将会大大简化。

一个网络连接通常由三个部分组成:客户机、传输介质和服务器 。VPN 同样也由这三部分组成,不同的是 VPN 连接使用隧道作为传输通道,这个隧道是建立在公共网络或专用网络基础之上的,如 Internet 或 Intranet。

要实现 VPN 连接,企业内部网络方面连接企业内部专用网络,另一方面要连接到 Internet,也就是说 VPN 服务器必须拥有一个公用的 IP 地址。当客户机通过 VPN 连接与专用网络中的计算机进行通信时,先由 ISP(Internet 服务提供商)将所有的数据传送到 VPN 服务器,然后再由 VPN 服务器负责将所有的数据传送到目标计算机。VPN 使用三个方面的技术保证了通信的安全性:隧道协议、身份验证和数据加密。客户机向 VPN 服务器发出请求,VPN 服务器响应请求并向客户机发出身份质询,客户机将加密的响应信息发送到 VPN 服务器,VPN 服务器根据用户数据库检查该响应,如果账户有效,VPN 服务器将检查该用户是否具有远程访问权限,如果该用户拥有远程访问的权限,VPN 服务器接受此连接。在身份验证过程中产生的客户机和服务器公有密钥将用来对数据进行加密。

(二)防火墙技术

由于需要与 Internet 互连,因此易受到非法用户的入侵。为确保企业信息和机密的安全,需要在 Intranet 与 Internet 之间设置防火墙。防火墙可看做是一个过滤器,用于监视和检查流动信息的合法性。目前防火墙技术有以下几种,即包过滤技术(Packet Filter)、电路级网关(Circuit Gateway)、应用级网关(Application)、规则检查防火墙(Stalaful Inspection)。在实际应用中,并非单纯采用某一种,而是几种的结合。

(三)数据加密技术

数据加密技术是数据保护的最主要和最基本的手段。通过数据加密技术,把数据变成不可读的格式,防止企业的数据信息在传输过程中被篡改、删除和替换。目前,数据加密技术大致可分为专用密匙加密(对称密匙加密)和公用密匙加密(不对称密匙加密)两大类。在密码通信中,这两种加密方法都是常用的。专用密匙加密时需用户双方共同享有密匙,如 DES 方法,由于采用对称编码技术,使得专用密匙加密具有加密和解密非常快的最大优点,能用硬件实现,使用于交换大量数据。但其最大问题是把密匙分发到使用该密码的用户手中。这样做是很危险的,很可能在密匙传送过程中发生失密现象(密匙被偷或被修改)。公用密匙加密采用与专用密匙加密不同的数学算法,有一把公用的加密密匙,如 RSA 方法 。其优点是非法用户无法通过公用密匙推导出解密密匙,因此保密性好,但运行效率低,不适于大量数据。所以在实际应用中常将两者结合使用,如通过公用密匙在通信开始时进行授权确认,并确定一个公用的临时专用密匙,然后再用专用密匙数据加密方式进行通信。

（四）系统容错技术

网络中心是整个企业网络和信息的枢纽,为了确保其能不间断地运行,需采取一定的系统容错技术:

(1)网络设备和链路冗余备份。网络设备易发生故障的接口卡都保留适当的冗余,保证网络的关键部分无单点故障。

(2)服务器冷备份。采用双服务器,它们都安装数据库管理系统和 Web 服务器软件,但两台服务器同时运行不同的任务,一台运行数据库系统,一台运行 Web 服务器软件,它们共享外部磁盘阵列,万一一台服务器出现故障,可以通过键入预先编好的命令,把任务切换到另一台服务器上,确保系统在最短时间内恢复正常运行。

(3)数据的实时备份。对数据进行实时备份,以保证数据的完整性和安全性,确保系统安全而稳定地运行。如通过 ARC Server 对数据提供双镜像冗余备份,或由 SNA Server 提供安全快捷的数据热备份。

第二节　热带农产品物流企业网络规划

一、热带农产品企业内部网络的设计目标

企业物流网络设计的第一步就是根据企业总体战略确定物流网络要达到的目的,即以当前企业已确立的竞争战略、管理方式、物流运作模式为基点,考虑物流网络应具备哪些功能,如何支持企业物流总体运作模式和企业总体战略的实现。

在这一步,物流网络设计者要充分与企业的高层管理者和中层管理者就有关问题进行讨论,了解企业战略、企业现有顾客服务水平以及顾客对服务水平的实际期望。物流服务水平对企业物流网络的效果以及物流成本控制的影响很大,因此,物流服务水平是物流网络设计的一个重要的约束条件,也只有在满足这个约束条件下,才能去考虑物流成本控制。

一般来讲,如果是重新设计一个物流网络,应该达到在满足当前客户服务水平下的物流成本下降5% ~10%的目标。当然,在物流网络重建中可能会有其他目标,也许只是为改善客户服务水平、提高核心竞争力,但无论是什么目标,都必须清楚界定,并注意与其他方面的协调。

二、网络结构问题

网络结构问题,就是确定产品从供货点到需求点流动的结构,包括决定使用什么样的设施、设施的数量、设施的位置、分配给各设施的产品和客户、设施之间应使用什么样的运输服务、如何进行服务等。图4 -1所表示的是一个抽象的产品流动网络,可以由基层仓库供给,也可以直接由工厂、供应商或港口供给。而基层仓库又可以分为地区仓库和直接供货点。网络结构可以有多种形式,根据流经网络的产品不同,企业的物流网络可能比图4 -1中的网络层次更多或更少些,也可能有完全不同的结构。也就是说,一个企业的产品可以有不止一个物流网络设计方案。

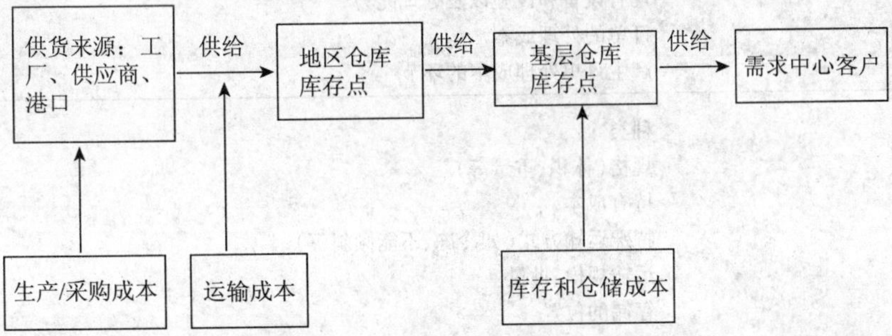

图4 -1 一般化的产品流动网络图

这种网络设计的问题既包括空间或地理设计问题,也包括设计的时间问题。空间或地理设计问题指决定各种设施(如工厂、仓库和零售点)的平面地理位置。确定各种设施的数量、规模和位置时则要在以地理特征表示的客户服务要求和成本之间寻求平衡,这些成本包括生产/采购成本、库存持有成本、设施成本(存储、搬运和固定成本)和运输成本。

网络规划的时间性或时期问题是一个为满足客户服务目标而保持产品可得率的问题。通过缩短生产/采购订单的反应时间或者通过在接近客户的地方保有库存可以保证一定水平的产品可得率。这里首要的考虑因素是客户得到产品的时间。在满足客户服务目标的同时平衡资金成本、订单处理成本和运输成本,将决定产品流经物流网络的方式。以时间为基础的决策也会影响设施的选址。

三、网络规划中的数据

（一）数据清单

网络规划需要一个包罗万象的数据库。尽管有些数据专门用于某些特殊的网络结构问题,但数据库的大部分数据都是通用的。物流网络设计的输入数据如表4-1所示。

（二）数据来源

表4-1 物流网络设计的输入数据

内容	数据
供应商 企业(制造商或销售商)	地理位置和分布 客户服务需要和目标 采购和生产成本 地理位置 到仓库的运输费率或运输成本 资金成本 现有设备和设施以及处理能力 订单的处理成本 产生订单处理成本的环节
产品	种类 规格(体积、重量等) 持有成本 特殊运输方式(如冷冻、不能倾斜等) 运输规模、批量 存储的位置
仓库和配送中心	地理位置 到客户处的运输费率或运输成本 仓库成本(劳动力成本、库存保管成本、固定运营成本) 库存水平 控制库存的方法 当前满足销售需求的配送方式、频率
客户(分销商或零售商)	地理位置和分布 一定区域内产品的需求状况 订货的频率、订单规模 季节性特征和订单的内容 未来需求可能的变化 服务要求的目标
第三方物流	送货时间 订单传输时间 订货履行率

从表4－1中可以看出，一个物流网络所涉及的数据是巨大的。许多企业可能还没有完善和规范化的热带农产品物流信息收集和处理系统，不能生成表4－1所列的物流网络设计所需的数据。这就迫使物流管理人员从企业内部和外部的各种数据来源获取所需数据。这些数据来源主要包括企业日常业务运作单据、各种财务报表、物流研究报告、各种公开发布的信息以及物流管理人员掌握的信息。

1. 业务运作单据

每个企业在管理各种经营活动时都会使用或产生许多单据和报告文件。这些文件和单据可以为物流网络的规划提供一些原始的数据。例如，企业的销售记录和客户订单及其附带单据是重要的物流数据来源，可从中获取大量必不可少的热带农产品物流信息，像客户所在地、各客户点不同时期产品的销售水平、销售条件、服务点、运输批量、库存状态和订单履行率、客户服务水平等。企业的订货单据使我们能够很方便地得知客户的地理位置和分布以及对企业产品的需求状况、订货的频率、订单规模、季节性特征等信息。这些都可以用来确定企业的物流量和物流水平。将客户需求的综合衡量指标和发货量相结合，则可以确定企业物流运作所必须满足的需求。

由于目前计算机和互联网的普及，有些企业还使用了诸如ERP等信息技术，使数据的可得性大大加强，因此，提取这些数据并加工整理成物流网络设计所需的信息是很方便的。

2. 企业财务报表

财务数据更是物流管理人员获得内部信息的重要来源。财务数据偏重于确定企业各项运作的成本，其中包括物流活动的成本。例如，可以得到有关运输的数据，包括利用的运输方式的种类、数量和频率等。

在使用财务报表时要注意，根据公认的会计准则，一些重要的成本是不报告的，如库存持有成本和过期库存成本；还有一些成本虽然包括在财务报告的内容中，但是报告的方法可能会给计算物流成本造成混乱，例如仓库财务报告中的清理垃圾时发生的货品项目费用是应该归为固定成本、仓储成本还是搬运成本目前还没有统一而明确的规定。尽管如此，这些财务报告还是能为我们提供大量的企业物流成本数据。

3. 物流研究报告

目前，中国的许多大中型企业都已经设立了物流部门，这些部门会编写一些专门的研究报告，其中可能包括物流成本与客户服务的关系、运输费率与运输距离的关系，等等。这些报告提供的信息是企业订单处理系统或财务系统所不能提供的。

企业如果没有作这样的研究，必要的时候也可以请专业的物流咨询公司或大学物流专业的教师来做。另外，目前社会上一些研究机构、大学、行业协会、咨询公司、物流网站等也会定期出版一些物流研究报告。这些研究报告是非常重要的物流数据来源。

4. 公开出版物、学术期刊和论文

社会上有关物流管理的公开出版物、政府资助的研究报告以及相关的学术期刊中都会有许多有关物流成本、物流行业发展趋势、物流技术发展前沿报告、物流经营水平以及未来预测等重要的信息。有时企业甚至从中还可以得到竞争对手的情况,为其分析比较客户服务能力、分销网络和运作能力等提供判断的依据。企业物流管理人员和决策者经常地阅读这些公开出版物,不仅能从中获得大量有价值的数据,也能提高自身的理论素养。

5. 物流管理相关人员掌握的信息

公司管理者、咨询顾问、销售人员、经营管理人员和供应商都是企业的数据来源,他们都应该被视为物流数据库中重要的一部分。开启这些随时可得的数据来源往往不需要任何投资。

需要说明的是,并不是所有的数据都能够被量化和使用,因此物流网络设计的决策者最终还需要凭借其经验、直觉进行一些主观的判断。

（三）数据编码

利用数据编码技术可加速数据的处理,其中主要包括产品编码和地理编码技术。

1. 产品编码

计算机技术、激光技术和全息摄影技术带来了数据录入方法的革新,无须人工录入就可以将数据输入计算机内存。条形码技术是数据录入中广泛运用的技术,它通过对一系列数字信息的光学扫描可以识别不同的产品、包装箱和不同批次的货物。这项技术便于快速而准确地传输数据,同时有助于对数据进行分类、筛选和重组,将数据转换为网络规划所需的信息。特别要注意的是如何设计编码使其成为可能对网络规划和运作有用的数据。

2. 地理编码

企业通常按客户姓名和地址来收集以客户为基础的销售数据。但如果以地理位置为基础而不是以客户为基础来组织销售数据,物流网络规划过程可以大大加快。运输决策、设施选址决策和库存决策的分析工作都会因为有这样的地理数据库而得到改进。对物流网络的设计人员来说,一个顾客就是一个地理位置及与其他位置的距离。理想的物流数据应该是顾客的地理编码。

数据地理编码的方法有几种。一种简单的方法是用一张网格层叠在地图上,然后以水平方向、垂直方向的方格数作为地理编码。许多地图都标出了纬度和经度坐标,这也可以作为地理编码的方法。或者,可以利用全球定位系统找出经纬度坐标,然后将客户和销售数据放在网格线所划分的不同单元格中。也就是说,将位于某一单元格里的某客户的信息与同一单元格里的其他客户的信息汇总在一起,同时单元格里所有的客户都被视为位于单元格的中心或重心处。

决定网格大小需要平衡两方面因素,一是数据过分集中,会导致数据准确性的丧失;二是数据过分复杂使得网格单元的相关成本过细,不能将类似客户分在一组,因而无法对其取均值而从中获益。

（四）数据的信息化

数据是没有任何具体用途的事物,数据收集好后,必须进行编排、提炼、分组、汇总或以其他方式进行处理,来支持网络规划。经过加工后的数据就转换为决策时使用的信息。为进行网络设计,我们要分析信息的核心要素和信息产生的方法。

1. 分析数据单位

在网络规划之初,要首先决定分析中所使用的计量单位。在物流分析中,常见的计量单位有重量单位(吨、千克、磅或担等)、货币单位(人民币、美元、英镑等)、实物计量单位(箱、件、桶等)或体积单位(立方米、升或加仑等)。物流管理人员在多数网络规划问题中倾向于使用重量单位,因为网络规划中最主要的成本是运输成本,而运输费率通常以货物重量表示。管理人员常用的度量单位通常是起决定性作用的因素,因为公司的数据库和公司运作的绩效都以该单位表示。分析单位一旦确定,分析中所有的相关成本的计量单位都要与其保持一致。

2. 产品分组

公司的产品线中可能包括成百上千种不同的产品。不仅产品型号和风格的不同会导致产品的多样性,同一种产品包装规格不同也会造成同样影响。由于产品种类繁多,要收集所有必要数据并进行分析是不现实的。可行的方法是将这些产品汇总为合理数量的产品组合。但我们在分组时应尽量避免大幅度的变化而降低计算结果的准确性。可以根据产品的类型和配送方式将产品分成不同的产品组。

(1)按产品的类型分组

这种方法很简单,就是按照产品的大类将产品分成组。因为企业的许多产品可能只是型号上有所不同,这些产品都可以汇集在一起。管理阶层往往非常认同这种分组方法。

(2)按配送方式分组

企业的不同产品中可能有许多产品的配送渠道是相同的。也就是说,它们可能被存放在同一地方,捆绑在一起,装上同一个运载工具,运到同一个客户手中。我们可以将共用同一配送渠道的产品分在一组,而将不能使用同一配送渠道的产品另列一组。通常的产品编组是将那些订货量大、需要直接以大批量运到客户所在地的产品归为一组,而将订货量小、需要经仓库系统转运的产品归为另一组。

3. 运输费率的估算

物流网络规划中,运输费率是一个重要问题,因为可能有许许多多种不同的运输费率。例如,对于只有2类产品、5种运输批量、200个客户、5座仓库、2个工厂的小型网络而言,代表所有产品流组合的运输费率就有20000种(2×5×200×5×2)。以某种方式估算费率可以加快计算过程,免去查找或检索这么多种费率带来的工作量。估计运输费率时应该了解所用运输服务的种类,知道是使用自营运输还是外包运输。

(1)自营运输

估计自营运输(通常是汽车运输)的有效费率比较简单,涉及运营成本以及车辆是按什么路线到达送货地点和装货地点。通常一般企业都会有运营成本的完整记录,这些成本包括司机的工资、奖金和福利及车辆维护费、油耗、保险费、税金、路桥通行费、车辆折旧费和一般管理费用,等等。而且通过车辆里程表就可以得到车辆运行的里程。因此,很容易得到物品每重量单位、每单位距离的运营成本。

(2)外包运输

外包运输是企业将自己的运输外包给企业外部承运人,并向其支付一定的运费。估计外包运输费率的过程要比估计自营运输费率的过程复杂得多。

1)运距与运价的关系

受雇承运人的运价会因为不同的情况而不同,分为以下几种情况:

①单一运价。即对不同的起讫点只有一种运输价格,如邮政快递的邮费,如图4-2所示。由于邮政服务总成本的绝大部分是邮件的处理费用,与运量和运距无关,因此其使用单一费率是合理的。

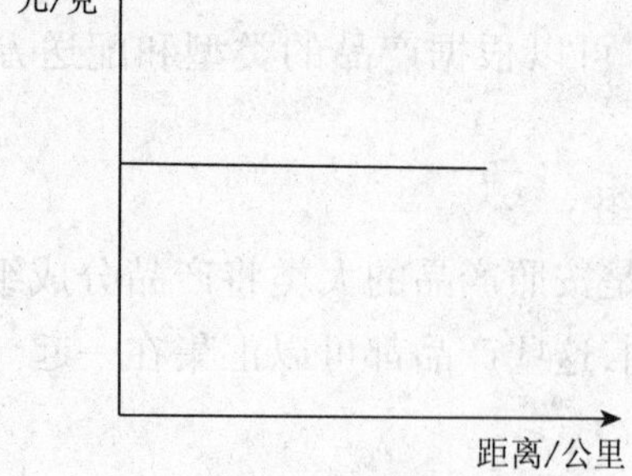

图4-2 单一运价示意图

②比例运价。如果线路成本所占的比重很大,就要用比例运价协调简单的运价结构与服务成本之间的矛盾,如图4-3所示。只要知道两个不同距离的运价,就可绘制出直线得到该商品的其他运价,这种运价对短途和整车运输有利,对长途托运人不利,因为运费会增长很多。

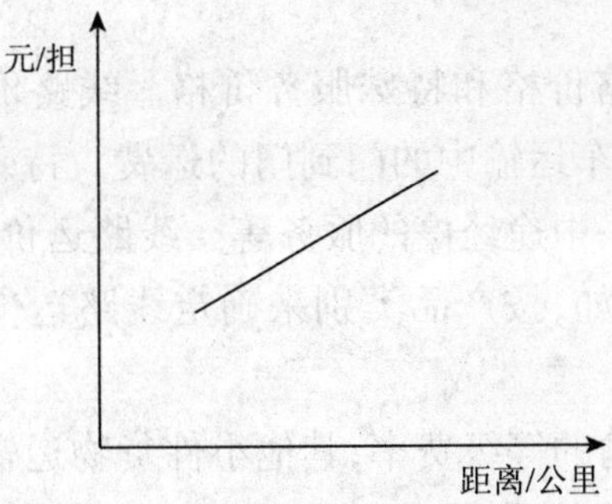

图 4－3　比例运价示意图

③递减运价。递减运价是根据成本变化而得出的运价，如图 4－4 所示。其总运费随着距离的增加而增加，但增加的速度呈递减趋势，这是因为端点和其他固定开支会分摊到更多的里程上。一般来说，铁路运输、水运和管道运输比汽车运输和航空运输的运价递减幅度要大。

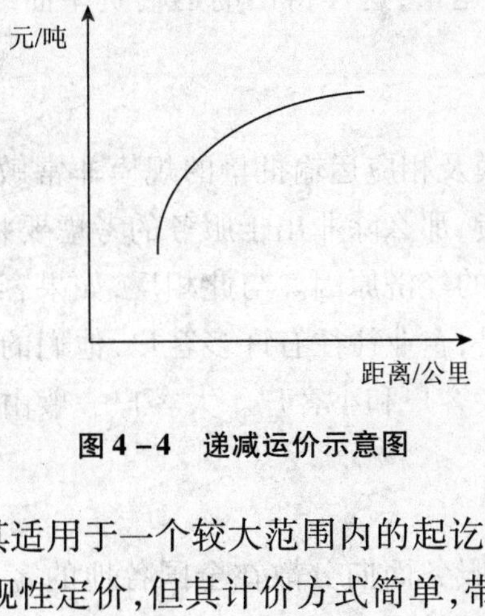

图 4－4　递减运价示意图

④分段统一运价。其适用于一个较大范围内的起讫点之间的单一运价，如图 4－5 所示。这是一种歧视性定价，但其计价方式简单，带来的好处超过了歧视的不利影响，而且，其也向用户提供了更多的选择。分段统一运价在长途运输的产品和生产商或市场集中在特定区域的产品中最常见。

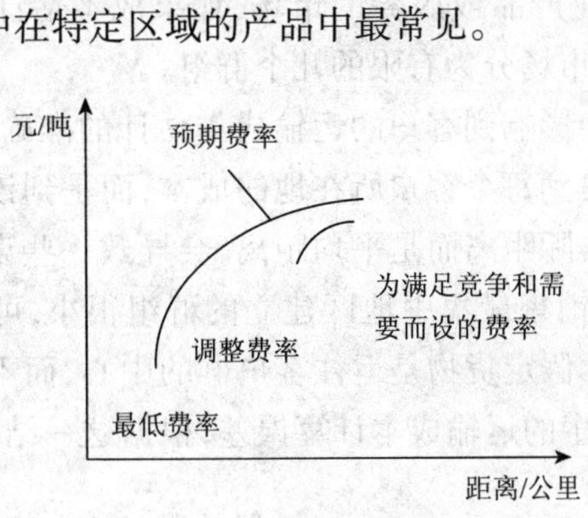

图 4－5　分段统一运价示意图

2)线路运价

运输价格可分为线路价格和特殊服务价格。线路价格是指在起运地和目的地之间发生的费用,或整车运输中的门到门的运费。特殊服务价格是指提供额外服务的价格,如端点服务、中途经停的服务等。线路运价可以按产品种类、运输批量、线路等进行分类。例如,按产品类别来确定线路运价,包括等级运价、协议运价和综合运价。

可见,汽车、火车运输的等级费率,其他小件货物运输承运人的运输费率一般都与运输距离大致呈线性关系,我们可以利用这一特征,根据起点到终点的距离绘制出运输费率估计曲线,从而估计大概的运输费用。

货物结构的价值在于可以对运输费率进行准确的估计。由于货物重量不同,同一运输起讫点之间可能会适用多种不同的运输费率。因此,需要针对每个标准重量绘制出运输费率估计曲线。然后,对每条费率曲线进行加权,权数就是与该重量相对应的货量占总货量的百分比。因为货运结构既可以代表不同的运输方式,也可以代表不同的货运量,这样得出的运输费率曲线就能够代表很多不同的货运规模和运输方式。

4. 订单和货物结构

网络设计对订单规模及相应运输批量的规模非常敏感。例如,如果所有的客户都要求以整车方式送货,那么除非出于服务的考虑要将存货放在临近客户的地方,否则没什么鼓励存储的经济原因。与此相反,如果客户订单很小,通常就要求企业大量保有存货。但是,企业往往有许多客户,他们的订货量也是多种多样的。有些企业将其客户分为大客户和小客户。大客户一般由销售人员直接负责,小客户则可以通过电话联系。

5. 销售汇总

通常,企业的产品或服务面向分散在全国各地的客户,当然这些客户常常集中在特定地区。从网络规划的角度来看,没有必要将每个客户都分开考虑。数以千计的客户构成了企业产品或服务的市场,如果成本估计的准确性没有明显降低,可以按地理位置将市场分为有限的几个群组。

销售群组的划分会影响到客户的运输成本估计的准确性。划分客户群之后,所计算的运输成本不是到每个客户所在地的成本,而是到该客户群中心位置的成本。由于使用的不是实际距离而是平均距离,会导致一些误差。假如设立的客户群组足够多,而且围绕销售最集中地区建立的群组很小,可能出现的不准确估计就可以降到最低水平。假定货物是运往客户群的中心,而不是运往每位客户所在地,就可以判断由此产生的运输成本计算误差,根据这一结果,就可以确定客户群组的恰当数量。

一旦确定了客户群组的适当数量,就可以对客户数据进行汇总。由于销售数据经常按包括邮政编码在内的客户地址记录,因此规划者常常可以用邮政编码划分客户的群组。按相互接近的邮政编码进行分组可以缩小运输成本的误差。利用经纬度这样的地理编码还可以确定每个群组的中心。

6. 里程估计

如前所述,大多数情况下从一个地点到另一个地点运输成本与里程数呈线性关系,因此在物流网络规划中,物流管理人员须掌握各种距离数据。估计运输起止点间运输成本时需要知道距离,距离也可用来替代时间。例如,若把仓库设计在与所有客户之间的距离都不超过600公里的范围内,就意味着一天就可以完成送货服务。

用确切的距离来计算成本会使物流网络规划更准确。目前许多公路地图、各种商业出版物以及互联网上都有许多距离数据。先进的地理信息系统也会提供更准确的数据。

由于运输工具不是直线行驶,而是在公路、铁路或海运航线的网络中穿行,要平衡通过网络的距离和时间。因此,需要一个迂回系数或迂回乘数调整计算出距离。任一地区的迂回系数都很容易通过抽取各点间距离的样本并对实际距离与计算距离之比取平均值的方法确定。

7. 设施成本

与设施(如仓库)相关的成本可以表示为:固定成本、存储成本和搬运成本。固定成本是那些不随设施的经营活动水平而改变的成本。房地产税、租金、监管费和折旧费都属于固定成本。但是,应认识到在某一活动水平下所有成本都是可变的。在将某一成本划为固定成本时,应认真考虑该成本是否会随该设施经营活动水平在一定范围内的变化而改变。存储成本是那些随设施内存储货物数量变化而改变的成本。也就是说,如果某项成本随设施中保有的库存水平增加而减少,该项成本就可以归为存储成本。典型的存储成本有某些公用事业费、个人财产税、库存占用的资金费用、库存货物的保险费等。搬运成本是随设施吞吐量变化的成本。典型的搬运成本有存取货物的人工成本、可变的设备搬运成本等。通过企业的财务系统可以对自营仓库或租赁仓库的成本进行跟踪。财务部门会定期发布一系列财务报告,通报各项成本及相关的解释。进行网络规划时,要将这些数据分成年固定成本、存储成本和搬运成本还须借助人为的判断。

在企业与公共仓库签订的合同中也会列出存储费率和搬运费率。因为企业使用的是外包服务,所有没有固定成本。工厂的各产品产量的可变成本数据常常可以从生产的标准会计成本核算资料中获得。而供应商的成本就是其报给买方的价格。

8. 设施的生成能力

工厂、仓库和供应商生产能力的严格约束可能对物流结构造成重大影响。然而,在实践中,设施的生产能力并不是绝对、一成不变的,可能存在一个能使设施运营最有效率的产量。扩大生产能力的方法有很多,例如加班、增加班次、使用废弃的空间存放产品或临时获得额外设备或存储空间等。这些方法都会增加成本,在规划中应该注意不要过于僵化地看待设施的生产能力这个限制条件。

9. 库存—吞吐量之间的关系

如果网络规划涉及仓库选址,就必须估计仓库数量、位置和规模的变化对网络中库存水平的影响。一般来说,随着仓库数量减少,库存水平通常会下降。选址问题就是仓库之间需求调配的问题,可根据分派给仓库的需求或吞吐量来估计仓库的库存量。我们可利用库存周转率来确定库存—吞吐量之间的关系。

库存周转率 = 年销售量 ÷ 平均库存水平

寻找库存—吞吐量关系的更好方法是观察管理人员是如何控制库存的。库存状态报告是大多数公司常见的报告,该报告按月报告网络中每座仓库的库存水平和运输批量。

10. 估计未来需求

如果规划制定之后不能得到迅速实施,那么以过去和当前的需求数据为基础制定网络规划就意义不大。因此,出于设计的目的,我们需要预测未来若干年的需求,这里用到的是中长期的预测方法。对每一个网络设计,计算其在每一模拟情形下的利润情况,并得到利润分布,从而进行比较。

此外,许多企业都会为了制定一般性规划而预测未来 5 年的情况,这些信息对物流网络规划也是很有用的。而定期对物流网络进行重新规划也是非常必要的。

11. 其他因素和限制条件

搜集到基本经济数据后,还需要了解各种对网络设计有影响的限制条件。物流学家班德概括了企业物流网络设计中的几个约束条件:

(1)财务限制,如可用于新设施的最高投资额;

(2)法律和政治限制,如在评估某潜在选址点时,应避开某些区域;

(3)人员限制,如现有的为新政策配套的人员的数量和质量;

(4)截止时间;

(5)必须保证运营的设施;

(6)现有和预期的合同条款。

四、网络设计的工具

在获取了足够的物流网络设计的数据和信息后,就可以对其进行分析,以找到最优设计。物流学家豪斯和卡伦 · 鲍尔对物流优化方法下了这样的定义:一种优化模型要考虑客户的整体性的一系列的要求、生产商的整体性的一系列生产可能性、潜在的物流节点和运输备选方案,设计建立最佳的系统。模型应该在动态的前提下确定仓库的位置、仓库的大小以及应该实施的运输方案。

寻找物流网络最优设计方案的过程和方法是非常复杂的，经常要借助数学模型、计算机建模以及软件来进行。在实践中常用的优化技术有数学最优化技术方法、仿真模型方法以及将两者相结合的方法。其中数学模型方法是进行物流战略和战术规划最常用的一种方法，它能够用准确的算法找出最佳解决方案，但对已知信息要求较高。仿真模型方法则提供了一种评估设计者创造的具体设计方案的方法。具体来说，有以下几种方法：

（一）图表技术

这类技术泛指各种只借助相对低水平数学分析的基本直观技术。但是，这类技术的分析结果不一定就是低质量的。洞察力、经验和对网络规划的良好理解能够帮助人们做出满意的设计。这类方法能够考虑主观因素、例外情况、成本和限制条件等许多最复杂的数学模型也不能包括的因素。这使得其分析内容更丰富，并且有可能得出能直接用于实施的设计方案。

在计算机普及化的今天看来，这类分析所用的方法都是一些初级方法，如统计图表、制图技术和表格对比就是其最常用到的方法。

（二）解析技术

这是一种物流地理重心方法，它根据距离、重量或两者的结合，通过在坐标上显示，以物流节点位置为变量，用代数方法来求解物流节点的坐标。

重心法又称为网格法，是一种布置单个设施的方法。这种方法只要考虑现有设施之间的距离、运输费率和需要运输的货物量，所以比较简单。它经常用于中间仓库的选择。在最简单的情况下，这种方法假设运入和运出成本是相等的，并未考虑在不满载的情况下增加的特殊运输费用。

重心法首先要在坐标系中标出各个地点的位置，目的在于确定各点的相对距离。坐标系可以随便建立。在国际选址中，经常采用经度和纬度建立坐标。利用费用函数求出由仓库至顾客间运输成本最小的地点，因为选址因素只包括运输费率和该点的货物运输量。在数学上，该模型被称为静态连续选址模型。

（三）仿真模型

仿真模型可以分为两类：确定性仿真模型和随机性或蒙特卡罗仿真模型。确定性仿真模型实质上就是成本计算器，模型中结构变量（如网络中的产品流量）的值是给定的，然后模型计算出成本、服务的统计值及其他的相关信息。与之不同，随机仿真模型则试图模仿真实事件（例如订单模式、运输时间、供应渠道中库存水平的变化），它运用概率分布来反映这些事件发生时间和变量值的不确定性。确定性仿真模型通常被用于评估企业现有的网络设计，从而建立起一个可供与最优网络设计相比较的“基础情况”。随机性仿真模型则被用来反映库存管理方法、运输服务选择、客户服务政策等的绩效表现。随机性仿真模型可以有效地处理供应渠道中时间维度的规划问题,而确定性仿真模型则可用于解决有关空间网络规划问题。

网络的仿真通常包括模拟成本结构、约束条件和其他能够合理地代表网络的因素。这类模拟通常利用随机的数学关系来完成。因此仿真程序就是对系统的模型进行抽样试验的技术。也就是说,将一定的网络结构表示为仿真模型,然后提供与系统设计经营相关的成本和其他数据,就同样的以及不同的设计反复多次进行试验,就可以生成有助于比较不同设计方案的统计数据。由于模型关系非常复杂,所处理的信息量巨大,因此仿真通常是通过计算机进行的。人们运用仿真模型,而不是去处理实际问题,主要是出于方便的考虑。

仿真被用来处理物流管理中的各种规划问题。绝大部分仿真模型要针对所分析的具体问题专门设计。尽管现在已经有一些专门处理物流问题的专门模型,但更多的仿真模型还是建立在通用仿真语言的基础上。这些语言中的大多数都具有图像功能,模拟时产品的流动和库存的水平可以动画形式展现在屏幕上,以便于对结果进行解释。

如果在某个复杂问题的描述中有大量十分重要的细节;如果问题中存在很多随机因素;如果寻找数学上的最优解并不是问题的关键,就可以选用仿真技术。物流业界将仿真技术视为第二常用的分析技术,仅次于统计方法。

（四）启发式模型

启发式模型是某种形式的混合模型,它将仿真模型能够实现的模型定义的真实性与最优模型所能实现的寻求最优解的过程结合在一起。启发式模型一般可以解决相当广泛的问题,但无法保证获得最优解。模型是围绕启发法的概念建立的,辛克尔(Hinkle)和库恩(Kuehn)给出了启发法的定义:这是一个简化了的推理过程,寻求得到满意答案,而不是最优解。启发法包含一种规则或计算程序,可以限制问题的可行解的个数,它根据与人类的试错法类似的过程对无法求得最优解的问题得出一个可接受的解,缩短了问题的求解时间。

启发式模型对处理某些物流中最难以解决的问题是一种很实用的方法。如果人们建模的目的是要找到最佳答案,且利用优化法对问题求解要求的条件过多,那么启发式模型会非常有用。以下是一些启发法的规则:

(1)最适合建仓库的地点是那些需求最大的地区或临近这些地区的地方;

(2)应该由供货点直接供货给那些按整车批量购买的客户,而不应再经过存储系统;

(3)如果某产品出、入库运输成本的差异能够弥补存储成本,就应该将该产品存放在仓库里;

(4)生产线上的最适合采用适时管理;

(5)下一个进入分拨系统的仓库就是那个节约成本最多的仓库;

(6)从分拨的角度来看,成本最高的客户就是那些以小批量购买且位于运输线末端的客户;

(7)从分拨网络最远端开始,沿途搭载小批量货物直到装满整车、再回到运输起点的运输方法是最经济的。

上述规则都可纳入一个模型,一般是计算机软件,这样在求解时就能够遵循这些逻辑规则。

(五)优化模型

优化模型依赖精确的数学过程评价各种可选方案,且能保证得到的是针对该问题的数学最优解(最佳选择),即从数学上可以证明所得到的解是最优的。许多确定性的运筹学模型或管理科学的模型都属于此种类型。这些模型包括数学规划(线性规划、非线性规划、动态规划等)、排序模型、各种各样的微积分模型和设备替换模型。许多优化模型已经被一般化,也有相应的软件包。优化模型具有以下优势:在给定一整套假设条件和数据下,可以保证用户能得到最优解;可以正确处理许多复杂的模型结构;因为得到了所有的方案,并进行了评估,所以分析的效率会更高;因为每次都保证得到最优解,所以可以放心地对各次运行的结果进行分析。优化模型也存在缺点,最主要的就是随着问题的复杂程度其计算的时间也相应地增加,即使利用最大型计算机的内存,也无法在合理的计算时间内得到最优解。因此常常需要在求解时间和问题描述的现实性之间取得平衡。

(六)专家系统模型

如果某个规划问题(如网络规划问题)曾经在不同环境下多次求解,规划人员就很可能对该问题的解决方法有了一定的见解。这些见解往往胜过最复杂的数学公式。如果能将这样的知识或经验融入现有模型或专家系统中,就能够比单独使用仿真技术、启发法或最优化方法得出的结果总体质量更高。库克(Cook)将专家系统定义为:专家系统是一种人工智能的计算机程序,能够利用专家的知识和求解的逻辑推理方法以专家的水平解决问题。

尽管专家系统目前还处于发展的初级阶段,但已经有一些关于该系统应用的报道。在物流管理库存、运输和客户服务等领域已经开始少量地应用专家系统模型。根据库克的观点,专家系统有几个明显超过传统规划系统的优点:

(1)专家系统既能处理定性的信息,也能处理定量的信息,使得某些关键性的主观因素(如管理人员的主观判断)可以很容易成为决策过程的组成部分;

(2)专家系统能够处理不确定的信息,而且利用部分信息也能够对问题进行求解,这样就能够解决一些更复杂的、未能很好地组织起来的问题;

(3)专家系统解决问题时使用尽量少的信息,因此解决问题的速度更快,成本更低;

(4)专家系统展示的是专家解决问题的逻辑方法,使得物流管理人员能够很快地提高决策能力；

(5)专家系统提供的知识可转移、可复制且具有文档化特征。

开发专家系统模型所要克服的最大障碍就是指定专家、确定知识库(大部分是定性的)和获得专家们的相关知识。然而,专家系统提出了通过掌握规划艺术的技术和知识来弥补当前规划过程所使用的科学方法的不足,这种观点很有吸引力,专家系统无疑会在将来得到更普遍的应用。

(七) 决策支持系统

在计算机的帮助下,数据库和分析工具紧密结合,形成现在所谓的决策支持系统(Decision Support System,DSS)。决策支持系统通过使用户直接与数据库交互作用,将数据直接导入决策模型,以方便的形式描述分析来辅助决策过程。

在物流网络规划中,决策支持系统被用来解决各种各样的问题。例如,运输车辆及路线的规划、库存产品与制造设备分配策略,等等。决策支持系统在物流管理中通常被称为高级计划编制与时间安排系统(Advanced Planning and Scheduling,APS)。

安德森(Anderson)、斯维尼(Sweeney)和威廉姆斯(Williams)曾经指出决策支持系统有以下四个基本的子系统:交互系统、数据管理系统、建模系统和输出系统。其中,交互系统使用户和系统可以直接交流;数据管理系统能够从内部数据库和外部数据库获取必要的信息;建模系统允许用户通过输入参数、针对具体决策需要调整条件来实现与管理科学模型的交互作用;输出系统具有图像功能,这样用户可以提出假定推测问题,并可以得到便于解释的输出形式。

决策支持系统可能仅仅提供决策者能够与之交互作用的环境,但为决策者做最终决策留有很大的余地。此外,决策支持系统也可以为决策者提供可执行的方案。如果涉及战略设计,前一种情况比较典型;如果只是作短期计划,则后一种特征更重要。无论在哪种情况下,以计算机为基础的决策支持系统都为规划过程提供了更为广泛的空间。

思考与讨论

1. 什么是热带农产品物流企业内部网络?
2. 企业内部网络技术有哪些?
3. 热带农产品物流企业网络规划流程是什么?
4. 试述网络规划设计需借助哪些技术手段。

第五章　热带农产品物流条码与无线射频技术

学习目标

- 理解条码技术与无线射频技术的基本概念及特点；
- 了解常用物流条码码制及常用条码识读设备；
- 掌握无线射频技术的系统组成及工作原理；
- 掌握条码技术与无线射频技术在热带农产品领域中的应用。

案例导入

海南冬交会探营：每个农产品贴可溯源二维码标签

图 5-1　贴二维码标签商品

今年冬交会所有进馆参展的352种农产品都“佩戴”了可溯源二维码标签，以保证瓜果菜的质量安全。（南海网记者　符泽亢　实习生　曾丽园　摄）无论是消费者，还是逛冬交会的人，都可以用手机扫描贴在瓜果菜上的二维码，或者是按二维码上的指示发送短信，就可以查出瓜果菜的原产地、喷打农药时间、用药品牌和药量等相关信息。2012 年 12 月 11 日，南海网记者提前探营海南冬交会。冬交会各展馆内展出的各种瓜果菜，无论是菠萝蜜、香蕉、芒果、福橙还是青椒、西红柿，都贴上了可溯源的二维码标签，体现了海南的瓜菜安全可靠。这是往届冬交会从来没有过的现象，也更切合本届冬交会“绿色崛起”的主题。

（案例来源：南海网）

第一节　热带农产品条码技术

热带农产品条码(又称条形码)技术是实现 POS 系统、EDI、电子商务、供应链管理的技术基础,是物流管理现代化的重要技术手段。条码技术包括条码的编码技术、条码标识符号的设计、快速识别技术和计算机管理技术,它是实现计算机管理和电子数据交换不可或缺的前端采集技术。

一、热带农产品条码技术概述

(一)条码技术的发展

1949 年,美国两位工程师 Bernard Silver 和 N. J . Woodland 开始研究用代码表示食品项目及相应的自动识别设备,并注册了第一个机器识读的条码,称作"公牛眼"条码,如图 5－2 所示。20 世纪 70 年代,条码技术在国际上得到广泛的应用。1968 年, David Collins 创建了第一家全部生产条码相关设备的公司 Computer－Identics。次年。该公司成功研制出第一台固定式氦—氖激光扫描器。美国统一编码协会(Uniform Code Council, UCC)于 1973 年建立了 UPC (Uniform Product Code) 商品条码标准。欧洲物品编码协会在表示 12 位数据的 UPC－A 商品条码的基础上,开发出兼容 UPC－A 系统的 EAN 系统(European Article Numbering System),即欧洲物品编码。1977 年该组织改为国际物品编码协会(EAN International,简称 EAN)。国际编码组织推出新一代产品编码体系 EPC(Electronic Product Code)产品电子代码。EPC 条码是与 EAN/UPC 条码兼容,以 RFID 为载体并借助互联网来实现信息传递的新一代编码标准,原来的产品条码仅是对产品分类的编码,而 EPC 条码能够对所有单个商品都赋予一个全球唯一的编码。

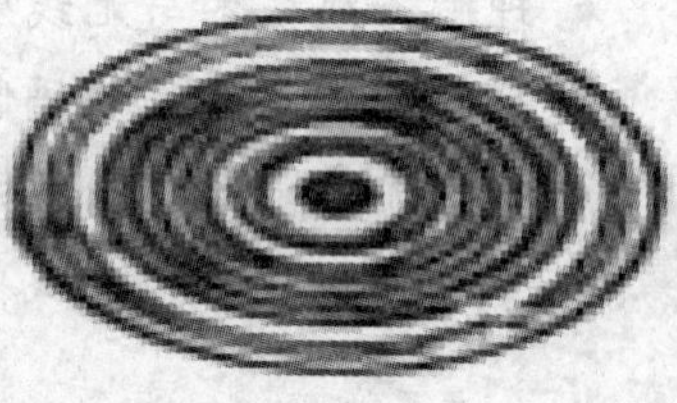

图 5－2　"公牛眼"条码

1988 年 12 月 28 日,经国务院同意,成立了中国物品编码中心,隶属于国家质量监督检验检疫总局。1991 年 4 月,中国物品编码中心代表我国正式加入了国际物品编码协会,当年发布实施了首批五项条码国家标准,并开始筹建国家条码质量监督检验中心。次年,开发了我国第一个 POS 系统。近年来,我国条码事业发展迅速,越来越多的企业成为中国商品条码系统成员。目前,国际物品编码协会已分配给中国的前缀码有:中国大陆:690、691、692、693、694 和 695;中国台湾:471;中国香港特别行政区:489;中国澳门特别行政区:958。

（二）热带农产品条码的概念和基本组成

热带农产品条码是由一组规则排列的条、空及其对应代码组成，是表示商品特定信息的标识。

一个完整的条码的组成次序依次为：静区（前）、起始符、数据符、（中间分隔符，主要用于 EAN 码）、（校验符）、终止符、静区（后）。如图 5－4 所示。

图 5－3　商品条码

图 5－4　条码的组成

（三）热带农产品条码的编码原则

在对热带农产品进行编码时，应遵循以下基本原则：

1. 唯一性

唯一性原则是商品编码的基本原则，是指相同的商品应分配相同的商品代码，基本特征相同的商品视为相同的商品；不同的商品必须分配不同的商品代码，基本特征不同的商品视为不同的商品。

2. 稳定性

稳定性原则是指商品标识代码一旦分配，只要商品的基本特征没有发生变化，就应保持不变。同一商品无论是长期连续生产还是间断式生产，都必须采用相同的商品代码。即使该商品停止生产，其代码也应至少在 4 年之内不能用于其他商品上。

3. 无含义性

无含义性原则是指商品代码中的每一位数字不表示任何与商品有关的特定信息。有含义的代码通常会导致编码容量的损失。厂商在编制商品代码时，最好使用无含义的流水号。

二、热带农产品条码的标准体系

条码按其符号排列方式可分为一维条码和二维条码。

（一）一维条码的码制

目前，国际上通用和公认的热带农产品物流一维条码码制主要包括：商品条码 EAN－13、储运单元条码 ITF－14 和贸易单元条码 UCC/EAN－128 等。

1. 商品条码 EAN－13

EAN－13 条码由左侧空白区、起始符、左侧数据符、中间分隔符、右侧数据符、校验符、终止符、右侧空白区及供人识别字符组成。如图 5－5 所示。

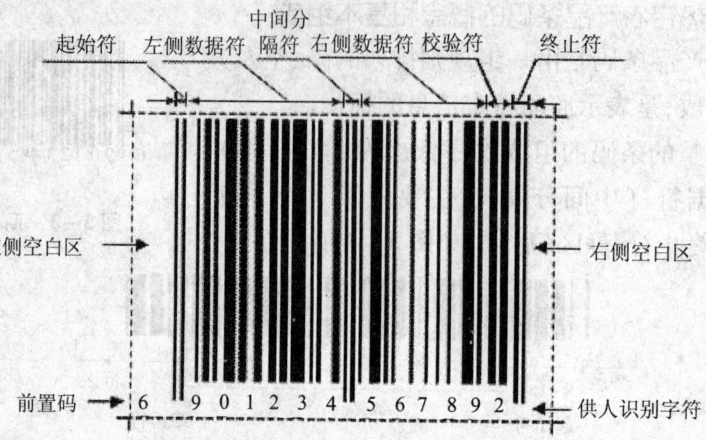

图 5－5　EAN－13 条码的组成

其中,从起始符到终止符结束共有 13 位数字,这 13 位数字代码结构由前缀码、厂商识别代码、商品代码和校验码组成。

图 5－6　EAN－13 条码的组成

(1)前缀码

前缀码为厂商识别代码的前 3 位数字,是由国际物品编码协会统一分配给其成员使用的,以保证其在全球范围内的唯一性。前缀码只表示条码的注册地,而不表示产品的产地。部分国际物品编码协会已分配的前缀码如表 5－1 所示。

表 5－1　部分国际物品编码协会已分配的前缀码

前缀码	国家（或地区）应用领域	前缀码	国家（或地区）应用领域
000～019 030～039 060～139	美国	690～695	中国

续表

前缀码	国家（或地区）应用领域	前缀码	国家（或地区）应用领域
020～029 040～049 200～299	店内码	700～709	挪威
050～059	优惠券	729	以色列
300～379	法国	759	委内瑞拉
470	吉尔吉斯斯坦	760～769	瑞士
471	中国台湾	770～771	哥伦比亚
489	中国香港特别行政区	778～779	阿根廷
500～509	英国	789～790	巴西
520～521	希腊	800～839	意大利

（2）厂商识别代码

厂商识别代码是指国际通用的商品标识系统中表示厂商的唯一代码，是商品条码的重要组成部分。

当前缀码为690、691时，EAN－13的代码结构如下。

$$\underbrace{x_{13}x_{12}x_{11}x_{10}x_9x_8x_7}_{\text{厂商识别代码}}\ \underbrace{x_6x_5x_4x_3x_2}_{\text{商品代码}}\ \underbrace{x_1}_{\text{校验码}}$$

当前缀码为692、693、694时，EAN－13的代码结构如下。

$$\underbrace{x_{13}x_{12}x_{11}x_{10}x_9x_8x_7x_6}_{\text{厂商识别代码}}\ \underbrace{x_5x_4x_3x_2}_{\text{商品代码}}\ \underbrace{x_1}_{\text{校验码}}$$

前缀码为695，目前暂未分配。

（3）商品代码

商品代码是指包含厂商识别代码在内的对零售商品、非零售商品、物流单元、位置、资产及服务进行全球唯一标识的一组数字代码。商品代码由厂商自行编码，但必须遵循条码编码原则：对统一商品必须编制相同商品代码，对不同的商品项目必须编制不同商品代码，保证商品项目与其标识代码一一对应，即一个商品项目只有一个代码，一个代码只标识一个商品项目。

（4）校验码

校验码用来校验厂商识别代码、商品代码的正确性，其计算步骤如下：

a. 从代码位置序号 2 开始,所有偶数位的数字代码求和。

b. 将步骤 a 的和乘以 3。

c. 从代码位置序号 3 开始,所有奇数位的数字代码求和。

d. 将步骤 b 与步骤 c 的结果相加。

e. 用大于或等于步骤 d 所得结果且为 10 最小整数倍的数减去步骤 d 所得结果,其差即为所求校验码的值。

例题:代码 690123456789,计算校验码 X_1。

位置序号	13	12	11	10	9	8	7	6	5	4	3	2	1
代码	6	9	0	1	2	3	4	5	6	7	8	9	X

图 5-7　编号

解题过程如下:

a. 自右向左顺序编号,如图 5-7 所示。

b. 从序号 2 开始求出偶数位上数字之和:　$9+7+5+3+1+9=34$　①

c. 　①$\times 3=34\times 3=102$　②

d. 从序号 3 开始求出奇数位上数字之和:　$8+6+4+2+0+6=26$　③

e. 　②+③$=102+26=128$　④

f. 用大于或等于结果④且为 10 最小整数倍的数减去④,其差即为所求校验码的值:

$130-128=2$,因此,校验码 $X_1=2$

2. 储运单元条码 ITF-14

ITF-14 条码是一种连续型、定长、具有自校验功能且条和空都表示信息的双向条码,只用于标识非零售的商品。ITF-14 条码对印刷精度要求不高,比较适合直接印制(热转印或喷墨)在表面不够光滑、受力后尺寸易变形的包装材料上。因为这种条码符号较适合直接印在瓦楞纸包装箱上,所以也称"箱码"。

(1)条码结构

ITF-14 条码由矩形保护框、左侧空白区、条码字符、右侧空白区组成。当采用 ITF-14 条码标识 13 位的标识代码时,需要在 13 位的代码前添加一位"0",以满足 ITF-14 条码标识 14 位标识代码的需要,如图 5-8 所示。

图 5-8　ITF-14 条码符号结构

(2)印刷位置

每个完整的非零售商品包装上至少应有一个条码符号,该条码到任何一个直立边的间距应不小于50毫米。运输过程中的包装箱上最好使用两个条码,放置在相邻的两个面上,一个放在短面的右边,一个在长面的右边,如图5-9所示。在仓库应用中,这样可以保证包装转动时,人们总能看到其中的一个条码符号。

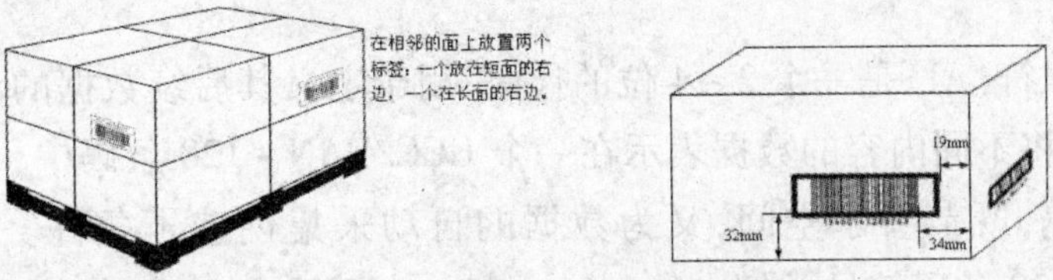

图5-9　ITF-14条码印刷位置

3. 贸易单元条码 UCC/EAN-128

商品条码与储运条码都属于不携带信息的标识码,在物流配送过程中,如果需要将生产日期、有效日期、运输包装序号、重量、尺寸、体积、送出地址、送达地址等重要信息条码化,以便扫描输入,这时就可应用贸易单元128条码。128条码是一种可变长度的连续型条码,可携带大置信息,所以其应用领域非常广泛,包括制造业的生产流程控制、批发物流业或运输业的仓储管理、车辆调配、货物追踪、医院血液样本的管理、政府对管制药品的控制追踪等。

图5-10　贸易单元条码

(1)条码结构

UCC/EAN-128条码由起始符号、数据字符、校验符、终止符、左、右侧空白区及供人识读的字符组成,UCC/EAN-128条码可用于标识带有附加属性信息的商品,也可用以表示GS1(全球统一标识)系统应用标识符字符串。UCC/EAN-128条码可表示变长的数据,条码符号的长度依字符的数量、类型和放大系数的不同而变化,并且能将若干信息编码在一个条码符号中。该条码符号可编码的最大数据字数为48个,包括空白区在内的物理长度不能超过165毫米。UCC/EAN-128条码不用于POS零售结算,用于标识物流单元。

(02)6 690124 000049(17)050101(37)10(10)ABC

图 5 – 11　UCC/EAN – 128 条码示例

应用标识符(AI)是一个 2 ~ 4 位的代码,用于定义其后续数据的含义和格式。使用 AI 可以将不同内容的数据表示在一个 UCC/EAN – 128 条码中。不同的数据间不需要分隔,既节省了空间,又为数据的自动采集创造了条件。图 5 – 11 中 UCC/EAN – 128 条码符号示例中的(02)、(17)、(37)和(10)即为应用标识符。

(2)印刷位置

物流单元条码符号印刷位置原则同 ITF – 14 条码符号。在相邻的面上放置两个标签:一个放在短面的右边,一个在长面的右边,如图 5 – 12 所示。

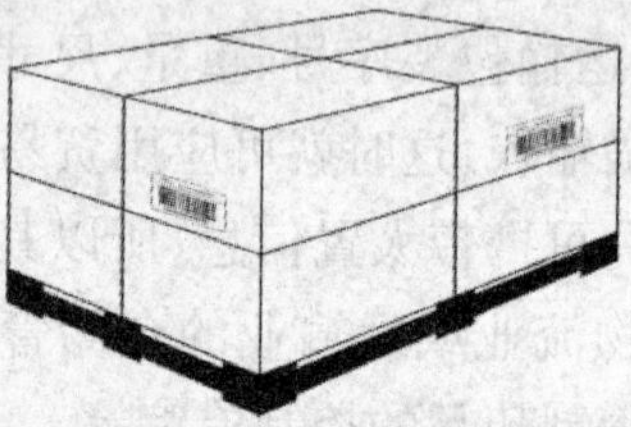

图 5 – 11　UCC/EAN – 128 条码印刷位置

(二) 二维条码

由于一维条码所携带的信息量有限,密度低,只是在一个方向(一般是水平方向)表达信息,而在垂直方向则不表达任何信息,其垂直方向的高度只是为了识读方便。一维条形码的应用可以提高信息录入的速度,用检查码进行错误侦测,但没有错误纠正的能力,并且多数场合必须依赖资料库及通信网络的存在,在应用范围上受到了较大的限制。

二维条码是在水平和垂直方向的二维空间存储信息的条码。除了继承一维条码的优点外,同时还有大容量、高可靠性、高密度、自动识读等特点,二维条码不仅在垂直方向可以存储、携带资料,具有错误检验及错误纠正的能力,还可以根据实际应用设置不同的安全等级,不依赖资料库及通信网络的存在而单独使用,应用范围极其广泛。

目前,二维条码主要有:PDF417 条码、Code 49 条码、Code 16K 条码、QR Code 条码、Code one 条码等。

图 5 – 13　PDF417 条码

图 5 – 14　Code 49 条码

图 5 – 15　Code 16K

图 5 – 16　QR Code 条码

图 5 – 17　Code one 条码

与一维条码一样,二维条码也有许多不同的编码方法——码制,通常可分为行排式二维条码和矩阵式二维条码两种类型。

1. 行排式二维条码

行排式二维条码(又称堆积式二维条码或层排式二维条码),其编码原理是建立在一维条码基础之上,按需要堆积成二行或多行。它在编码设计、校验原理、识读方式等方面继承了一维条码的一些特点,识读设备与条码印刷与一维条码技术兼容。但由于行数的增加,需要对行进行判定,其译码算法与软件也一维条码不完全相同。有代表性的行排式二维条码有:Code 16K、Code 49、PDF417 等。

2. 矩阵式二维条码

短阵式二维条码(又称棋盘式二维条码)是在一个矩形空间通过黑、白像素在矩阵中的不同分布进行编码。在矩阵相应元素位置上,用点(方点、圆点或其他形状)的出现表示二进制“1”,点的不出现表示二进制的“0”,点的排列组合确定了矩阵式二维条码所代表的意义。矩阵式二维条码是建立在计算机图像处理技术、组合编码原理等基础上的一种新型图形符号自动识读处理码制。具有代表性的矩阵式二维条码有:Code One、Maxi Code、QR Code、Data Matrix 等。

5 – 18　Maxi Code

图 5 – 19　Data Matrix

三、热带农产品条码识别技术

（一）条码阅读器

条码阅读器是用于读取条码所包含的信息的设备。条码阅读器的结构通常包括以下几部分:光源、接收装置、光电转换部件、译码电路、计算机接口。

基本工作原理为:光源发出的光线经过光学系统照射到条码上,被反射回来的光经过光学系统成像在光电转换器上,使之产生电信号,信号经过电路放大后产生一模拟电压,它与照射到条码上被反射回来的光成正比,再经过滤波、整形,形成与模拟信号对应的方波信号,经译码器解释为计算机可以直接接受的数字信号。

条码阅读器按操作方式可分为手持式和固定式两种。按扫描方式可分为接触式和非接触式两种。按识读码制的能力可分为光笔、CCD、激光和拍摄四种。光笔条码阅读器只能识读一维条码,而 CCD、激光和拍摄条码阅读器不仅可以阅读常用的一维条码,还能阅读二维条码。

（二）常用条形码扫描器

1. 光笔条码扫描器

光笔条码扫描器是一种轻便的条码读入装置。在光笔内部有扫描光束发生器及反射光接收器。光笔条码扫描器必须与被识读的条码接触,才能达到读取数据的目的,因此,在使用过程中对条码有一定的破坏性,目前已逐渐被电荷耦合器件(CCD)所取代。

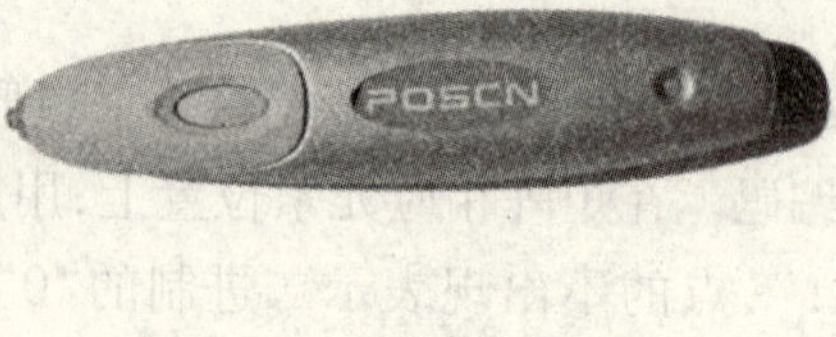

图 5-20　光笔条码扫描器

2. 手持式条码扫描器

手持式条码扫描器内一般都装有控制扫描光束的自动扫描装置。阅读条码时不需与条码符号接触,对条码标签没有损伤。手持式条码扫描器具有扫描光点匀速的优点,阅读效果比光笔扫描器好。其扫描速度快,每秒可对同一标签的内容扫描几十次至上百次。

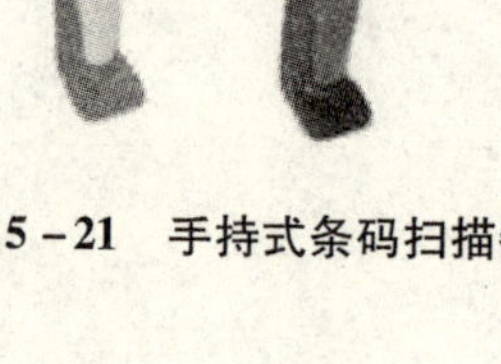

图 5-21　手持式条码扫描器

3. 台式条码自动扫描器

台式条码自动扫描器适合于不便使用手持式扫描方式阅读条码信息的场合。这种扫描器也可以安装在流水线传送带旁的某一固定位置，等待标附有条码标签的物品以平稳、缓慢的速度进入扫描范围。

图 5－22　台式条码自动扫描器

4. 激光自动扫描器

激光自动扫描器的最大优点是扫描光照强，可以远距离扫描且扫描景深长，而且激光扫描器的扫描速度高，有的产品扫描速度可以达 1200 次/秒，这种扫描器可以在 0.01 秒时间内对某一条码标签扫描阅读多次，而且可以做到每一次扫描不重复上一次扫描的轨迹。扫描器内部光学系统可将单束光转变成十字光或米字光，从而保证被测条码从各个不同角度进入扫描范围时都可以被识读。

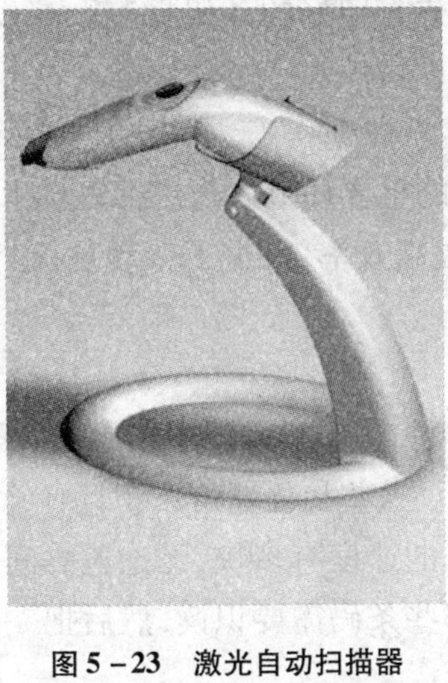

图 5－23　激光自动扫描器

5. 便携式条码阅读器

便携式条码阅读器一般配接光笔式或轻便的手持式条码扫描器，有的也配接激光扫描器。便携式条码阅读器本身就是一台专用计算机，有的甚至就是一台通用微型计算机。这种设备特别适用于流动性数据采集环境。收集到的数据可以定时送到主机内存储。有些场合，标有条码信息或代号的载体体积大，比较笨重，不适合拖运到同一数据采集中心处理，这种情况下，使用便携式条码阅读器十分方便。

图 5－24　便携式条码阅读器

四、条码技术在热带农产品中的应用

（一）分拣运输

铁路运输、航空运输、邮政通信等许多行业都存在货物的分拣搬运问题，大批量的货物需要在很短的时间内准确无误地装到指定的车厢或航班；一个生产厂家如果生产上百个品种的产品，并需要将其分门别类，以送到不同的目的地，那么就必须扩大场地，增加人员，还常常会出现人工分拣错误。解决这些问题的办法就是应用物流标识技术，使包裹或产品自动分拣到不同的运输机械上。采用这种方式只需要将预先打印好的条码标签贴在发送的物品上，并在每个分拣点安装一台条码扫描器即可。

（二）仓储配送

仓储配送是产品流通的重要环节。物流标识技术给仓储现代化带来了更多的方便，它不仅使保管者提高效率，减少了劳动量，也为客户带来了间接的经济效益。

（三）货物扫描通道

货物扫描通道是由一组扫描器组成。全方位扫描器能够从所有的方向上（上下、前后和左右）识读条码。这些扫描器可以识读任意方向、任意面上的条码，无论包裹有多大，无论运输机的速度有多快，无论包裹间的距离有多小。所有的扫描器一起运作，决定当前哪些条码需要识读，然后把一个个信息传送给主计算机或控制系统。

货物扫描通道为进一步采集包裹数据提供了便利。新一代的货物扫描通道可以以很高的速度同时采集包裹上的条码标识符、实际的包裹尺寸和包裹的重量信息，且这个过程不需要人工干预。因为包裹投递服务是按尺寸和重量收费的，这些信息对计算营业额十分重要。现在可以准确高效地获取这些信息，以满足用户的需要。

（四）运动中称重

物流标识技术与其他自动化技术相结合，可以大大提高物流现代化水平。例如，在运动中称量与条码自动识别相结合，把电子秤放在输送机上可以得到包裹的重量而不需中断运输作业或人工处理。

运动中称量使系统能保持很高的通过能力，同时实时提供重量信息，计算净重，检验重量误差，验证重量范围。在高效的物料搬运系统中，运动中称量可以与其他自动化过程如条码扫描、标签打印及粘贴、包裹分拣、码托盘、库存管理、发运和其他功能集成在一起。

就数据采集和信息管理而言，运动中称量系统所提供的数据可用于生产总结、效率报告、质量控制、发运单的生成，以及为UPS、联邦快递、美国邮政等发运公司制作专用单。

作为自动化物料搬运和数据采集的组成部分，运动中称量系统已广泛应用于制造业、食品加工业以及包裹配送和零售配送业中。

第二节　热带农产品无线射频技术

RFID是Radio Frequency Identification的缩写，即无线射频识别。常称为感应式电子晶片或近接卡、感应卡、非接触卡、电子标签、电子条码等，是20世纪90年代兴起的一种非接触式自动识别技术，它以无线通信技术和存储技术为核心，伴随着半导体、大规模集成电路技术的发展而逐步形成。

一、无线射频识别技术概述

（一）无线射频识别的发展历史

RFID技术的发展经历了如下几个阶段：20世纪40年代时，雷达的改进及应用催生了RFID技术，1948年Harry Stockman发表的“利用反射功率进行通信”奠定了RFID技术的理论基础；1951—1960年是早期RFID技术的探索阶段，主要限于实验室的实验研究；20世纪60年代，RFID技术的理论得到了发展，开始一些应用尝试；20世纪70年代，RFID技术与产品研发得到了加速发展；20世纪80年代，RFID技术及产品已进入商业应用阶段，各种规模应用开始出现；20世纪90年代，RFID技术标准化问题已逐渐得到重视，RFID产品得到了广泛应用，逐渐成为人们生活中的一部分；2000年后，RFID产品种类更加丰富，有源电子标签和无源电子标签、半无源电子标签都得到了发展，成本降低，应用不断扩大。至今，RFID技术的理论得到了丰富和完善。

（二）无线射频识别的基本概念

RFID技术，又称射频标签或电子标签，是一种非接触式的自动识别技术，它通过射频信号自动识别目标对象并获取相关数据,识别工作无须人工干预,可工作于各种恶劣环境。RFID 技术可识别高速运动物体并可同时识别多个标签,操作快捷方便。

无线射频产品不怕油渍、灰尘污染等,短距离的射频卡可以在这样的环境中替代条码,长距离的产品多用于交通中,距离可达几十米。

RFID 技术是利用无线电波对带有信息数据的媒体进行读写,并自动输入计算机的一种当今最先进的自动识别技术。RFID 被视为一种安全存取技术和一个有生命力的多应用平台,起到安全获取由基于网络解决方案提供服务的媒介作用。仓储物流数字化建设的基础工作之一就是基础数据的采集问题,基础数据的真实与完备是关系仓储物流数字化建设成功与否的关键与瓶颈,RFID 的出现适时地解决了这一问题。

（三）无线射频识别的优点

无线射频识别是一种易于操控、简单实用而且特别适合于自动化控制的应用技术,它通过无线射频信号自动识别目标对象并获取相关信息。它的最大优点是无需接触便可以自动完成识别过程,识别工作无需人工干预,它既可以支持只读工作模式,又可以支持读写工作模式。如表 5 - 2 所示,与条码技术相比,RFID 技术有很大区别,其主要优点表现在以下方面:

(1)读取方便快捷。数据读取无需光源,甚至可以透过外包装进行,有效识别距离更大。

(2)识别速度快。标签一进入磁场,解读器即开始读取其中信息,且能同时处理多个标签,实现批量识别。

(3)数据容量大。数据容量最大的二维条码(PDF417)最多可存储 2725 个数字,若包含字母,存储量更少;而 RFID 标签可根据用户需要扩充到数十 K。

(4)使用寿命长,应用范围广。其无线电通信方式,可应用于粉尘、油污等高污染环境和放射性环境,且其封闭式包装使寿命大大超过印刷条形码,可反复使用,数据存储可保存 10 年,重复读写大于 10 万次。

(5)标签数据可动态更改。利用编程器可写入数据,从而赋予 RFID 标签交互式便携数据文件的功能,且写入时间相比打印条码更短。

(6)更好的安全性。RFID 标签不仅可嵌入或附着在不同形状、类型的产品上,且可以为标签数据读写设置密码保护,具有更高的安全性。

(7)动态实时通信。标签可以以每秒 50 ~ 100 次的频率与读写器进行通信,所以只要 RFID 标签附着的物体出现在读写器的有效识别范围内,就可以对其位置进行动态的追踪和监控。

表5－2　无线射频识别技术与条码技术的比较

各相关因素	条码技术	射频识别技术
典型的数据量(Bytes)	1～100	16～64k
数据密度	低	很高
读写性	只读	可读可写
受污染、潮湿的影响	很严重	没影响
受光线遮盖的影响	全失效	没影响
受方向位置的影响	很小	没影响
使用寿命	短	长
费用	低	较高
未经允许的复制修改	容易	不可能
阅读器速度	较慢	很快
阅读器作用的范围	0～50厘米	0～6米
个人阅读的可能性	受制约	不可能

(四) 无线射频识别的分类

(1)按工作方式来分,可分为主动式、被动式和半被动式。含有电源,并且用自身的射频能量主动地发射数据到识读器的标签是主动式标签。由识读器发出的查询信号触发后进入通信状态的标签是被动式标签。含有电源的标签,电源只为芯片的运转提供能量的标签是半被动式标签。

(2)按读写方式来分,可分为只读型和读写型。在识读过程中,内容只能读出、不可写入的标签是只读型标签。在识读过程中,内容既可被识读器读出、又可由识读器写入的标签是读写型标签。

(3)按有无电源来分,可分为无源标签和有源标签。

(4)按工作频率来分,可分为低频标签(工作频率在500kHz以下)、高频标签(工作频率在500kHz到1GHz)和微波标签(工作频率在1GHz以上)。

(5)按工作距离来分,可分为远程标签(工作距离在100厘米以上)、近程标签(工作距离在10～100厘米)和超近程标签(工作距离在0.2～10厘米)。

二、无线射频识别系统的组成与工作原理

(一) 无线射频识别系统的组成

在具体的应用过程中,根据不同的应用目的和应用环境,RFID系统的组成会有所不同。一个典型的可应用RFID系统一般由标签、读写器、天线和计算机网络系统几部分组成,如图5－25所示。

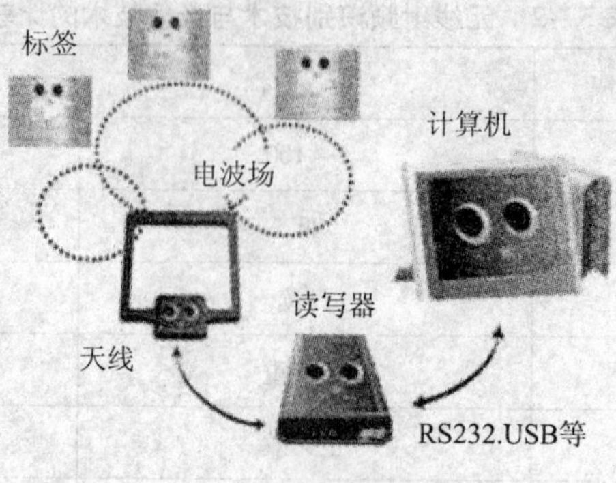

图 5-25 RFID 系统组成示意图

1. 标签

标签,相当于条码技术中的条码符号,用来存储需要识别传输的信息,它是RFID 技术的核心。标签由耦合元件及芯片组成,每个标签具有唯一的电子编码,附着在物体上用于标识目标对象。

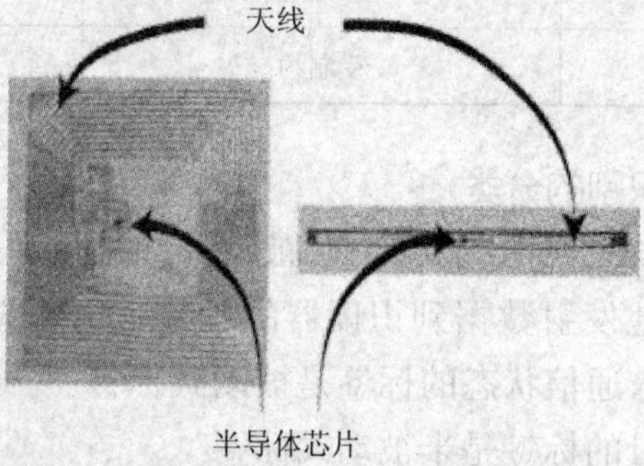

图 5-26 标签内部结构

其工作过程是时钟把所有电路功能时序化,以使存储器中的数据在精确的时间内传输至读写器,存储器中的数据是应用系统规定的唯一性编码,在标签安装到识别对象(如集装箱、车辆、动物等)前就已写入。当数据读出时,编码发生器把存储器中存储的数据编码发出,调制器接收由编码发生器发出的编码后的信息,并通过天线电路将此信息发射/反射至读写器。当数据写入时,由控制器控制,将天线接收到的信号解码后写入存储器。

2. 读写器

读写器基本的功能就是提供与标签进行数据传输的途径。另外,读写器还提供相当复杂的信号状态控制、奇偶错误校验与更正功能等。

根据支持的标签类型不同与完成的功能不同,读写器的复杂程度有显著的不同。但通常读写器由射频模块、读写模块组成,如图 5-27 所示。

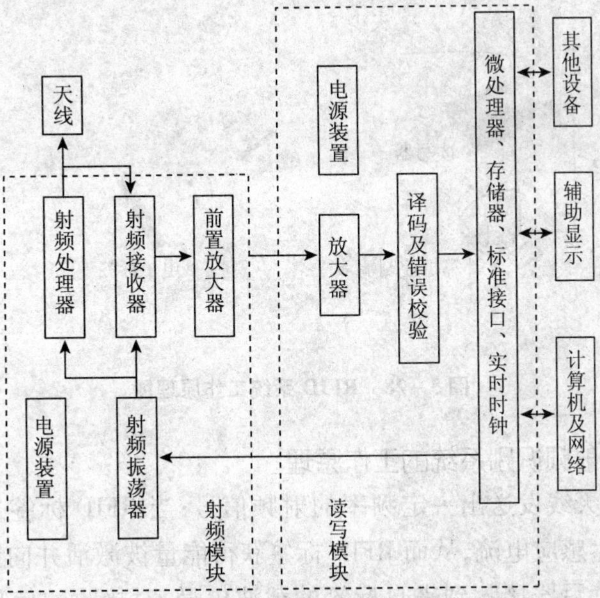

图 5-27　RFID 系统读写器构成

射频模块由射频振荡器、射频处理器、射频接收器及前置放大器组成。

射频模块可发射和接收射频载波，射频载波信号由射频振荡器产生并被射频处理器放大，该射频载波通过天线发射。射频模块将天线接收的从标签发射/反射回来的载波解调后传给读写模块。

读写模块一般由放大器、译码及纠错电路、微处理器、实时时钟、标准接口及电源组成，它可以接收射频模块传输的信号，解码后获取标签内信息；或将要写入标签的信息解码后传给射频模块，完成写标签操作。还可以通过标准接口将标签内容和其他信息传给计算机。

3. 天线

天线是发射和接收射频载波信号的设备，在确定的工作频率和带宽条件下，天线发射由射频模块产生的射频载波，并接收从标签发射或反射回来的射频载波。

4. 计算机网络系统

计算机网络系统负责处理读写器传送过来的信息，并进行信息处理，将重要信息存储在数据库中，并根据需要向读写器发送指令，对标签进行相应操作。

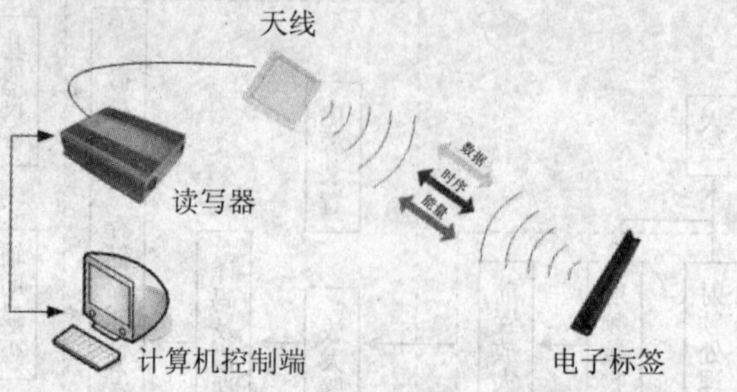

图5－28　RFID系统工作原理图

（二）无线射频识别系统的工作原理

读写器通过天线发送出一定频率的射频信号；当RFID标签进入读写器工作场时，其天线产生感应电流，从而RFID标签获得能量被激活并向读写器发送出自身编码等信息；读写器接收到来自标签的载波信号，对接收的信号进行解调和解码后送至计算机主机进行处理；计算机系统根据逻辑运算判断该标签的合法性，针对不同的设定做出相应的处理和控制，发出指令信号；RFID标签的数据解调部分从接收到的射频脉冲中解调出数据并送到控制逻辑，控制逻辑接收指令完成存储、发送数据或其他操作。

三、无线射频识别系统在物流领域的应用

与传统条码技术相比，RFID技术在物流信息管理中的应用有着明显的优越性。除有效识别距离大大超过条码识别外，还有可在短时间内完成大批量识别等特点，因此，比之条码技术，其获取信息的速度更快，准确性更高。另外，RFID具有移动数据库的特性，为捆绑不同的系统提供了技术支持，使得信息系统之间捆绑链接相对比较容易，从而对于动态的物流应用提供了很好的信息交互与共享的支持。正是RFID技术能满足物流信息的动态管理特性，因此被预测为给物流产业带来革命性变革的最具潜力的技术。

RFID技术在物流信息管理中的应用，具体体现在信息采集和信息追踪方面。

（一）信息采集

1. 仓储信息采集

RFID系统可在货物仓库区设置一定数量的信号发射和接收装置，使整个库区覆盖在一个完整的控制网络下。当带有电子标签的货物（一般为大型和重要货物）进入射频天线工作区后，电子标签被激活，标签上所有数据（如生产厂家、货品名称、数量、批号、发货地址和目的地址等）都通过标签上的发射天线发射出去，系统的接收天线接收到信号后通过传输线传至读写器，经读写器解码和校验后输入到计算机中，此商品的全部信息被计算机数据库完整而准确地记录下来。只要货

物不离开库区，仅在库区内移动，货物的所有信息均可在计算机的监控之下，如货物所在库区中的位置、何时进入库区、何时调出库区等，计算机都有准确的记录。RFID 技术比传统的条形码技术在仓储信息采集上更方便、准确、快捷、灵活，同时也极大地提高了货物保管的安全性。

2. 分拣信息采集

在配送和仓库出货时，需要采用分货、拣选方式快速处理大量的货物。系统在对货物的全部库存信息进行有效管理的基础上，将客户订单信息输入电子标签控制系统，存放商品的各个货架上的电子标签会立刻显示出所拣选商品在货架上的具体位置及拣选的数量。作业人员按照货架上电子标签显示的信息方便、快捷、准确地从货架上取出商品，放到取货周转箱内，送入下一环节。同时通过电子标签反馈给系统出货信息，系统将及时自动更新库存信息。使用 RFID 系统对货物进行分拣，可在同一时刻对多个目标进行识别，不像使用条码那样必须对每个目标进行扫描，工作效率大大提高，并减少了等待时间。

3. 销售信息采集

销售物流是伴随着销售活动将产品实体转给用户的物流活动。在商品销售领域，采用 RFID 技术能快速、准确地进行物流信息采集，实现相应的销售和配送管理。具体过程为：当供应商配送的货品运抵零售商仓库时，通过 RFID 读写器对货物进行清点，将信息输入计算机，并自动更新零售商的库存信息；随着商场里商品减少，装有 RFID 读写器的货架会及时通知服务人员补货；而顾客选购结束，在结算时只需将购物车推过感应器，读写器就会把顾客选购的商品信息输入计算机，然后输进收款机，收款后并开出收据，完成快速结账的过程。总之，通过 RFID 技术配合计算机处理，能够方便、快捷地实现商品进、销、存的实时管理。

（二）信息追踪

RFID 技术在信息追踪中的作用通常体现在物流装备信息的管理上，而不是应用在最终商品这一级。通过对物流装备、车辆集装箱、托盘或者某种容器的识别和跟踪，间接地监控管理所承载的物品。

1. 企业内部信息追踪

企业内部的信息追踪主要体现在物流企业在仓储过程中对货物数量、状态和运输情况进行充分的监控管理。基于 RFID 技术的货物托盘追踪系统，可对物流企业内的货物信息实现实时追踪。它的核心是在每一个通过仓库入口的货物托盘上附着一个小的感应器，当装有货物的搬运车通过入口时，中心电脑可以通过货物托盘上的感应器得知是哪一个通过；当搬运车满载通过时，中心电脑还可以通过原始记录比对现有的货物重量来查询是否正确。这不但提高了每天运送大量货物的效率，同时也保证了货物运输记录的准确性。

2. 企业外部信息追踪

利用RFID技术可以对货物进行远距离追踪。在追踪系统中,电子标签贴在集装箱上,并将读写器安装在运输线(公路、铁路等)的关键点上(如门柱上、桥墩旁等)以及仓库、车站、码头、机场等关键地点,当装货物的集装箱通过这些关键点时,读写器就可接收到电子标签里的信息。读写器接收到电子标签里的信息后,连通接受地的位置信息,上传至通信卫星,再由通信卫星传送到调度中心,送入中心信息数据库中,实现货物在订购、运输、存储过程中的实时追踪以及信息共享。

正因为无线射频识别技术具有显著的优势,所以近年来它在物流信息管理中得到较快的推广和应用,如汽车或火车等的交通监控系统、集装箱运输管理系统、物品管理、流水线生产自动化、仓储管理等。可以预见,随着成本的下降和标准化的实施,RFID技术在物流信息管理中的应用将会更加普及。

知识链接

中华人民共和国农产品质量安全法

(2006年4月29日第十届全国人民代表大会常务委员会第二十一次会议通过)

第一章　总　则

第一条　为保障农产品质量安全,维护公众健康,促进农业和农村经济发展,制定本法。

第二条　本法所称农产品,是指来源于农业的初级产品,即在农业活动中获得的植物、动物、微生物及其产品。

本法所称农产品质量安全,是指农产品质量符合保障人的健康、安全的要求。

第三条　县级以上人民政府农业行政主管部门负责农产品质量安全的监督管理工作;县级以上人民政府有关部门按照职责分工,负责农产品质量安全的有关工作。

第四条　县级以上人民政府应当将农产品质量安全管理工作纳入本级国民经济和社会发展规划,并安排农产品质量安全经费,用于开展农产品质量安全工作。

第五条　县级以上地方人民政府统一领导、协调本行政区域内的农产品质量安全工作,并采取措施,建立健全农产品质量安全服务体系,提高农产品质量安全水平。

第六条　国务院农业行政主管部门应当设立由有关方面专家组成的农产品质量安全风险评估专家委员会,对可能影响农产品质量安全的潜在危害进行风险分析和评估。

国务院农业行政主管部门应当根据农产品质量安全风险评估结果采取相应的管理措施，并将农产品质量安全风险评估结果及时通报国务院有关部门。

第七条　国务院农业行政主管部门和省、自治区、直辖市人民政府农业行政主管部门应当按照职责权限，发布有关农产品质量安全状况信息。

第八条　国家引导、推广农产品标准化生产，鼓励和支持生产优质农产品，禁止生产、销售不符合国家规定的农产品质量安全标准的农产品。

第九条　国家支持农产品质量安全科学技术研究，推行科学的质量安全管理方法，推广先进、安全的生产技术。

第十条　各级人民政府及有关部门应当加强农产品质量安全知识的宣传，提高公众的农产品质量安全意识，引导农产品生产者、销售者加强质量安全管理，保障农产品消费安全。

第二章　农产品质量安全标准

第十一条　国家建立健全农产品质量安全标准体系。农产品质量安全标准是强制性的技术规范。

农产品质量安全标准的制定和发布，依照有关法律、行政法规的规定执行。

第十二条　制定农产品质量安全标准应当充分考虑农产品质量安全风险评估结果，并听取农产品生产者、销售者和消费者的意见，保障消费安全。

第十三条　农产品质量安全标准应当根据科学技术发展水平以及农产品质量安全的需要，及时修订。

第十四条　农产品质量安全标准由农业行政主管部门商有关部门组织实施。

第三章　农产品产地

第十五条　县级以上地方人民政府农业行政主管部门按照保障农产品质量安全的要求，根据农产品品种特性和生产区域大气、土壤、水体中有毒有害物质状况等因素，认为不适宜特定农产品生产的，提出禁止生产的区域，报本级人民政府批准后公布。具体办法由国务院农业行政主管部门商国务院环境保护行政主管部门制定。

农产品禁止生产区域的调整，依照前款规定的程序办理。

第十六条　县级以上人民政府应当采取措施，加强农产品基地建设，改善农产品的生产条件。

县级以上人民政府农业行政主管部门应当采取措施，推进保障农产品质量安全的标准化生产综合示范区、示范农场、养殖小区和无规定动植物疫病区的建设。

第十七条　禁止在有毒有害物质超过规定标准的区域生产、捕捞、采集食用农产品和建立农产品生产基地。

第十八条　禁止违反法律、法规的规定向农产品产地排放或者倾倒废水、废气、固体废物或者其他有毒有害物质。

农业生产用水和用作肥料的固体废物，应当符合国家规定的标准。

第十九条　农产品生产者应当合理使用化肥、农药、兽药、农用薄膜等化工产品，防止对农产品产地造成污染。

第四章　农产品生产

第二十条　国务院农业行政主管部门和省、自治区、直辖市人民政府农业行政主管部门应当制定保障农产品质量安全的生产技术要求和操作规程。县级以上人民政府农业行政主管部门应当加强对农产品生产的指导。

第二十一条　对可能影响农产品质量安全的农药、兽药、饲料和饲料添加剂、肥料、兽医器械，依照有关法律、行政法规的规定实行许可制度。

国务院农业行政主管部门和省、自治区、直辖市人民政府农业行政主管部门应当定期对可能危及农产品质量安全的农药、兽药、饲料和饲料添加剂、肥料等农业投入品进行监督抽查，并公布抽查结果。

第二十二条　县级以上人民政府农业行政主管部门应当加强对农业投入品使用的管理和指导，建立健全农业投入品的安全使用制度。

第二十三条　农业科研教育机构和农业技术推广机构应当加强对农产品生产者质量安全知识和技能的培训。

第二十四条　农产品生产企业和农民专业合作经济组织应当建立农产品生产记录，如实记载下列事项：

（一）使用农业投入品的名称、来源、用法、用量和使用、停用的日期；

（二）动物疫病、植物病虫草害的发生和防治情况；

（三）收获、屠宰或者捕捞的日期。

农产品生产记录应当保存二年。禁止伪造农产品生产记录。

国家鼓励其他农产品生产者建立农产品生产记录。

第二十五条　农产品生产者应当按照法律、行政法规和国务院农业行政主管部门的规定，合理使用农业投入品，严格执行农业投入品使用安全间隔期或者休药期的规定，防止危及农产品质量安全。

禁止在农产品生产过程中使用国家明令禁止使用的农业投入品。

第二十六条　农产品生产企业和农民专业合作经济组织，应当自行或者委托检测机构对农产品质量安全状况进行检测；经检测不符合农产品质量安全标准的农产品，不得销售。

第二十七条　农民专业合作经济组织和农产品行业协会对其成员应当及时提供生产技术服务，建立农产品质量安全管理制度，健全农产品质量安全控制体系，加强自律管理。

第五章 农产品包装和标识

第二十八条 农产品生产企业、农民专业合作经济组织以及从事农产品收购的单位或者个人销售的农产品，按照规定应当包装或者附加标识的，须经包装或者附加标识后方可销售。包装物或者标识上应当按照规定标明产品的品名、产地、生产者、生产日期、保质期、产品质量等级等内容；使用添加剂的，还应当按照规定标明添加剂的名称。具体办法由国务院农业行政主管部门制定。

第二十九条 农产品在包装、保鲜、贮存、运输中所使用的保鲜剂、防腐剂、添加剂等材料，应当符合国家有关强制性的技术规范。

第三十条 属于农业转基因生物的农产品，应当按照农业转基因生物安全管理的有关规定进行标识。

第三十一条 依法需要实施检疫的动植物及其产品，应当附具检疫合格标志、检疫合格证明。

第三十二条 销售的农产品必须符合农产品质量安全标准，生产者可以申请使用无公害农产品标志。农产品质量符合国家规定的有关优质农产品标准的，生产者可以申请使用相应的农产品质量标志。

禁止冒用前款规定的农产品质量标志。

第六章 监督检查

第三十三条 有下列情形之一的农产品，不得销售：

（一）含有国家禁止使用的农药、兽药或者其他化学物质的；

（二）农药、兽药等化学物质残留或者含有的重金属等有毒有害物质不符合农产品质量安全标准的；

（三）含有的致病性寄生虫、微生物或者生物毒素不符合农产品质量安全标准的；

（四）使用的保鲜剂、防腐剂、添加剂等材料不符合国家有关强制性的技术规范的；

（五）其他不符合农产品质量安全标准的。

第三十四条 国家建立农产品质量安全监测制度。县级以上人民政府农业行政主管部门应当按照保障农产品质量安全的要求，制定并组织实施农产品质量安全监测计划，对生产中或者市场上销售的农产品进行监督抽查。监督抽查结果由国务院农业行政主管部门或者省、自治区、直辖市人民政府农业行政主管部门按照权限予以公布。

监督抽查检测应当委托符合本法第三十五条规定条件的农产品质量安全检测机构进行，不得向被抽查人收取费用，抽取的样品不得超过国务院农业行政主管部门规定的数量。上级农业行政主管部门监督抽查的农产品，下级农业行政主管部门不得另行重复抽查。

第三十五条　农产品质量安全检测应当充分利用现有的符合条件的检测机构。

从事农产品质量安全检测的机构，必须具备相应的检测条件和能力，由省级以上人民政府农业行政主管部门或者其授权的部门考核合格。具体办法由国务院农业行政主管部门制定。

农产品质量安全检测机构应当依法经计量认证合格。

第三十六条　农产品生产者、销售者对监督抽查检测结果有异议的，可以自收到检测结果之日起五日内，向组织实施农产品质量安全监督抽查的农业行政主管部门或者其上级农业行政主管部门申请复检。

采用国务院农业行政主管部门会同有关部门认定的快速检测方法进行农产品质量安全监督抽查检测，被抽查人对检测结果有异议的，可以自收到检测结果时起四小时内申请复检。复检不得采用快速检测方法。

因检测结果错误给当事人造成损害的，依法承担赔偿责任。

第三十七条　农产品批发市场应当设立或者委托农产品质量安全检测机构，对进场销售的农产品质量安全状况进行抽查检测；发现不符合农产品质量安全标准的，应当要求销售者立即停止销售，并向农业行政主管部门报告。

农产品销售企业对其销售的农产品，应当建立健全进货检查验收制度；经查验不符合农产品质量安全标准的，不得销售。

第三十八条　国家鼓励单位和个人对农产品质量安全进行社会监督。任何单位和个人都有权对违反本法的行为进行检举、揭发和控告。有关部门收到相关的检举、揭发和控告后，应当及时处理。

第三十九条　县级以上人民政府农业行政主管部门在农产品质量安全监督检查中，可以对生产、销售的农产品进行现场检查，调查了解农产品质量安全的有关情况，查阅、复制与农产品质量安全有关的记录和其他资料；对经检测不符合农产品质量安全标准的农产品，有权查封、扣押。

第四十条　发生农产品质量安全事故时，有关单位和个人应当采取控制措施，及时向所在地乡级人民政府和县级人民政府农业行政主管部门报告；收到报告的机关应当及时处理并报上一级人民政府和有关部门。发生重大农产品质量安全事故时，农业行政主管部门应当及时通报同级食品药品监督管理部门。

第四十一条　县级以上人民政府农业行政主管部门在农产品质量安全监督管理中，发现有本法第三十三条所列情形之一的农产品，应当按照农产品质量安全责任追究制度的要求，查明责任人，依法予以处理或者提出处理建议。

第四十二条　进口的农产品必须按照国家规定的农产品质量安全标准进行检验；尚未制定有关农产品质量安全标准的，应当依法及时制定，未制定之前，可以参照国家有关部门指定的国外有关标准进行检验。

第七章　法律责任

第四十三条　农产品质量安全监督管理人员不依法履行监督职责，或者滥用职权的，依法给予行政处分。

第四十四条　农产品质量安全检测机构伪造检测结果的，责令改正，没收违法所得，并处五万元以上十万元以下罚款，对直接负责的主管人员和其他直接责任人员处一万元以上五万元以下罚款；情节严重的，撤销其检测资格；造成损害的，依法承担赔偿责任。

农产品质量安全检测机构出具检测结果不实，造成损害的，依法承担赔偿责任；造成重大损害的，撤销其检测资格。

第四十五条　违反法律、法规规定，向农产品产地排放或者倾倒废水、废气、固体废物或者其他有毒有害物质的，依照有关环境保护法律、法规的规定处罚；造成损害的，依法承担赔偿责任。

第四十六条　使用农业投入品违反法律、行政法规和国务院农业行政主管部门的规定的，依照有关法律、行政法规的规定处罚。

第四十七条　农产品生产企业、农民专业合作经济组织未建立或者未按照规定保存农产品生产记录的，或者伪造农产品生产记录的，责令限期改正；逾期不改正的，可以处二千元以下罚款。

第四十八条　违反本法第二十八条规定，销售的农产品未按照规定进行包装、标识的，责令限期改正；逾期不改正的，可以处二千元以下罚款。

第四十九条　有本法第三十三条第四项规定情形，使用的保鲜剂、防腐剂、添加剂等材料不符合国家有关强制性的技术规范的，责令停止销售，对被污染的农产品进行无害化处理，对不能进行无害化处理的予以监督销毁；没收违法所得，并处二千元以上二万元以下罚款。

第五十条　农产品生产企业、农民专业合作经济组织销售的农产品有本法第三十三条第一项至第三项或者第五项所列情形之一的，责令停止销售，追回已经销售的农产品，对违法销售的农产品进行无害化处理或者予以监督销毁；没收违法所得，并处二千元以上二万元以下罚款。

农产品销售企业销售的农产品有前款所列情形的，依照前款规定处理、处罚。

农产品批发市场中销售的农产品有第一款所列情形的，对违法销售的农产品依照第一款规定处理，对农产品销售者依照第一款规定处罚。

农产品批发市场违反本法第三十七条第一款规定的，责令改正，处二千元以上二万元以下罚款。

第五十一条　违反本法第三十二条规定，冒用农产品质量标志的，责令改正，没收违法所得，并处二千元以上二万元以下罚款。

第五十二条　本法第四十四条、第四十七条至第四十九条、第五十条第一款、第四款和第五十一条规定的处理、处罚，由县级以上人民政府农业行政主管部门决定；第五十条第二款、第三款规定的处理、处罚，由工商行政管理部门决定。

法律对行政处罚及处罚机关有其他规定的，从其规定。但是，对同一违法行为不得重复处罚。

第五十三条　违反本法规定，构成犯罪的，依法追究刑事责任。

第五十四条　生产、销售本法第三十三条所列农产品，给消费者造成损害的，依法承担赔偿责任。

农产品批发市场中销售的农产品有前款规定情形的，消费者可以向农产品批发市场要求赔偿；属于生产者、销售者责任的，农产品批发市场有权追偿。消费者也可以直接向农产品生产者、销售者要求赔偿。

第八章　附　则

第五十五条　生猪屠宰的管理按照国家有关规定执行。

第五十六条　本法自2006年11月1日起施行。

案例分析

案例一

海南农产品质量追溯网络全面铺开

新华网海口3月10日报道：（夏冠男、王定聪）记者从海南省农业厅获悉，作为现代农业建设的重要内容，海南近年来高度重视农产品质量安全问题。省农业部门利用互联网技术、3G技术等高科技手段逐渐在全省范围内构建起农产品质量追溯网络，让百姓买得放心，吃得安心。

据介绍，从2010年开始，海南省就启动了农产品质量追溯制度建设。农业、通信等多部门共同建设的冬季瓜菜质量安全田头监管3G系统，已经在海南省12个市县推广应用。系统运用高科技手段指导农民科学种植，监管瓜菜生长全程，消费者可通过瓜菜上粘贴的二维码标签轻松查到产品详细信息。

2011年，海南又实现热带水果质量追溯监管。至此，海南共有100家农垦及地方农业企业实现了谷物、茶叶、水果、蔬菜、畜禽、蛋类产品的可追溯，159家企业初步实现了质量安全的可监管。

海口多谷屯农村专业合作社的负责人唐微微介绍说，合作社通过完善档案记录，推行标识管理，对每一件上市的农产品实行了个性化、精细化管理，消费者可以根据追溯码，通过短信、语音、网上查询等形式，便捷、快速地了解到生产该产品的农户以及使用农药、化肥等生产环节的信息，做到了全程的可追溯。合作社内部通过建立农户身份证登记制度和产品运销“一户一卡”、“一箱一标”制度，实现了责任的可追溯，这样一方面树立了良好的品牌形象，另一方面又能使农户自觉加强质量安全意识。

海南省农业厅有关负责人表示，下一步将继续完善追溯系统网络，全面建立起生产有记录、流向可跟踪、信息可查询的农产品质量追溯制度。

（案例来源：新华网）

案例二

田头监管3G系统助推海南农业增效、农民增收

2012年海南冬交会上，市民正在好奇地拍摄贴有二维码的果蔬。（新华网海南频道　喻涛　摄）

2012年中国（海南）国际热带农产品冬季交易会于12日上午在海南国际会展中心隆重开幕，今年首次设置国际馆、品牌产品馆等，将突出国际化、品牌化和市场化等特点，海南各市县参展的瓜菜身上也多了一个醒目的身份——“二维码”。

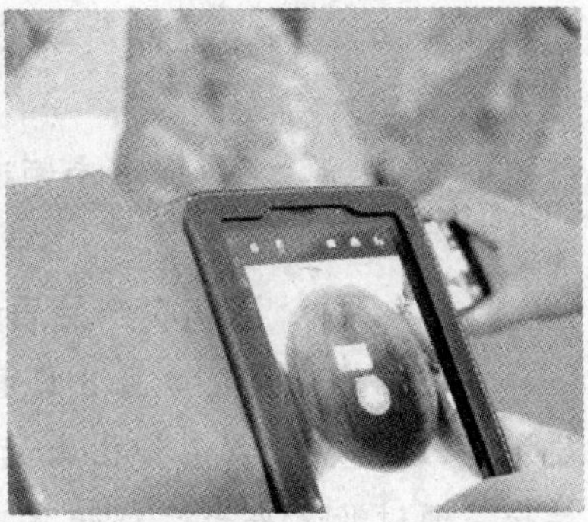

图5－28　拍摄贴二维码

由海南省农业厅、新华社海南分社、中国移动海南公司共同开发建设的海南省冬季瓜菜质量安全田头监管3G系统，使海南瓜菜有了自己的“身份证”，助推海南瓜菜走向大舞台。参展客商纷纷拿出自己的手机终端对贴在瓜菜身上的二维码进行扫描，瓜菜的身份信息旋即显示在手机终端上，与会客商对这项新的监管系统表现出了浓厚的兴趣。

该系统是一项利用先进的3G信息技术和互联网平台支撑的瓜菜质量安全田头监管信息工程，由省级中心平台、农民专业合作社终端机、田头信息员专用手持移动终端机等软硬件系统组成。

海南各市县农业负责人对田头监管3G系统的推广运用以及给海南农业增效、农民增收都给予了充分的肯定。“有了这套3G系统，我们管理起来方便了很多！”屯昌农业局局长张光维表示，在没使用这套系统之前，不能确定每个农户到底种了多少东西，但是使用了这套系统后，农户必须上报自己的土地面积和要种植的瓜菜品种，这样就方便了合作社统一购买瓜菜的种苗并发放。并且农户在喷洒农药时也需要在系统计算机上登记，减少了农户使用剧毒农药的可能性。在收取瓜菜的时候，合作社信息员也会去地里检测瓜菜含农药程度，合格的就会贴上有关该瓜菜溯源信息的二维码标签。“瓜菜有了二维码标签，拉到内地销售，有了质量保证，价格也有很大的提升，从而使得农户增收。”

三亚市农业局副局长曲环表示，三亚目前已经有一家国家龙头企业——三亚海洋实业有限公司正在全面推进“二维码”追溯体系的建设,二维码体系建设完成之后,该公司的产品——南山寿菜、南山寿果每公斤的价格会提高 2 元至 10 元左右。

海口市“冬交会”筹备工作领导小组办公室副主任苏少雄说,田头监管 3G 系统的推广对农业产业的发展至关重要。质量安全是农业发展的生命线,也是取信于消费者的关键,所以通过田头监管 3G 系统的管理能够确定农产品可追溯性,可以知道产品的产地、厂家,同时可以确定上市的产品是经过质量监管的、确保安全的。

据了解,海南省 3G 农产品质量安全网已在新华网海南频道、海南农业信息网上线,为老百姓搭建起海南省农产品质量安全信息监管平台。消费者可利用手机短信或海南省 3G 农产品质量安全网随时查询包括瓜菜产地、采摘日期、质量检测等在内的相关信息。

(案例来源:新华网海南频道)

案例三

海南农产品质量可追溯让消费者吃上“放心菜”

人民网海南视窗 8 月 8 日电(记者 吉羽)一边是消费者对农产品质量安全存质疑,一边是农民乡亲种出来的优质瓜菜卖不出去。在农产品现代流通中,农产品除了通过物流平台运抵销售地外,其本身生产过程质量的可追溯信息,更应该通过信息平台传达给消费者。2010 年,财政部、商务部在海南省启动海南农产品现代流通综合试点,将建立起流通全过程的农产品追溯体系,以提升农产品质量安全水平作为一项工作重点,这好比为农产品办了一张有着成长记录的身份证。

海南惠民农产品出口配送有限公司是一家以农业综合开发和农产品出口配送为目标的农产品公司,也是海南最先实行“统一标识,源头可追溯”的企业之一。为把质量管理从种植源头抓起,惠民公司通过对 10 万亩种植基地的农户推行“531 工程”(即五统一:统一配种、统一肥料、统一农药、统一管理、统一收购;三提供:提供种苗、提供农药、提供化肥;一服务:农业科技服务),做到“生产有标准,产品有标志,质量有检测,认证有程序,购销有监督”。农产品的激光条形码,可以查询到农产品从播种到收购的全过程用药情况,以信息可追溯的方式保障种植、田间管理、采收、加工各环节符合国际无公害食品标准,让消费者真正吃上海南“放心菜”。

在参与海南农产品现代流通综合试点项目过程中,惠民公司进一步完善信息检测平台建设,通过企业自筹资金的方式,新增260 多万元检测设备。全部农产品从过去的 60% 做农药是否超标定性分析,到今天 7 月份实现全部农产品 100% 做定性分析。10 万亩种植基地由过去 10% 农产品可追溯,到力争今年年底实现 50% 农产品可追溯。

惠民公司所在的海南澄迈县是“中国果菜无公害十强县”，该县积极打造无公害绿色生态品牌，严格做到有标识可追溯，从冬季瓜菜的种子、种苗到化肥、使用的有机农药和采摘、包装过程，均实行了全方位跟踪，农产品的质量如果出现问题，可以从农产品倒查包装过程，倒查采摘过程，倒查施的是何种有机农药、有机肥，直至倒查到种子种苗。

澄迈县县委书记杨思涛说：“能够实现倒查，因为我们有一整套质量监控体系，这个体系从田头开始，到农业科技110，以及建在田头的基地质量保证服务站，到加工采摘过程，实行全过程的跟踪。澄迈县农业网把这些有‘身份证’的农产品都编好一个编码，编码格式为基地编号加上片区的编号和农户的编号，这样就能把农产品几个构成查出来。假如消费者不放心的话，可以通过查农业网，放心地吃上安全、环保、绿色的瓜果菜。”

案例来源：人民网海南视窗

据根案例回答下列问题：

1. 海南省是如何全面铺开农产品质量追溯网络的，取得了哪些成就？

2. 冬季瓜菜质量安全田头监管3G系统在2012年海南“冬交会”的成功应用，有何启发？

3. 二维条码技术在现实中的应用要注意哪些问题？

4. 海南惠民农产品出口配送有限公司是如何通过农产品质量可追溯系统实现让消费者吃上“放心菜”的？

◎◎◎　思考与讨论　◎◎◎

1. 简述条码技术的概念及特点。
2. 常见的物流一维条码有哪些？其用途有什么不同？
3. 常用的条码识读设备有哪些？各有什么优、缺点？
4. 条码技术在热带农产品领域中有什么用处？
5. 简述无线射频技术的概念及特点。
6. 简述无线射频技术的系统组成及工作原理。
7. 比较条码技术和无线射频技术的区别。
8. 试述RFID技术在热带农产品领域中的应用，有哪些困难，如何解决？

第六章　热带农产品物流 GPS 技术

学习目标

- GPS 的概念；
- 认识 GPS 的特点；
- 了解 GPS 的组成及工作原理。

第一节　GPS 概述

一、GPS 的概念

GPS 是 Global Positioning System 的缩写，意为全球定位系统，是利用卫星在全球范围内对对象进行实时的精确测定，从而进行定位、导航的系统。

GPS 是美国从 20 世纪 70 年代开始研制，历时 20 年，耗资 200 亿美元，于 1994 年全面建成，具有陆、海、空全方位实时三维导航和定位能力的新一代卫星导航和定位系统。GPS 的研制最初主要用于军事目的，但目前已经广泛地应用于经济建设、科学技术等多个领域，主要用于导航定位（飞机、船舶、汽车等）、紧急搜救、派遣监控、授时校频、大地测量等。

二、GPS 的特点

1. 定位精度高

应用实践已经证明，GPS 单机定位精度优于 10 米。如果采用差分定位，精度可达厘米级，甚至毫米级。

2. 观测时间短

随着 GPS 系统的不断完善和软件的不断更新，目前，20 公里以内相对静态定位仅需 15 ~ 20 分钟。在快速静态相对定位测量时，当每个流动站与基准站相距在 15 公里以内时，流动站观测时间只需 1 ~ 2 分钟，然后可随时定位，每站观测只需几秒钟。

3. 全球、全天候作业

目前,GPS 观测可在一天 24 小时内的任何时间对全球任何地点进行观测,为用户提供实时、连续的三维位置、三维速度和精密时间,不受阴天黑夜、起雾刮风、下雨下雪等气候的影响。

4. 操作简便

随着 GPS 接收机不断改进,自动化程度越来越高,接收机的体积越来越小,重量越来越轻,极大地减轻了测量工作者的工作紧张程度和劳动强度。

5. 抗干扰能力强、保密性好

GPS 采用伪码扩频技术,因而不会受到外界其他信号源的干扰,具有良好的抗干扰性。同时,用户只需接受 GPS 的信号,自身不会发射信号,因此具有很好的保密性。

6. 测站间无须通视

GPS 测量不要求测站之间互相通视,只需测站上空开阔即可,因此可节省大量的造标费用。由于无需点间通视,点位位置可根据需要可稀可密,使选点工作甚为灵活,也可省去经典大地网中的传算点、过渡点的测量工作。

7. 功能多、应用广

GPS 系统不仅可用于测量、导航,还可用于测速、测时,而且应用领域不断扩大。

三、GPS 的功能

1. 监控跟踪功能

监控中心能够全天候实时监控运输工具的地理位置、行驶方向、行驶速度、静止或运动状态等信息,并在电子地图上直观地显示出来,实现运输工具的实时定位,同时将所有数据存储到监控中心数据库。操作人员可以随时查询运输工具在某一时段的历史行驶记录信息,并能够在电子地图上进行轨迹回放。

此外,监控中心还可设定车辆的动态跟踪,时间可以是几秒钟、几分钟一次,也可以是几小时一次。进入动态跟踪的车辆可以按照设置的时间自动报告位置信息,显示在电子地图上并记录下来, 以便管理人员随时查询。

2. 调度服务功能

调度中心可以通过 GPS 对讲设备的语音功能或通过汉字液晶显示器进行汉字消息收发对司机发出调度指令,实现运输计划、运输路线等方面的实时管理。通过有效的调度,降低不必要的时间和空间成本,加快运输工具的周转速度。

3. 安全服务功能

当车辆遇到特殊情况时,车主可以通过 GPS 接收机按钮或电话向监控中心发出报警信息,监控中心进行准确定位并严密跟踪,并进入处警流程,配合车主和公安部门在最短时间内通过强制熄火等功能控制车辆。

此外,监控中心能够对车辆行驶过程的速度和区域进行全程监控,当车辆超速行驶或超出行驶区域的时候，系统自动向监控中心报警。

4. 信息管理功能

监控中心能够对车辆的基本资料和运输货物资料进行管理。一方面，能够使用户随时方便地获取自己需要的信息；另一方面，通过对车辆的行驶时间、行驶路程的统计分析，有助于企业进行成本核算和绩效考核，为企业的管理决策提供依据。

第二节　GPS 构成

GPS 系统包括三大部分：空间部分（GPS 卫星星座）、地面控制部分（地面监控系统）和用户设备部分（GPS 信号接收机）。如图 6－1 所示。

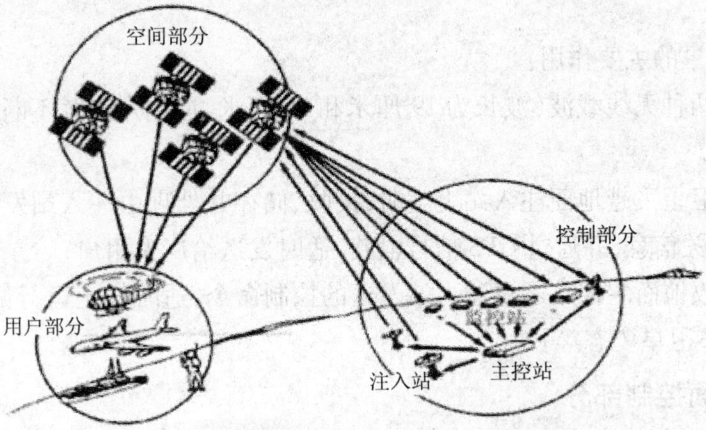

图 6－1　GPS 系统构成

一、空间部分

GPS 空间部分即 GPS 卫星星座，由 24 颗卫星组成，其中 21 颗工作卫星、3 颗备用卫星，备用卫星是用来及时更换老化或损坏的卫星，保障整个系统的正常工作。24 颗卫星分布在距地表约 20200 公里的上空，并均匀分布在 6 个近圆形轨道平面上，各个轨道平面交点的赤经相差 60°，每个轨道平面相对地球赤道面的倾角为 55°，卫星的运行周期为 11 小时 58 分。每个轨道上均匀分布着 4 颗卫星，相邻轨道之间的卫星彼此成 30 度角，以保证在全球任何地方、任何时间都可连续观测到 4 颗以上的卫星，从而向用户提供高精度的三维位置、三维速度和时间信息。如图 6－2 所示。

GPS 卫星的主体呈圆柱形，柱形直径约 1.5 米，卫星重约 774 千克（其中含 310 千克燃料），设计寿命为 7.5 年。主体两侧配有能自动对日定向的双叶太阳能集电板，全长 5.33 米，接收日光面积 7.2 平方米，以保证为卫星正常工作提供电源。每颗卫星装有 4 台高精度原子钟(铷钟和铯钟各两台),以保证发射出标准频率,为 GPS 测量提供高精度的时间信息。同时,通过一个驱动系统保持卫星运转并稳定轨道位置。

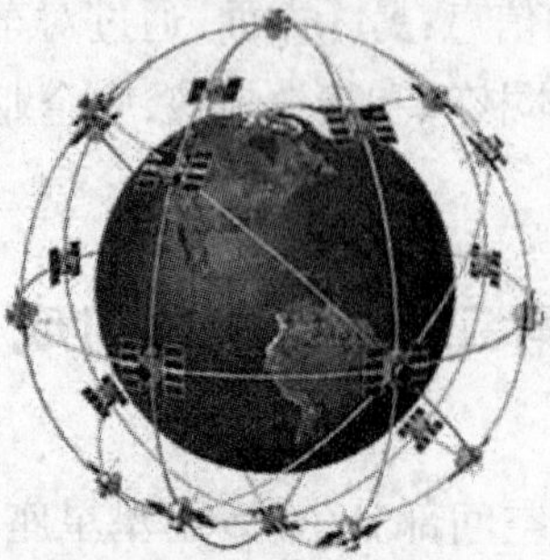

图 6 - 2　GPS 卫星星座

GPS 卫星的主要作用:

(1)用两种无线载波(波长为 19 厘米和 24 厘米)向用户连续不断地发送导航定位信息;

(2)当卫星飞越地面注入站上空时,接收、储存并处理由注入站发送的导航电文和其他相关信息,并通过 GPS 信号电路,适时发送给广大用户;

(3)接收地面主控站通过注入站发送的控制命令,适时修正运行偏差、启用备用时钟、调整卫星姿态等。

二、地面控制部分

地面控制部分即地面监控系统,是由 1 个主控站、3 个注入站和 5 个监测站组成。如图 6 - 3 所示。

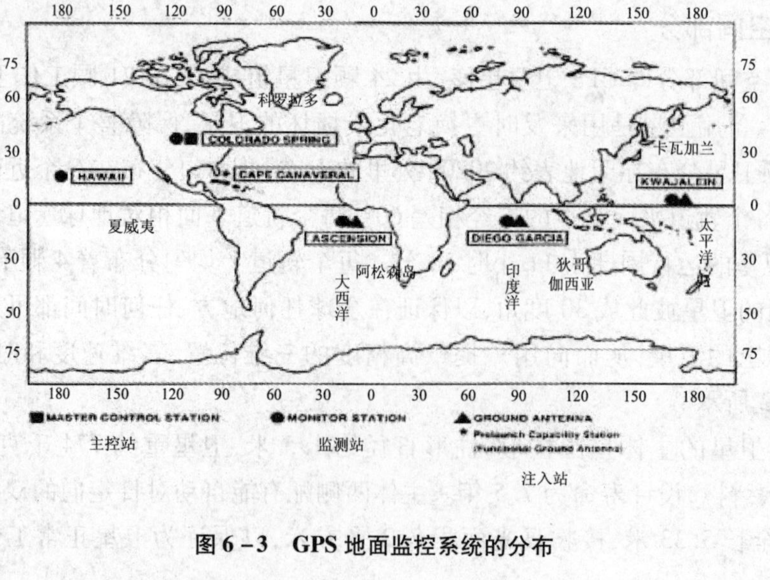

图 6 - 3　GPS 地面监控系统的分布

1. 主控站

主控站位于美国科罗拉多的斯普林斯的福尔肯空军基地,是整个地面监控系统的管理中心和技术中心。

主控站拥有大型电子计算机,作为数据采集、计算、传输、诊断、编辑等功能的主体设备,主要实现下列功能:

(1)采集数据

主控站采集本站和各个监测站的所有观测资料,包括伪距(监测站与卫星之间的距离)和积分多普勒观测值、气象参数、卫星时钟、工作状态数据、监测站自身的状态数据,以及海军水面兵器中心发来的参考星历等。

(2)编辑导航电文

根据采集到的全部数据,计算出每颗卫星的星历、以主控站原子钟为基准的时钟改正数、状态数据以及大气改正数,并按一定格式编辑为导航电文,传送到注入站。

(3)诊断功能

对整个地面支撑系统的协调工作进行诊断,包括所有监测站和注入站系统;对卫星的健康状况进行诊断,并加以编码向用户指示。

(4)调整卫星

根据观测到的卫星轨道参数,当卫星轨道发生偏离时,通过注入站向卫星发送指令,及时将卫星调整到预定轨道,使其发挥正常作用。而且还可以进行卫星调度,用备份卫星取代失效或老化的工作卫星。

2. 注入站

注入站又称地面天线站,分别设在大西洋、印度洋和太平洋的三个美国军事基地上,即大西洋的阿松森岛、印度洋的狄哥·伽西亚岛和太平洋的卡瓦加兰岛。

注入站的主要任务是通过一台直径为3.6米的天线,将来自主控站的卫星星历、钟差、导航电文和其他控制指令注入相应卫星的存储系统,并监测注入信息的正确性。注入站每天向卫星注入3次信息,每次注入14天的星历。此外,注入站能够自动向主控站发射信号,每分钟报告一次自己的工作状况。

3. 监测站

监测站共有5个,除上述4个地面站具有监测站功能外,还在夏威夷设有一个监测站。

监测站的主要任务是对每颗卫星进行观测,监测卫星的工作状况,接收所有卫星发出的信号。每个监测站配有GPS接收机,对每颗卫星连续不断地进行观测,每6秒进行一次伪距测量和积分多普勒观测,并采集与气象有关的数据,并将采集到的卫星数据连同当地气象观测资料和时间信息经初步处理后传送到主控站。

GPS 地面监控系统除主控站外均由计算机自动控制，而无须人工操作。各地面站间由现代化通信系统联系，实现了高度的自动化和标准化。

三、用户设备部分

用户设备部分主要是 GPS 信号接收机。GPS 信号接收机是一种特制的无线电接收设备，用来接收导航卫星发射的信号，并以此计算出定位数据。

图 6－4　GPS 信号接收机

GPS 信号接收机的主要功能是捕获按一定卫星截止角所选择的待测卫星，并跟踪这些卫星的运行。当接收机捕获到跟踪的卫星信号后，就可测量出接收天线至卫星的伪距离和距离的变化率，解译出卫星轨道参数等数据。根据这些数据，接收机中的微处理计算机就可按定位解算方法进行定位计算，计算出用户所在地理位置的经纬度、高度、速度、时间等信息。

GPS 接收机的种类虽然很多，但结构基本一致。GPS 接收机的结构分为天线单元和接收单元两部分。天线单元的主要功能是将 GPS 卫星信号的非常微弱的电磁波转化为电流，并对这种信号电流进行放大和变频处理。接收单元的主要功能是对经过放大和变频处理的信号电源进行跟踪、处理和测量。电源处于接收单元中，一般采用机内和机外两种直流电源。设置机内电源的目的在于更换外电源时不中断连续观测。在用机外电源时机内电池自动充电。关机后机内电池为 RAM 存储器供电，以防止数据丢失。

完整的 GPS 用户设备包括接收机硬件和接收机软件两部分，接收机软件又包括机内软件和 GPS 数据的后处理软件包。硬件部分，主要是指天线单元、接收单元的硬件设备。而软件部分是支持接收机硬件实现其功能并完成各种导航与定位任务的重要条件。机内软件是指诸如控制接收机信号通道按时序对各卫星信号进行量测的软件以及内存或固化在中央处理器中的自动操作程序等，这类软件已和接收机融为一体。而观测数据后处理的软件系统一般以磁盘方式提供。

第三节 GPS 工作原理

一、GPS 常用术语

1. 坐标

坐标是描述位置的一组数值,有二维、三维两种表示方式。当 GPS 能够收到 4 颗及以上卫星的信号时,它能计算出本地的三维坐标:经度、纬度和高度;若只能收到 3 颗卫星的信号,它只能计算出二维坐标:经度和纬度,这时它可能还会显示高度数据,但这时的数据是无效的。

2. 路标

路标是 GPS 数据的核心,是构成“路线”的基础,是 GPS 内存中保存的一个点的坐标值。当有 GPS 信号时,按一下“MARK”键,就会把当前点记成一个路标。标记路标是 GPS 的主要功能之一,但是也可以从地图上读出一个地点的坐标,手工或通过计算机接口输入 GPS 指令,成为一个路标。一个路标可以用于“走向”(GOTO)功能的目标,也可以选择一条路线作为一个支点。一般 GPS 能记录 500 个或以上的路标。

3. 路线

路线是 GPS 内存中存储的一组数据,包括一个起点和一个终点的坐标,还可以包括若干途径的中间点的坐标,每两个坐标点之间的线段叫一条“腿”。常见的 GPS 能存储 20 条线路,每条线路 30 条“腿”。各坐标点可以从现有路标中选择,也可以手工通过计算机接口输入数值,输入的坐标点同时作为一个路标保存。实际上一条路线的所有点都是对某个路标的引用,比如在路标菜单下改变一个路标的名字或是坐标,如果某条路线使用了它,会发现这条路线也发生了同样的变化。可以有一条路线是“活跃”的。“活跃”路线的路点是导向功能的目标。

4. 前进方向

GPS 没有指北针的功能,静止不动时它是不知道方向的。但是一旦动了起来,它就能知道自己的运动方向。GPS 每隔一秒更新一次当前地点信息,每一点的坐标和上一点的坐标一比较,就可以知道前进的方向。不同 GPS 关于前进方向的算法是不同的,基本上是最近若干秒的前进方向,所以除非你已经走了一段并仍然在走直线,否则前进方向是不准确的,尤其是在拐弯的时候,数值会不停发生变化。前进方向以度显示,这个度数是手表表盘朝上,12 点指向北方,顺时针转的角度。有些 GPS 还可以用指向罗盘和标尺的方式来显示这个角度。一般同时显示的还有前进平均速度,也是根据最近一段的位移和时间计算的。

5. 导向

导向功能在以下条件下起作用：

(1)已设定“走向”(GOTO)目标。“走向”目标的设定可以按“GOTO”键，然后从列表中选择一个路标。以后“导向”功能将导向此路标。

(2)目前有活跃路线。活跃路线一般在设置 > 路线菜单下设定。如果目前有活动路线，那么“导向”的点是路线中第一个路点，每到达一个路点后，自动指到下一个路点。

在“导向”页面上部都会标有当前导向路点名称。它是根据当前位置，计算出导向目标的方向角，以与“前进方向”相同的角度值显示，同时显示离目标的距离等信息。读出导向方向，按此方向前进即可走到目的地。有些 GPS 把前进方向和导向功能结合起来，只要用 GPS 指向前进方向，就会有一个指针箭头指向前进方向和目标方向的偏角，跟着这个箭头就能找到目标。

6. 日出日落时间

大多数 GPS 能够显示当地的日出、日落时间，这在计划出发/宿营时间时是有用的。这个时间是 GPS 根据当地经度和日期计算得到的，是指平原地区的日出、日落时间。在山区因为有山脊遮挡，日照时间根据情况要早晚各少半个小时以上。GPS 的时间是从卫星信号得到的格林威治时间，在设置菜单里可以设置本地的时间偏移，对中国来说，应设 +8 小时，此值只与时间的显示有关。

7. 足迹线

GPS 每秒更新一次坐标信息，因此可以记载自己的运动轨迹。一般 GPS 能记录 1024 个以上足迹点，在一个专用页面上，以可调比例尺显示移动轨迹。足迹点的采样有自动和定时两种方式。自动采样由 GPS 自动决定足迹点的采样方式，一般只记录方向转折点，长距离直线行走时不记点；定时采样可以规定采样的时间间隔，每隔特定时间记一个足迹点。在足迹线页面上可以清楚地看到自己足迹的水平投影。足迹线上的点都没有名字，不能单独引用，查看其坐标，主要用来画路线图和回溯。使用回溯功能时，它会把足迹线转化为一条路线，路点的选择是由 GPS 内部程序完成的，一般是选用足迹线上大的转折点。同时把此路线激活为活动路线，用户即可按导向功能原路返回。

二、GPS 定位方法

按用户接收机天线在测量中所处的状态，可分为静态定位和动态定位。静态定位是指在定位过程中，接收机天线(观测站)的位置相对于周围地面点而言，处于静止状态；动态定位则正好相反，即在定位过程中，接收机天线处于运动状态，定位结果是连续变化的。

按定位的结果，可分为绝对定位和相对定位。绝对定位也称单点定位，是利用 GPS 独立确定用户接收机天线(观测站)在 WGS－84 坐标系中的绝对位置。相对定位则是在 WGS－84 坐标系中确定收机天线(观测站)与某一地面参考点之间的相对位置,或两观测站之间相对位置的方法。

三、GPS 工作原理

1. 绝对定位

绝对定位也称单点定位,是指在协议地球坐标系(WGS－84)中,直接确定观测站相对于坐标原点(地球质心)绝对坐标的一种方法。其基本原理是以 GPS 卫星与用户接收机天线之间的几何距离观测量为基础,并根据卫星的瞬时坐标来确定用户接收机天线所对应的点位,即观测站的位置。

由于 GPS 采用单程测距原理,实际观测的距离均含有卫星钟和接收机钟同步差的影响(伪距),卫星钟差可根据导航电文中给出的有关钟差参数加以修正,而接收机的钟差一般难以预料。所以,通常将接收机的钟差作为一个未知参数,在数据处理中与观测站坐标一并求解。一个观测站实时求解 4 个未知数,至少需要 4 个同步伪距观测值,即 4 颗卫星。如图 6－5 所示。

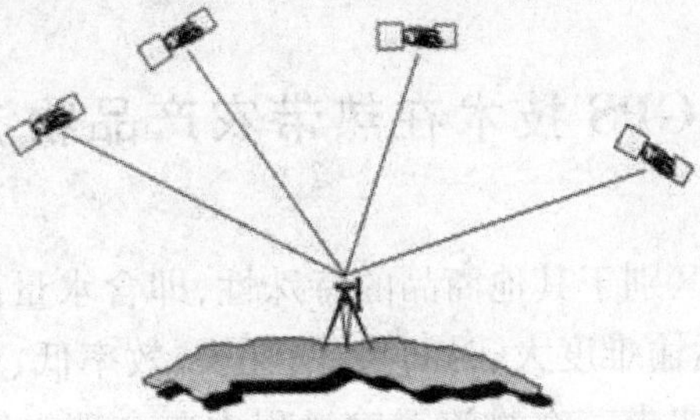

图 6－5　绝对定位

计算公式:

$$[(x_1-x)^2+(y_1-y)^2+(z_1-z)^2]^{1/2}+c(V_{t2}-V_{t0})=d_1$$
$$[(x_2-x)^2+(y_2-y)^2+(z_2-z)^2]^{1/2}+c(V_{t2}-V_{t0})=d_2$$
$$[(x_3-x)^2+(y_3-y)^2+(z_3-z)^2]^{1/2}+c(V_{t5}-V_{t0})=d_3$$
$$[(x_4-x)^2+(y_4-y)^2+(z_4-z)^2]^{1/2}+c(V_{t4}-V_{t0})=d_4$$

2. 相对定位

相对定位也称差分定位,是目前 GPS 定位中精度最高的一种定位方法。其基本原理是用两台 GPS 用户接收机分别安置在基线的两端,并同步观测相同的 GPS 卫星,以确定基线端点(测站点)在 WGS－84 坐标系中的相对位置或称基线向量。

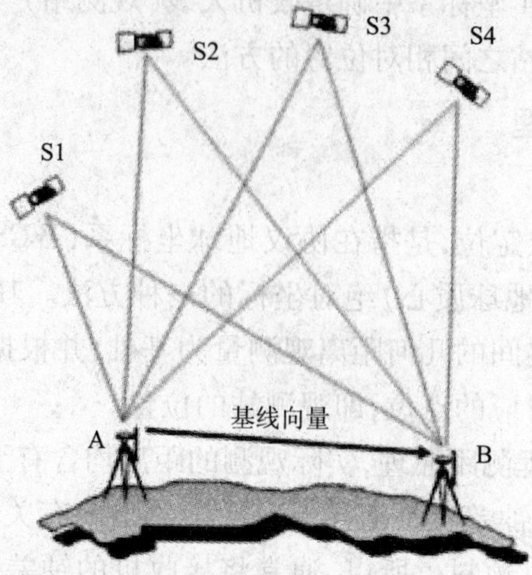

图6-6 相对定位

第四节 GPS技术在热带农产品物流中的应用

由于热带农产品区别于其他商品的特殊性,即含水量高、保鲜期短、极易腐烂变质等特点,存在着运输难度大、时间长、消耗大、效率低、成本高等问题,因此,对物流环节有着较高的要求。在物流运输过程中要合理组织,做到减少运输环节、缩短运输距离、降低运输费用、减少运输损失,以最快的速度,把热带农产品从产地运到销地。GPS技术的应用能够使热带农产品物流运输环节及时、绿色的要求得到保证。

一、GPS技术在热带农产品物流中的应用

GPS技术在热带农产品物流领域得到越来越广泛的应用,主要体现在以下几个方面:

1. 导航定位

利用GPS技术和电子地图可以实时显示运输工具的实际位置,监控中心可以对运输工具和货物的状况进行实时掌控。

通过GPS技术和电子地图的结合,司机可以方便地知道自己目前所在地理位置,即使在陌生的城市也不会迷路,能迅速到达目标地点,减少运输时间,降低货物的损耗。

2. 跟踪调度

GPS导航系统与GIS技术、无线移动通信系统(GSM)及计算机车辆管理信息系统相结合,可以实现车辆跟踪调度功能。

利用 GPS 和 GIS 技术可以实时显示出车辆的实际位置，并任意放大、缩小、还原、换图；可以随目标移动，使目标始终保持在屏幕上；还可实现多窗口、多车辆、多屏幕同时跟踪，利用该功能可对运输车辆和货物进行跟踪。通过 GPS 技术，运输管理部门足不出户，就可以对目前道路上运行的车辆和货物状况了如指掌，并可根据车辆的速度、方向和离目标的距离，判断货运车辆到达的时间，提前做好接货准备，节约时间成本，提高工作效率。

运输管理部门可以根据车辆装载的实际情况，对发车时间和数量进行调整，从而有利于车辆的调度和管理。通过监控中心可以把最新的市场信息反馈给运输车辆，实现异地配载，有效避免车辆的空载现象，从而加快热带农产品以及资金的运转。

3. 温度实时采集

运用 GPS 技术可以对冷链运输车辆进行温度实时采集。通过在冷藏（冷冻）车内几个温区安装温度传感器，可以灵活采集冷藏车内各个温区的实时温度信息，并将温度传感器采集的冷冻（冷藏）车内温度通过 GPS 终端的无线通信模块传送到监控平台，生成温度报表和实时温度曲线。物流企业只要通过 GPS 监控平台就可以对整个冷链运输环节进行全程温度监控，保证热带农产品在冷藏运输过程中的温度受控。

4. 货物配送路线规划

货物配送路线规划是 GPS 技术的一项重要辅助功能，包括以下内容：

（1）自动线路规划。由司机确定起点和终点，由计算机软件按照要求自动设计最佳行驶路线，包括最快的路线、最简单的路线、通过高速公路路段次数最少的路线等。

（2）人工线路设计。由司机根据自己的目的地设计起点、终点和途经点等，自动建立线路库。线路规划完毕后，显示器能够在电子地图上显示设计线路，并同时显示汽车运行路径和运行方法。

5. 信息查询

用户能够在电子地图上根据需要进行查询。查询资料可以文字、语言及图像的形式显示，并在电子地图上显示其位置。同时，监测中心可以利用监测控制台对区域内任意目标的所在位置进行查询，车辆信息将以数字形式在控制中心的电子地图上显示出来。

6. 话务指挥

指挥中心可以监测区域内车辆的运行状况，对被监控车辆进行合理调度。指挥中心也可随时与被跟踪目标通话，实行管理。

7. 紧急援助

通过 GPS 技术可以对遇有险情或发生事故的车辆进行紧急援助。监控台的电子地图可显示求助信息和报警目标，规划出最优援助方案，并以报警声、光提醒值班人员进行应急处理。

二、网络 GPS 技术在热带农产品物流中的应用

将网络技术和 GPS 技术相结合形成网络 GPS 技术。通过网络实现资源共享，使物流公司、司机、客户对热带农产品运输过程中的车辆运行线路、实时运行位置、货物安全情况等信息都能够准确掌握，便于车辆的指挥调度，有助于协调三方之间的商务关系，从而大幅度地提高运行效率，实现经济效益的最大化。具体应用如下：

（1）物流公司方面。物流公司可以根据车牌号通过网络查询车辆的行车路线、车辆所处的区域、司机信息、车辆的收费情况、报警情况等，向车载终端发送各种命令。司机的停车地点和运行路线，系统都会自动记录，运输公司可以随时查询。实时监控车辆交费登记和救援，有效杜绝乱报费用。

（2）客户方面货物发出以后，客户只要通过发货方提供的相关资料和权限，就可以通过网络实时查看车辆和货物的相关信息，掌握车辆运输途中的运行情况和所处的位置，了解货物在途中是否安全，以及大概的到达时间，以此来提前安排货物的接收、存放以及销售等环节。

案例分析

利用物流 ILC 技术　确保农产品运送质量

农产品是物流当中最复杂的物品，除了容易因长途运送与低温运送造成一定比例损失之外，无法于物流过程进行全程监控，也造成货运业者的困扰。对此，环球物流董事长曾鸿清表示，通过运送过程当中导入物流 ILC 监控技术，不仅能降低运送损失，更能确保农产品质量，提升农产品业者获利水平。

物流 ILC 技术　全程监控地点与状态

所谓的物流 ILC 技术，是指在商品运送过程当中，加入具有地点记录与状态监控的 RFID 标签，全程记录运输过程当中所发生的情况。ILC 其中的 I 是指 RFID，每一个 RFID 卷标都有国际认可的唯一证号；L 是指地点（Location），也就是可以通过 GPS、GSM 或 ZigBee 技术，进行定位与时间记录；而 C 则是指状态（Condition），是指该 RFID 卷标可以依照需求记录温湿度、亮度、震动、光谱等环境信息。

曾鸿清指出，通过在物流系统当中导入物流 ILC 技术，可以提供全程无缝式监控服务，改善货品运送安全，争取保鲜期限，监控异常状态，并且消费者可以实时且清楚得知产销履历信息，进而确保食品安全。

低温运输不等同货品安全　商品损失金额惊人

根据 EPC Global 的统计数据显示，每年通过运输业者运送的需冷冻或冷藏商

品超过 50 亿个栈板，货品总价值达 26000 亿美金，其中包括有冷冻肉品、冷冻海鲜、乳酪制品、农产品与对温度敏感的药品或生医产品。而每年因为腐败或保存不良所造成的货品损失金额可是相当惊人，冷冻肉或冷冻海鲜每年损失达 320 亿美金，药品或生医产品每年损失也可达 54 亿美金，而农产品虽然单价较低，但是每年损失却高达 340 亿美金。

若是以墨西哥新鲜黑莓运送到美国市场销售过程来分析，就会发现长达 2 ~ 4 天的运送过程，以及店家所需要的 12 ~ 14 天的保存期限，对于农产业者有相当大的影响，因为单单在运输过程当中，就会发生 7% 的内部产品损失，无法进入到店家收货仓库当中，而店家本身因为冷藏监控不良的外部问题，又会再造成 10% ~20% 的损失。

曾鸿清表示，当黑莓运输导入物流 ILC 技术之后，就会发现其实同一车黑莓，就会因为摆放位置而造成保鲜期限不同，店家可以依照保存期限的变动适时调整销售位置，降低商品损失率，而消费者也能够通过阅读物流 ILC 所提供的生产履历，安心购买商品。而物流业者也发现，有近三成的栈板上的黑莓需要特殊处理，不能送去运输过程超过 3 天的地区销售。

有效降低商品损失　物流 ILC 其实能赚钱

曾鸿清认为，就整体来看，物流 ILC 其实可以有效减少商品因为运输过程造成的生产商损失，等同是帮生产商赚钱的工具。以前述提到的墨西哥黑莓到美国的销售过程来计算，透过物流 ILC 技术的导入，不仅能让因为运送而产生的内部损失减少 30% ~50%，也让外部损失减少 30% ~50%，并且降低因为预冷所冻伤的 12% 损失，并减少因为配送中心卡车运输流程不当造成的 14% ~29% 损失。更因为整个运输过程都能被监控，更能导入生产履历管理，进一步提升美国消费者对墨西哥黑莓的消费信心。

物流 ILC 全程监控有保障饼干、隐形眼镜业者想导入

其实物流 ILC 技术，不只用在农产品运输中，连饼干类产品都有可能导入。曾鸿清表示，以旺旺为例，就已经试着在由台湾运往夏威夷的食品货柜当中导入物流 ILC 技术，希望经由统计数据分析得知因为长途运输（主要是海运）对于饼干类食品的影响，并藉此确认商品保鲜期受影响的程度，进而调整商品可销售期限，确保商品安全。

也因为物流 ILC 技术可以确保商品安全，连博士伦这类隐形眼镜业者，为了确保商品质量，也打算在物流体系当中导入物流 ILC 技术，除了能确保商品不会因为运送不当造成损失之外，更能通过运送追踪的功能，确保商品销售达到全程监控的目的。由此可见，物流 ILC 技术，不仅能应用在农产品运送上，只要是食品类或生医产品类，它都可以有相当完整的应用范围！

（资料来源：http://gb - www.digitimes.com.tw/tw/iot/shwnws.asp? cnlid = 15&id = 0000279495_XZL3YXTYLHPLCE43CSCQA#ixzz21oHfaCUK）

根据案例回答下列问题：

1. 什么是ILC技术？

2. ILC技术应用于农产品物流领域能够带来哪些好处？

◦◦◦ 思考与讨论 ◦◦◦

1. 什么是GPS？
2. 简述GPS系统的特点。
3. 简述GPS的功能。
4. GPS包括哪几个部分？各部分的作用是什么？
5. 简述GPS的工作原理。
6. 简述GPS导航网站的应用：谷歌地图 http://ditu.google.cn

第七章　热带农产品物流 GIS 技术

学习目标

- 掌握 GIS 的概念；
- 认识 GIS 的特点；
- 了解 GIS 的组成及工作原理。

第一节　热带农产品物流 GIS 概述

一、地理信息与地理信息系统

1. 地理信息

地理信息(Geographic Information)是指与空间地理分布有关的信息，它是表示地表物体和环境固有的数量、质量、分布特征、相互联系和变化规律的数字、文字、图形、图像等的总称。

地理信息除了具备信息的一般特性外，还具有以下独特特性：

(1)区域性

区域性是地理信息的定位特征。地理信息属于空间信息，其位置是通过数据进行标识的，即按照特定地区的经纬网或公里网建立的地理坐标来实现空间位置的识别，并可以按照指定的区域进行信息的并或分。这是地理信息区别于其他类型信息的最显著的标志。

(2)多维性

地理信息具有多重结构的特征，即在一个坐标位置上可以有多个专题和属性的信息。例如，在一个地面点可以获得相应的高程、污染、交通等多种信息。

(3)动态性

动态性是指地理信息的动态变化特征，即时序特征。地理信息的时序特征十分明显，因此，地理信息能够根据时间尺度划分成不同时间段的信息。例如，可以按照时间尺度将地理信息划分为超短期的(如台风、地震)、短期的(如江河洪水、秋季低温)、中期的(如土地利用、作物估产)、长期的(如城市化、水土流失)、超长期的(如地壳变动、气候变化)等。这就要求及时采集和更新地理信息,并根据多时相的数据和信息来寻找随着时间变化的分布规律,从而对未来作出预测和预报,为科学决策提供重要依据。

2. 地理信息系统

地理信息系统(Geographical Information System,简称 GIS)是 20 世纪 60 年代发展起来的集计算机科学、地理学、测量学、地图学等多门学科于一体的新兴边缘学科。地理信息系统以地理空间数据为基础,在计算机软硬件的支持下,采用地理模拟分析方法,适时地提供多种空间和动态的地理信息,是一种为地理研究和地理决策提供服务的计算机技术系统。

地理信息系统的特征主要体现在以下几方面:

(1)地理信息系统的操作对象是空间数据和属性数据,具有采集、管理、分析和输出多种空间信息的能力;

(2)地理信息系统具有空间分析、多要素综合分析和动态预测的能力,可以得到常规方法或普通信息系统难以得到的重要信息;

(3)地理信息系统能够获取高层次的地理信息,实现快速、准确的空间分析和动态监测研究。

地理信息系统的主要作用是将表格型数据(无论它来自数据库、电子表格文件或直接在程序中输入)转化为地理图形显示,然后对显示结果进行浏览、操作和分析。其显示范围可以从洲际地图到非常详细的街区地图,显示对象包括人口、销售情况、运输线路等。

二、地理信息系统的类型

地理信息系统按内容、功能和作用的不同可分为两大类:工具型地理信息系统和应用型地理信息系统。

1. 工具型地理信息系统

工具型地理信息系统也称为地理信息系统开发平台或外壳,它是具有地理信息系统基本功能,供其他系统调用或用户进行二次开发的操作平台。

工具型地理信息系统为地理信息系统的使用者提供一种技术支持,使用户能够借助地理信息系统工具中的功能直接完成应用任务,或者利用工具型地理信息系统加上专题模型完成应用任务,避免各个用户重复开发造成的人力、财力的浪费。目前,国外已有很多商品化的工具型地理信息系统,如 ARC/INFO、GENAMAP、MAPINFO、MGE 等;国内近几年也已经开发出 MapGIS、Geostar、CityStar 等工具型地理信息系统。

2. 应用型地理信息系统

应用型地理信息系统是根据用户的需求和应用而设计的,用以解决一类或多类实际应用问题的地理信息系统。除了具有地理信息系统的基本功能外,还具有地理空间实体以及分析空间信息的分布规律、分布特征及相互依赖关系的应用模型和方法。应用性地理信息系统可以在比较成熟的工具型地理信息系统的基础上进行二次开发完成。应用型地理信息系统按研究对象性质和内容又可分为专题地理信息系统和区域地理信息系统。

(1)专题地理信息系统(Thematic GIS)

专题地理信息系统是具有有限目标和专业特点的地理信息系统,为特定的目的服务。例如,土地利用信息系统、水资源管理信息系统、矿产资源信息系统、城市规划系统、环境保护和监测系统、城市管网系统、通信网络管理系统、配电网管理系统等都属于专题地理信息系统。

(2)区域地理信息系统(Regional GIS)

区域地理信息系统主要以区域综合研究和全面信息服务为目标。区域的规模、类型可以多种多样,可以以行政区域为单位划分区域地理信息系统,包括国家级、地区或省级、市级、县级等,也可以以自然分区或流域为单位划分区域地理信息系统。例如,加拿大国家地理信息系统、日本国土信息系统等面向全国,属于国家级的系统;黄河流域地理信息系统、黄土高原重点产沙区信息系统等面向一个地区或一个流域,属于区域级的系统;北京水土流失信息系统、铜山县土地管理信息系统等面向地方,属于地方一级的系统。

第二节 热带农产品物流 GIS 的功能

地理信息系统的基本功能包括:数据采集与输入、数据编辑与处理、数据存储与管理、空间查询与空间分析、可视化表达与输出。GIS 的功能框图如图 7-1 所示。

1. 数据采集与输入

数据采集应保证 GIS 数据库中的数据在内容与空间上的完整性、数值逻辑一致性与正确性等。

地理空间数据主要包含了空间数据和属性数据。空间数据能够表示地理实体的位置、大小、形状、方向以及几何拓扑关系,可以采用栅格和矢量两种形式表达,其输入方式有数字化仪、扫描仪、键盘等。属性数据是描述地理实体质量和数量特征的数据,其输入方式主要有键盘输入、数据库获取、存储介质获取等。

2. 数据编辑与处理

数据编辑主要包括属性编辑和图形编辑。属性编辑主要与数据库管理结合在一起完成。图形编辑主要包括拓扑关系建立、图形整饰、图幅拼接、图形变换、投影变换、误差校正等。

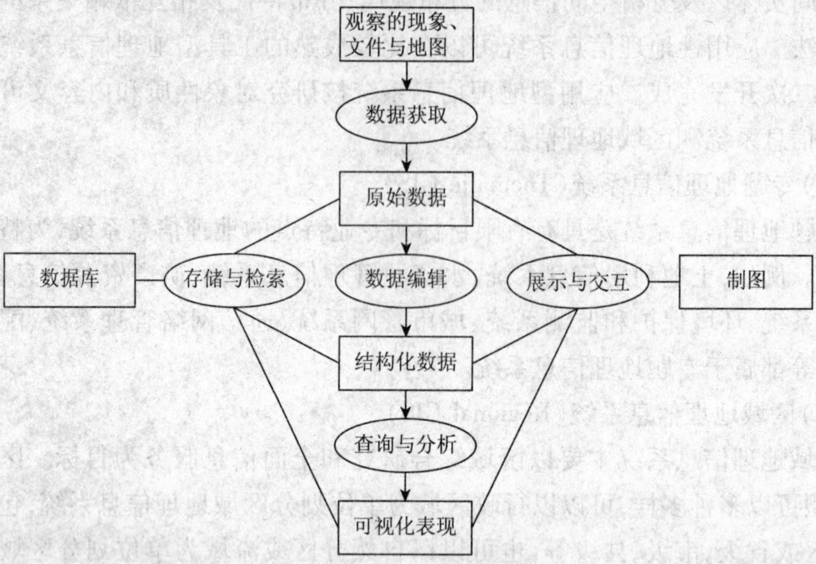

图7-1 GIS功能框图

数据处理主要包括数据格式比、转换和概括。数据格式化是指不同数据结构的数据间的交换。数据转换包括数据格式转换、数据比例尺变换等。数据概括，也称制图综合，包括数据平滑、特征集结等。目前，GIS所提供的数据概括功能较弱，有待进一步加强。

3. 数据存储与管理

数据的有效组织与管理，是建立GIS数据库的关键，是GIS应用成功与否的保证。数据存储与管理涉及空间数据和属性数据的组织，栅格模型、矢量模型或栅格/矢量混合模型是常用的空间数据组织方法。在地理空间数据存储与管理中，最为关键的是如何将空间数据与属性数据连接起来。目前，大多数系统都是将二者分开存储，通过公共项来连接。这种组织方式的缺点是数据的定义与数据操作相分离，无法有效记录地物在时间域上的变化属性。

4. 空间查询与分析

空间查询与分析是GIS的核心。空间查询与分析包括空间查询、空间分析和模型分析。空间查询包括从空间位置检索空间物体及其属性、从属性条件检索空间物体，是GIS应具备的最基本的分析功能；空间分析包括空间特征（点、线、面或图像）的相交、相减、合并等方面的分析，以及特征属性在空间上的连接分析，是GIS区别于其他计算机系统的根本特征；模型分析是在GIS支持下，分析和解决现实世界中与空间相关的问题，是GIS应用深化的重要标志。

5. 可视化表达与输出

中间处理过程和最终结果的可视化表达是GIS的重要功能之一。GIS为用户提供了许多用于地理数据表现的工具，其形式既可以是计算机屏幕显示，也可以是诸如报告、表格、地图等硬拷贝图件，尤其要强调的是其地图输出功能。一个好的 GIS，应能提供一种良好的、交互式的制图环境，以供使用者设计和制作出高质量的地图。

图 7－2　城市植被覆盖模拟与可视化

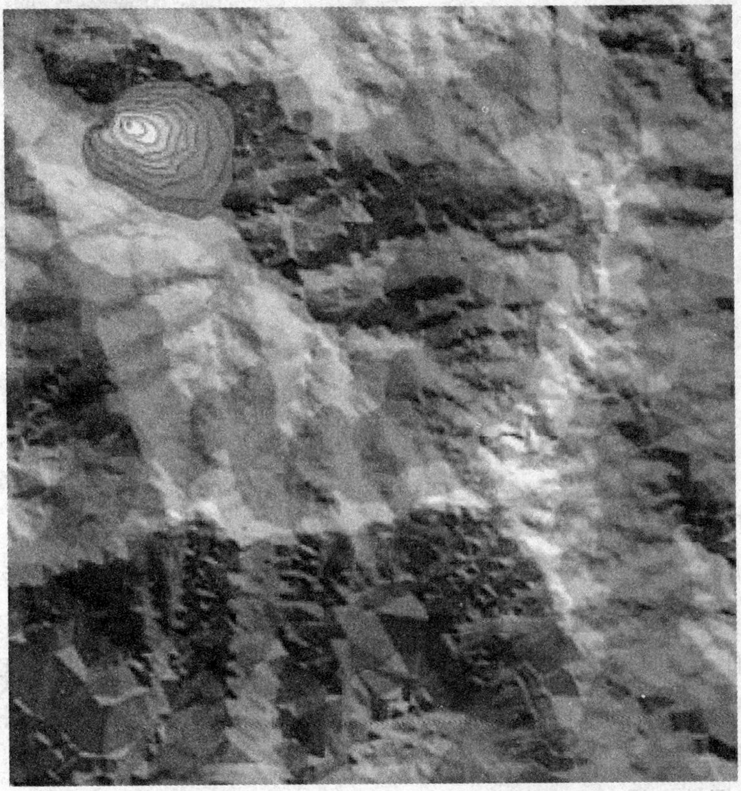

图 7－3　森林火灾模拟与可视化（四川凉山州磨盘山试验区）

除上述五大功能外，还有用户接口模块，用于接收用户的指令、程序或数据，是用户和系统交互的工具，主要包括用户界面、程序接口与数据接口。由于地理信息系统功能复杂，且用户又往往为非计算机专业人员，因此用户界面是地理信息系统应用的主要组成部分，使地理信息系统成为人机交互的开放式系统。

第三节　热带农产品物流 GIS 的组成

地理信息系统一般由五个主要部分组成，即计算机硬件系统、计算机软件系统、地理空间数据、方法和人员。

图 7－4　GIS 的组成

一、计算机硬件系统

计算机硬件是计算机系统中由电子、机械和光电元件等组成的各种物理装置的总称，这些物理装置按系统结构的要求构成一个有机整体为计算机软件运行提供物质基础，是 GIS 的物理外壳。地理信息系统的硬件一般包括四个部分：

（1）计算机。它是系统操作、管理、加工和分析数据的主要设备，包括 CPU、内存、外存、键盘、鼠标、显示器等。

（2）数据输入设备。它是向计算机输入数据和信息的设备，包括数字化仪、图像扫描仪、手写笔、光笔、键盘、通信端口等；

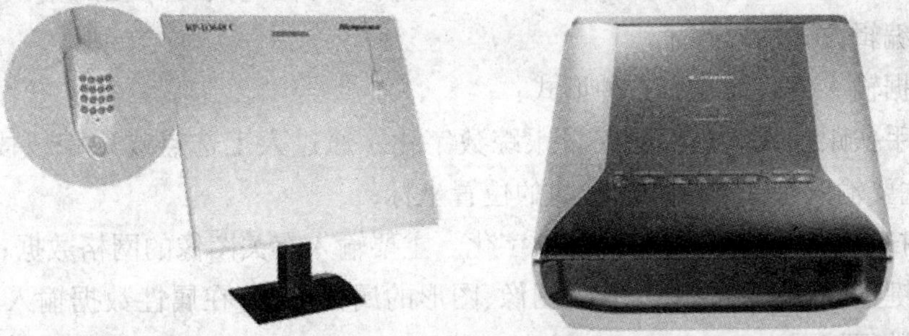

图 7－5　数据输入设备

（3）数据存储设备。它将输入设备接收到的信息以二进制的数据形式保存起来，主要有光盘、磁盘、活动硬盘等；

（4）数据输出设备。它是人与计算机交互的一种部件，用于接收计算机数据的输出显示、打印、声音、控制外围设备操作等，把各种计算结果数据或信息以数字、字符、图像、声音等形式表示出来，主要有显示器、打印机、绘图仪、影像输出系统、语音输出系统等。

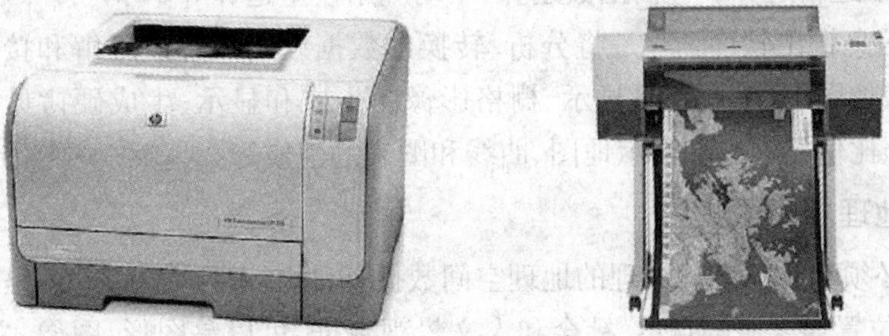

图 7－6　数据输出设备

二、计算机软件系统

计算机软件是指地理信息系统运行所必需的各种程序，是用户与硬件之间的接口界面。主要包括操作系统软件、数据输入软件、数据存储和管理软件、数据查询和分析软件、信息输出软件等。

（1）操作系统软件。它是管理电脑硬件和软件资源的程序，是计算机系统的内核与基石，是地理信息系统日常工作所必备的。目前常见的操作系统有 DOS、OS/2、UNIX、XENIX、LINUX、Windows、Netware 等。

（2）数据输入软件。它通过各种数字化设备（如数字化仪、扫描仪等）将各种已经存在的地图数字化，或者通过通信设备或磁盘、磁带的方式录入遥感数据和其他系统已经存在的数据，也包括用其他方式录入的各种统计数据、野外数据和仪器记录的数据。

输入的数据应通过观测、统计分析和逻辑分析检查其中存在的错误,并通过适当的编辑方式加以改正。

数据输入方式通常有三种形式:

①手扶跟踪数字化仪的矢量跟踪数字化。通过人工选点或跟踪线段进行数字化,主要输入有关图形点、线、面的位置坐标;

②扫描数字化仪的光栅扫描数字化。主要输入有关图像的网格数据;

③键盘输入。主要输入有关图像、图形的属性数据,在属性数据输入之前,必须对其进行编码。

(3)数据存储和管理软件。在地理信息系统中,既有空间定位数据,又有属性数据,对这两类数据如何组织和管理是至关重要的。因而,需要设计良好的数据库结构和数据组织方法,需要运用数据库管理系统完成这项工作。

(4)数据查询和分析软件。它是地理信息系统面向应用的核心部分,具有以下功能:

①检索查询。包括空间位置查询、属性查询等;

②空间分析。能够进行地形分析、叠置分析等;

③数学逻辑运算。包括函数运算、驱动应用模型运算等。

(5)信息输出软件。它是将分析、转换的数据以用户可以理解和接受的方式显示出来,如图表显示、表格显示、栅格影像的生成和显示、生成硬拷贝的地图和报表、按照比例尺输出和显示地图、曲线和图表的生成等。

三、地理空间数据

GIS 必须建立在准确合理的地理空间数据基础上。地理空间数据是指以地球表面空间位置为参照的自然、社会和人文景观数据,可以是图形、图像、文字、表格和数字等。这些数据由系统管理员通过数字化仪、扫描仪、键盘或其他通信系统输入 GIS,是系统程序作用的对象。

地理空间数据主要包括以下三种类型:

(1)地理实体在某个已知坐标系中的空间位置;

(2)地理实体间的空间相关性;

(3)与几何位置无关的属性,即与地理实体相联系的地理变量或地理意义。

四、方法

方法主要是指空间信息的综合分析方法,即常说的应用模型。它是在对专业领域的具体对象与过程进行大量研究的基础上总结出的规律表示。

五、人员

人员包括系统管理人员和用户。GIS 是一个动态的地理模型,仅有系统软硬件、空间数据和方法并不能构成一个完整的地理信息系统，还需要技术专家对系统进行管理、维护、数据更新等工作，从而为用户的地理研究和地理决策提供服务。

第四节　热带农产品物流 GIS 的应用

GIS 在热带农产品物流中的应用，主要是指利用 GIS 强大的地理数据功能来分析车辆路线模型、网络物流模型、分配集合模型和设施定位模型。

一、车辆路线模型

车辆路线模型用于解决一个起始点、多个终点货物运输中，如何降低物流作业费用，并保证服务质量的问题，包括决定使用多少辆车、每辆车的行驶路线等。

二、网络物流模型

网络物流模型用于解决、寻求最有效的分配货物路径问题，也就是物流网点布局问题。如将货物从 N 个仓库运往 M 个商店，每个商店都有固定的需求量，因此需要确定由哪个仓库提货送给哪个商店，以使总的运输代价最小。

三、分配集合模型

分配集合模型是根据各个要素的相似点把同层上的所有或部分要素分为几个组，用以解决确定服务范围和销售市场范围等问题。如某一公司要设立 X 个分销点，要求这些分销点要覆盖某一地区，而且要使每个分销点的顾客数目大致相等的问题。

四、设施定位模型

设施定位模型用于确定一个或多个设施的位置。在物流系统中，仓库和运输路线共同组成了物流网络，仓库处于网络的节点上，节点决定着路线。如何根据供求的实际需要并结合经济效益等原则，确定在既定区域内设立多少个仓库、每个仓库的位置、每个仓库的规模以及仓库之间的物流关系等问题，运用此模型均能很容易地解决。

案例分析

冷链物流技术的应用

目前，我国鲜活农产品冷链流通比例远远低于发达国家，途中损耗严重，造成零售终端价格高昂。根据中国物流与采购联合会冷链物流专业委员会公布的数据，我国果蔬流通腐败率达20%～30%、肉类达12%、水产品达15%，而国外农副产品的流通环节损耗率只有5%～6%，每年仅果蔬一类，损耗金额达1000亿元以上。中国生物药品在冷链流通率只有20%～30%，药品制造流通环节经常出现掺假、伪造、渗水、套牌、重新包装、非许可制造等问题，特别是疫苗、血液在运输环节无法监控温度环境，多次造成不良反应。

在食品安全上，冷链物流也有着极重要的作用，虽然我国政府相继出台了相关的食品、药品安全监管法律法规来规范冷链供应链的管理，但仍缺乏有效的管理方法，特别是现有监测技术手段滞后，主要采取人工测量和纸面记录的方式；无统一数据系统支持；实时性差、监管脱节；取证困难、无法确定责任；无法进行预警、损失率大等。

南京路川信息系统工程有限公司针对上述因信息不完善造成的物品安全问题，建议通过相关技术实现物品位置跟踪、原料溯源、库存盘点、出入库与拣货等电子化作业，特别是可以对物流全程进行温湿度监控。因此，加强药品和食品流通领域的冷链物联网建设，进行冷链数据服务的运营、管理和监督，不仅有助于加快物联网相关技术的产业应用，而且可以有效加强食品药品追溯、监督管理。

在具体操作上可以从以下几方面着手：

（1）政府先期引导，加大物联网相关技术的产业应用。在涉及民生领域、有政府监管需求的社会公共安全管理，如药品、食品的冷链物流等领域应用上先行先试，再逐步应用到公共服务市场、行业与企业应用市场、个人家庭市场。由政府先期引导，逐步发展到成熟并具有规模的市场，实现政府与市场双轮驱动。

（2）应用物联网创新技术，加快冷链物流信息化建设。充分利用现有RFID技术、3S（GPS/GIS/RS）技术及冷链物流信息化技术，加快建设一批冷链物流示范工程，实现冷链产品（食品、农产品与医药等）全生命周期和全过程实时监管，促进冷链运输管理的透明化、科技化、一体化。

（3）完善监管体系，形成安全冷链物流标准。制定强制性行业标准、药品编码统一标准等，保证冷链物流技术实施标准化，严控冷藏链各环节的运行状况，保证各环节食品质量安全。

（4）建议相关企业建立、运营农副产品冷链物流信息平台、医药冷链信息平台等，运用物联网等高新技术手段实现各职能实时监控。呼吁政府通过创新基金、政府补贴和政府购买服务等方式，给予一定资金支持。

该系统以地理信息技术、数据库技术和网络技术为基础，具有电子地图、企业生产信息管理、食品安全信息动态收集和分析、生产许可工作情况的即时统计查询以及网上办公、突发食品安全事件通信传输等五大功能。通过该系统，技术检验机构将对食品生产企业的出厂检验以及国家、省、市三级监督抽查和强制检验结果即时传输，市、区两级质量技术监督部门可以第一时间掌握企业食品质量安全情况，为做好食品加工企业监督管理和食品安全评估工作提供重要的依据。目前，该系统数据库已经有效录入了大连 2000 多家食品及相关产品生产企业的信息。

（资料来源：WWW. CHINA3S. NET）

根据案例回答下列问题：

1. GIS 技术的应用对农产品物流能够起到什么作用？
2. 该系统具有哪些功能？

◎◎◎ 思考与讨论 ◎◎◎

1. 与一般的管理信息系统相比，GIS 具有哪些特征？
2. 简述 GIS 的功能。
3. 简述 GIS 的五个构成部分。
4. 简述 GIS 在热带农产品物流中的应用。
5. 简述电子地图的应用：数字北京 http://ditu. beijing. cn

第八章　热带农产品物流POS系统与物流EDI技术

学习目标

- 理解POS系统与EDI系统的基本概念及特征、类型；
- 了解物流POS系统的运行步骤；
- 掌握EDI系统的组成及工作过程；
- 理解Internet对EDI的影响、实现EDI需要解决的问题，以及Internet和EDI的结合方式；
- 掌握EDI系统在热带农产品物流中的应用。

案例导入

海南启用农产品交易平台　设立电子商务中心

2011年5月18日上午，海南中商农产品中心市场在海口市秀英区举行开业庆典，宣告海南从此有了"航母型"的农产品交易平台。它对于稳定海南农产品供需关系、平抑农产品价格波动将发挥主导性作用。

据介绍，海南中商农产品中心市场将功能定位于商品集散、价格发现、信息集成、现代物流、加工配送、市场调控等方面，设有检验检测中心、电子商务中心、物流指挥服务中心、产品质量追溯体系、综合服务中心及公共配套设施等，计划通过1~2年的市场培育期，形成农产品蔬菜水果年交易量超过200万吨的规模。（来源：国际旅游岛商报　文/王巍）

转载自中国电子商务研究中心：http://www.100ec.cn/detail——5776232.html

第一节　热带农产品物流 POS 系统与物流 EDI 概述

一、热带农产品物流 POS 系统概述

（一）热带农产品物流 POS 系统的定义

POS(Point of Sale System)系统，即销售时点信息系统，它包含前台 POS 系统和后台 MIS 系统两大基本部分。它最早应用于零售业，以后逐渐扩展至金融、旅馆等服务性行业，利用 POS 信息的范围也从企业内部扩展到整个供应链。现代 POS 系统已不仅仅局限于电子收款技术，它要考虑将计算机网络、电子数据交换技术、条形码技术、电子监控技术、电子收款技术、电子信息处理技术、远程通信、电子广告、自动仓储配送技术、自动售货与备货技术等一系列科技手段融为一体，从而形成一个综合性的信息资源管理系统。同时，它必须符合和服从商场管理模式，按照对商品流通管理及资金管理的各种规定进行设计和运行。

前台 POS 系统是指通过自动读取设备（如收银机），在销售商品时直接读取商品销售信息（如商品名、单价、销售数量、销售时间、销售店铺、购买顾客等），实现前台销售业务的自动化，对商品交易进行实时服务和管理，并通过通信网络和计算机系统传送至后台，通过后台计算机系统（MIS）的计算、分析与汇总等掌握商品销售的各项信息，为企业管理者分析经营成果、制定经营方针提供依据，以提高经营效率的系统。

后台 MIS(Management Information System)又称管理信息系统。它负责整个商场进、销、调、存系统的管理以及财务管理、库存管理、考勤管理等。它可根据商品进货信息对厂商进行管理，又可根据前台 POS 系统提供的销售数据，控制进货数量，合理周转，还可分析统计各种销售报表，快速、准确地计算成本与毛利，也可对售货员、收款员业绩进行考核，是职工分配工资、奖金的客观依据。因此，商场现代化管理系统中前台与后台是密切相关的，两者缺一不可。

（二）热带农产品物流 POS 系统的特征

1. 单品管理、职工管理和顾客管理

零售业的单品管理是指对店铺陈列展示销售的商品以单个商品为单位进行销售跟踪和管理的方法。由于 POS 信息即时准确地反映了单个商品的销售信息，因此 POS 系统的应用使高效率的单品管理成为可能。

职工管理是指通过 POS 终端机上的记时器的记录，依据每个职工的出勤状况、销售状况（以月、周、日甚至时间段为单位）进行考核管理。

顾客管理是指在顾客购买商品结账时，通过收银机自动读取零售商发行的顾客 ID 卡或顾客信用卡来把握每个顾客的购买品种和购买额，从而对顾客进行分

类管理。

2. 自动读取销售时点的信息

在顾客购买商品结账时POS系统通过扫描器自动读取商品条形码标签或标签上的信息。在销售商品的同时获得实时的销售信息(Real Time)是POS系统的最大特征。

3. 信息的集中管理

在各个POS终端机获得的销售时点信息以在线联结方式汇总到企业总部,与其他部门发送的有关信息一起由总部的信息系统加以集中并进行分析加工,如把握畅销商品以及新商品的销售倾向,对商品的销售量和销售价格、销售量和销售时间之间的相关关系进行分析,对商品店铺陈列方式、促销方式、促销期间、竞争商品的影响进行相关分析等。

4. 连接供应链的有力工具

供应链与各方合作的主要领域之一是信息共享,而销售时点信息是企业经营中最重要的信息之一,通过它能及时把握顾客的需求信息,供应链的参与各方可以利用销售时点信息并结合其他的信息来制订企业的经营计划和市场营销计划。目前,领先的零售商正在与制造商共同开发一个整合的物流系数CFAR(整合预测和库存补充系统,Collaboration Forecasting and Replenishment),该系统不仅分享信息,而且联合进行市场预测,分享预测信息。

二、热带农产品物流EDI系统概述

(一) EDI系统的起源及发展

EDI是英文Electronic Data Interchange的缩写,即电子数据交换,起源于"二战"后期,被用于当时的柏林空运行动。行动中,美方的Edward A. Guilbert为改变自己每天要处理大量纸文件的状况,开始使用电传进行通信。同时,为了简化通信过程,他设计了操作格式和过程标准。这个标准的制定意味着EDI的开始。1968年他成立了美国交通运输数据协调委员会,最初的目的是制定美国运输业的电子数据标准。20世纪70年代初,该协会又颁布了一些公司间用于数据交换的标准计算机格式;20世纪90年代,它发展成为电子数据交换协会(EDIA)。EDIA提供的这些标难为最初的电子数据交换做出了很大的贡献。

EDI可以减少管理成本、缩短工作周期、减少人为失误,由于这些优点,世界各个国家都对EDI给予极大重视,纷纷加入了研究、使用EDI的行列。

20世纪60年代,位于北美洲的美国凭借着经济发达、科技领先的优势率先发展了EDI技术。美国海关总署从1989年2月底起对于用EDI方式报关者优先进行处理。1992年,美国政府正式宣布全国统一采用EDI方式办理海关业务,对于不采用EDI方式的,其相应手续将被推迟处理。同时,美国先进的行业电算化管理水平及其完善的计算机通信网络设施也促进了EDI的快速发展。在美国排名前100家的大企业已全部应用了EDI,前500家大企业中已有70%应用了EDI。在加拿大,EDI的应用涉及各个行业,如百货、银行、石油、电信、汽车、运输、制造、海关等。其中杂货店、药品连锁店、汽车制造及食品厂商率先使用了EDI,其中海关EDI的应用发展则最为迅速,规模最大。

20世纪60年代末,欧洲各国相继展开EDI业务的研究和使用。瑞典邮电局成为率先提供EDI服务的企业。荷兰则成为使用EDI最为广泛的国家,该国的EDI得到金融部门、后勤供应部门、交通运输部门、社会保险部门和地方政府的欢迎和支持。1985年,欧洲12国签署统一行动计划,并于1987年在欧共体部长会议上通过了欧洲促进计划,即"贸易电子数据互换系统"(TEDIS)计划。该计划的实施极大地推动了EDI在欧洲的普及程度,加速了欧洲经济的发展进程。

我国于20实际80年代开始跟踪并研究EDI技术的应用和发展,并把EDI纳入"八五"项目。中国远洋运输集团公司(英文缩写COSCO,简称中远集团)是我国大陆应用EDI系统最早的企业。最初的EDI系统只是在中远集团总公司内使用,随着EDI节省传真费用、节省业务处理时间等优点的凸显,公司领导决定在全集团内部进行推广。1997年,中远集团建成了中远集团全球通信专网,北美公司、欧洲公司、中远集运、中远散运等中远集团所属单位的互联网站也相继建成。21世纪初,中国开始建立EDI网络,CHINAEDI(中国公用电子数据交换业务系统)是其中的一个,它是邮电部的增值业务网络,由邮电部统一经营管理,覆盖了北京、上海、广州、天津、青岛、武汉、深圳、南京、沈阳、西安、郑州、长沙、杭州和海口14个节点,可面向全社会的各个行业提供公共转接和交换服务。该网的建成对国内企业有效降低运作成本、改善内部运作方式、参与国际商业竞争起到了良好的作用。

EDI的使用地域已扩大到全球范围。在行业类型上,它的使用者也从最初的运输业扩大到现在的零售业、制造业、保险业、金融市场乃至政府部门。一些行业组织为了使EDI更好地为本行业服务,开始致力于行业性传输标准的制定,如EIDX(电子工业)、VICX(零售业)等标准。相应的,也出现了一些行业性的EDI系统。

(二)EDI的概念

EDI的定义至今没有一个统一的标准,各个不同组织有不同的描述。1994年9月23日,联合国欧经会贸易程序简化工作组在第40届会议上通过了EDI的技术定义,即"EDI是将商业或行政事务处理按照一个公认的标准,形成结构化的事务处理或报文数据格式,从计算机到计算机的电子传输方法。"同年10月14日,联合国国际贸易法委员会EDI工作组在第28届会议上通过了EDI的法律定义,即"EDI是用户的计算机系统之间的对结构化的、标准化的信息进行自动传送和自动处理的过程。"

国际标准化组织(ISO)将EDI描述成"按照统一标准,将商业或行政事务处理转换成结构化的事务处理或报文数据格式，并借助计算机网络实现的一种数据电子传输方法”。而 ITU - T（国际电信联盟远程通信标准化组织）将 EDI 定义为“从计算机到计算机之间的结构化的事务数据互换”。又由于使用 EDI 可以减少甚至消除贸易过程中的纸面文件，因此 EDI 又被人们通俗地称为“无纸贸易”。

作为计算机通信技术的一部分，电子数据交换是现代计算机技术和远程通信技术相结合的产物，是计算机与计算机之间结构化的事务数据交换。EDI 将数据和信息规范化、标准化，在计算机应用系统间直接以电子方式进行数据交换。

尽管定义不尽相同，但从以上定义中可以发现，EDI 是商业贸易伙伴按照协议，对具有一定结构特征的标准经济信息，通过电子方式，在计算机系统之间进行交换和自动处理的全过程，具有信息标准化、电子传输化、计算机处理等特点，已成为世界性的热门话题。

（三）热带农产品物流 EDI 的概念

热带农产品物流 EDI 系统是指货物、承运业主以及其他相关的单位之间，通过 EDI 系统进行物流数据交换，并以此为基础实施物流作业活动的方法。物流 EDI 参与单位有发送货物业主（如生产厂家、贸易商、批发商、零售商等）、承运业主（如独立的物流承运企业等）、实际运送货物的交通运输企业（铁路企业、水运企业、航空企业、公路运输企业等）、协助单位（政府有关部门、金融企业等）和其他的物流相关单位（如仓库业者、专业报关业者等）。某框架结构如图 8 - 1 所示。

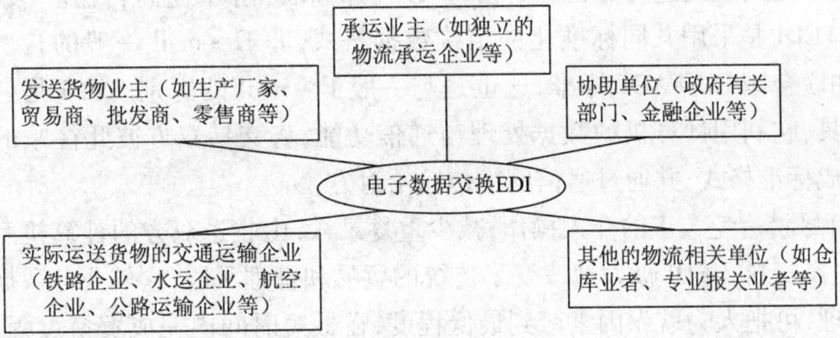

图 8 - 1　物流 EDI 的框架结构

运作步骤如下：

（1）发送货物业主（如生产厂家）在接到订货后制订货物运送计划，并把运送货物的清单及运送时间安排等信息通过 EDI 发送给物流运输业主和接收货物业主（如零售商），以便物流运输业主预先制订车辆调配计划和接收货物业主制订货物接收计划。

（2）发送货物业主依据顾客订货的要求和货物运送计划下达发货指令、分拣配货、打印出物流条形码的货物标签，并贴在货物包装箱上，同时把运送货物品种、数量、包装等信息通过 DEI 发送给物流运输业主和接收货物业主,依据请示下达车辆调配指令。

(3)物流运输业主在向发送货物业主取运货物时,利用车载扫描读数仪读取货物标签的物流条形码,并与先前收到的货物运输数据进行核对,确认运送货物。

(4)物流运输业主在物流中心对货物进行整理、集装,做成送货清单并通过 EDI 向收货业主发送发货信息。在货物运送的同时进行货物跟踪管理,并在货物交纳给收货业主之后,通过 EDI 向发货业主发送完成运送业务信息和运费请示信息。

(5)收货业主在货物到达时,利用扫描读数仪读取货物标签的物流条形码,并与先前收到的货物运输数据进行核对确认,开出收货发票,货物入库。同时通过 EDI 向物流运输业主和发送货物业主发送收货确认信息。

(四) 热带农产品物流 EDI 的特点

EDI 是目前较为流行的商务、管理业务信息交换方式,物流 EDI 的优点在于供应链组成各方基于标准化的信息格式和处理方法,通过 EDI 共同分享信息,降低成本与获得竞争优势。它有如下特点:

(1)EDI 是将远程通信、计算机及数据库三者有机结合在一起,它的使用对象是不同的计算机系统,取代纸面贸易,来实现数据交换、数据资源共享的一种信息系统。

(2)EDI 所传送的资料是一般业务资料,如发票、订单等,而不是指一般性的通知,按一定的规则进行加密和解密,并以特殊标准和形式进行传输。

(3)EDI 是采用共同标准化的结构数据格式,非 E－mail 一般的自然语言格式,例如联合国 EDIFACT 标准,这也是与一般 E－mail 的区别。EDI 是一套报文通信工具,它利用计算机的数据处理与通信功能,将交易双方彼此往来的商业文档转换成标准格式,并通过通信网络传输给对方。

(4)尽量避免人工的介入操作,减少重复录入,由收送双方的计算机系统直接传送、交换资料。EDI 极大地改变了传统的贸易和管理手段,它使业务数据自动传输与处理,可把人为耽误因素减到最低程度,在最短时间内完成贸易过程,从而大大提高了工作效率和效益。

第二节 热带农产品物流 POS 系统与物流 EDI 系统的结构

一、热带农产品物流 POS 系统的结构

POS 的系统结构主要依赖于计算机处理信息的体系结构。结合商业企业的特点,POS 的基本结构可分为单个收款机、收款机与微机相连构成 POS,以及收款机、微机与网络相连构成 POS。目前大多采用第三种类型的结构,它包括硬件和软

件两大部分。

（一）热带农产品 POS 系统的硬件结构

如图 8-2 所示，POS 系统的硬件主要包括收款机、扫描器、显示器、打印机、网络、微机与硬件平台等。

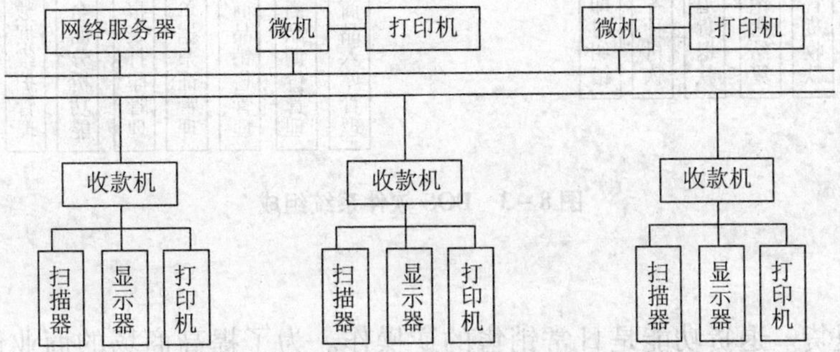

图 8-2 POS 系统的硬件结构

1. 前台收款机（即 POS 机）

可采用具有顾客显示屏和票据打印机、条码扫描仪的 XPOS、PROPOS、PC-BASE 机型。共享网上商品库存信息，保证了对商品库存的实时处理，便于后台随时查询销售情况，进行商品销售分析和管理。条码扫描仪可根据商品的特点选用手持式或台式以提高数据录入的速度和可靠性。

2. 网络

目前，我国大多数商场一般内部信息的交换量很大，而对外的信息交换量则很小，因此，计算机网络系统应采用以高速局域网为主、电信系统提供的广域网为辅的整体网络系统。考虑到系统的开放性及标准化的要求，选择 TCP/IP 协议较合适。操作系统选用开放式标准操作系统。

3. 硬件平台

大型商业企业的商品进、存、调、销的管理复杂，账目数据量大，且需频繁地进行管理和检索，选择较先进的客户机/服务器结构，可大大提高工作效率，保证数据的安全性、实时性及准确性。

（二）热带农产品 POS 系统的软件结构

POS 系统软件由前台 POS 销售系统和后台 MIS 信息管理系统组成。

1. 前台 POS 销售软件应具有的功能

(1) 日常销售。完成日常的售货收款工作，记录每笔交易的时间、数量、金额，进行销售输入操作。如果遇到条码不识读等现象，系统应允许采用价格或手工输入条码号进行查询。

(2) 交班结算。进行交款员交班时的收款小结、大结等管理工作，计算并显示出本班交班时的现金及销售情况，统计并打印收款机全天的销售金额及各售货员

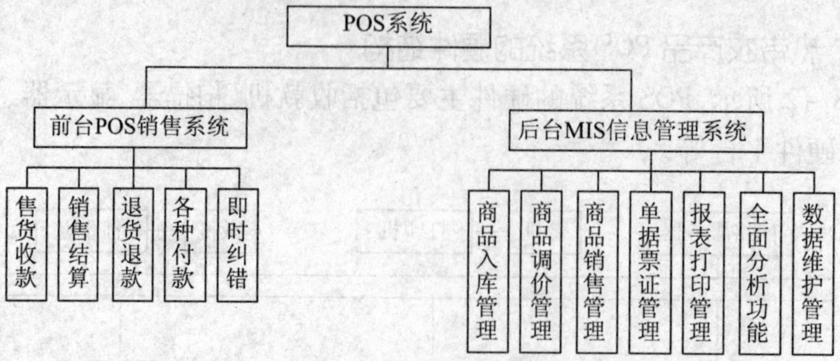

图8－3 POS软件系统组成

的销售额。

(3)退货。退货功能是日常销售的逆操作。为了提高商场的商业信誉,更好地为顾客服务,在顾客发现商品出现问题时,允许顾客退货。此功能记录退货时的商品种类、数量、金额等,便于结算管理。

(4)各种付款方式。可支持现金、支票、赊账等不同的付款方式,以方便各类不同顾客的要求。

(5)即时纠错。在销售过程出现的错误能够立即修改更正,保证销售数据和记录的准确性。

2. 后台MIS管理软件应具有的功能

(1)商品入库管理。对入库的商品进行输入登录,建立商品数据库,以实现对库存的查询、修改、报表及商品入库验收单的打印等功能。

(2)商品调价管理。由于有些商品的价格随季节和市场等情况而变动,本系统应能提供对这些商品所进行的调价管理功能。

(3)商品销售管理。根据商品的销售记录,实现商品的销售、查询、统计、报表等管理,并能对各收款机、收款员、售货员等进行分类统计管理。

(4)单据票证管理。实现商品的内部调拨、残损报告、变价调动、仓库验收盘点报表等各类单据票证的管理。

(5)报表打印管理。打印内容包括时段销售信息表、营业员销售信息报表、部门销售统计表、退货信息报表、进货单信息报表、商品结存信息报表等。实现商品销售过程中各类报表的分类管理功能。

(6)完善的分析功能。POS系统的后台管理软件应能提供完善的分析功能,分析内容涵盖进、销、调、存过程中的所有主要指标,同时以图形和表格方式提供给管理者。

(7)数据维护管理。完成对商品资料、营业员资料等数据的编辑工作。商品资料如编号、名称、进价、进货数量、核定售价等内容的增加、删除、修改。营业员资料如编号、姓名、部门、框组等内容的编辑。还有商品进货处理、商品批发处理、商品退货处理。实现收款机、收款员的编码、口令管理,支持各类权限控制。具有对本系统所涉及的各类数据进行备份及交易断点的恢复功能。

(8)销售预测。包括畅销商品分析、滞销商品分析、某种商品销售预测及分析、某类商品销售预测及分析等。

(三)热带农产品POS系统的运行步骤

POS系统的运行步骤包括以下五步:

第一步,店面销售商品都贴有表示该商品信息的条形码或OCR标签。

第二步,在顾客购买商品结账时,收银员使用扫描器自动读取商品条形码或OCR标签上的信息,通过店铺内的微型计算机确认商品的单价,计算顾客购买总金额等,同时将信息返回收银机,打印出顾客购买清单和付款总金额。

第三步,各个店铺的销售时点信息通过VAN以在线联结方式即时传送给总部或物流中心。

第四步,在总部、物流中心和店铺利用销售时点信息来进行库存调整、配送管理、商品订货等作业。通过对销售时点信息进行加工分析来掌握消费者购买动向,找出畅销商品和滞销商品,以此为基础,进行商品品种配置、商品陈列、价格设置等方面的作业。

第五步,在零售商与供应链的上游企业(批发商、生产厂商、物流作业等)结成协作伙伴关系(也称为战略联盟)的条件下,零售商利用VAN以在线联结的方式把销售时点信息即时传送给上游企业,这样上游企业可以利用销售现场的最及时准确的销售信息制订经营计划、进行决策。例如,生产厂家利用销售时点信息进行销售预测,掌握消费者购买动向,找出畅销商品和滞销商品,把销售时点信息(POS信息)和订货信息(EOS信息)进行比较分析来把握零售商的库存水平,以此为基础制订生产计划和零售商库存连续补充计划(CRP)。

(四)应用POS系统的效果

(1)营业额及利润增长。采用POS系统的企业供应商品众多,其单位面积的商品摆放数量是普通的3倍以上,吸引顾客,且自选率高,这必然会带来营业额及利润的相应增长,仅此一项,POS系统即可给应用POS的企业带来可观的收益。

(2)节约大量人力、物力。由于仓库管理是动态管理,即每卖出一件商品,POS的数据库中就相应减少该件商品的库存记录,免去了商场盘存之苦,节约了大量人力、物力;同时,企业的经营报告、财务报表以及相关的销售信息,都可以及时提供给经营决策者,以保持企业如商场等的快速反应。

(3)有效库存增加,资金流动周期缩短。由于仓库采用动态管理,仓库库存商品的销售情况,每时每刻都一目了然,商场的决策者可将商品的进货量始终保持在合理水平,可提高有效库存,使商场在市场竞争中占据更有利的地位。据统计,在应用 POS 系统后,商品有效库存可增加 35% ~40%,缩短资金的流动周期。

(4)提高企业的经营管理。首先可以提高企业的资本周转率,在应用 POS 系统后,可以提前避免出现缺货现象,使库存水平合理化,从而提高商品周转率,最终提高企业的资本周转率。

(5)在应用 POS 系统后,可以进行销售促进方法的效果分析,把握顾客购买动向,按商品品种进行利益管理,基于销售水平制订采购计划,有效地进行店铺空间管理和基于时间段的广告促销活动分析等,从而使商品计划效率化。

二、热带农产品物流 EDI 系统的结构

EDI 物流系统主要由软件系统和相应硬件系统共同构成。

(一)热带农产品物流 EDI 软件系统的构成

构成 EDI 软件系统的软件按其所实现的功能可分为用户接口模块、内部接口模块、报文生成及处理模块、格式转换模块和通信模块共 5 个模块。

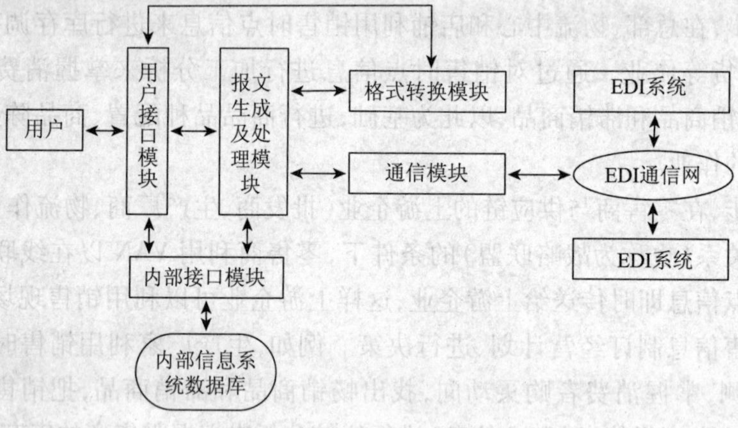

图 8 -4　EDI 软件系统模块

1. 用户接口模块

业务管理人员可用此模块进行输入、查询、统计、中断、打印或显示各种统计报表等,及时地了解市场变化情况、调整经营方针策略等。

2. 内部接口模块

这是 EDI 系统和本单位内部其他信息系统及数据库的接口。一个单位信息系统应用程度越高,内部接口也就越复杂。一份来自外部的报文,经过系统处理之后,大部分相关内容都需要经内部接口模块送往其他信息系统,或查询其他的信息系统才能给对方 EDI 报文以确定的答复。

3. 报文生成及处理模块

该模块有两个功能。一是接收来自用户接口模块和内部接口模块的命令和信息,按照 EDI 标准生成订单、发票、合同及其他各种 EDI 报文和单证,经格式转

换模块处理之后，由通信模块经EDI网络发给其他EDI用户。二是自动处理其他系统发来的报文。在处理过程中网络要与本单位信息系统相连，获取必要信息并给其他EDI系统答复，同时将有关信息送给本单位其他信息系统。如因特殊情况不能满足对方的要求，经双方EDI系统多次交涉后不能妥善解决的，则把这一类事件提交用户接口模块，由人工干预决策。

4. 格式转换模块

所有的EDI单证都必须转换成标准的交换格式。转换过程包括语法检查，对于语法出错的报文应拒收并通知对方重发。

5. 通信模块

该模块是系统与通信网络的接口，包括执行呼叫、自动重发、合法性和完整性检查、出错报警、自动应答、通信记录、报文拼装和拆卸等功能。有些还具有地址转换功能。在某种程度上，通信模块与通信网络是一体的，它们的作用就是使系统能够在一个安全、可靠、方便的通信平台上顺利地运行起来。

（二）热带农产品物流EDI硬件系统的构成

构成EDI系统的硬件设备大致有计算机、调制解调器及通信线路等。

(1)调制解调器：由于进行电子数据交换需通过通信网络，目前采用电话网络进行通信是很普遍的方法，因此，调制解调器是必备硬件设备。

(2)通信线路：一般最常用的是电话线路，如果传输时效及资料传输量上有较高要求，可以考虑租用专线。

（三）热带农产品物流EDI系统的工作过程

(1)当买方的库存管理系统提出购买某种物资的数据时，EDI的格式转换软件据此编制一份EDI订单。

(2)通信软件将订单通过网络送至网络中心指定的卖方邮箱内。同时，利用公司内部计算机应用程序之间的通信软件，将这些数据传送给应付账部门和收货部门，进行有关的登记。

(3)卖方定时经通信网络到网络中心的邮箱内取出订单，EDI的格式转换软件把这份订单翻译成卖方数据格式。

(4)如果确认可以售给买方指定的物资，则送出供应单，经相反方向返回给买方。若只有部分满足买方要求或不能满足要求，则以相同的方向返回相应信息。卖方收到订单时，卖方的通信软件把有关的数据传送给仓库或工厂以及开票部门，并对发票文件的内容进行相应的更新。

(5)买方收到供应单后，在订单基础上产生一份商品情况询问表，传送给卖方。双方就商品价格等问题进行讨论，直到达成一致意见。

(6)达成一致意见后，卖方的仓库或工厂填制装运单，编制船期通知，并将其传送给买方。同时，通过通信软件，将船期通知传送给开票部门，生成电子发票，传送给买方。卖方在开立发票时,有关数据就进入应收账部门,对应收账的有关数据将进行更新。

(7)买方接到船期通知后,有关数据自动进入收货部门,产生收货通知。收货部门的收货通知通过通信软件传送给应付账部门。

(8)买方收到电子发票以后,产生一份支付核准书,传送给应付账部门。

(9)买方应付账部门开具付款单据通知自己的开户银行付款,同时通知卖方付款信息。

(10)卖方收到汇款通知后,有关数据经过格式转换进入应收账户,买方则因支付而记入贷方项目。由此可见,当买方提出购买的要求后,EDI 就可以自动进行转换操作,生成不同用途的数据,送至各相关伙伴,直至该交易各项事务处理结束。

第三节　热带农产品物流 EDI 与 Internet

建设一个 EDI 应用系统需要大量的资金,对于一般小型企业来讲是不现实的。利用 Internet 传输 EDI 报文是中小企业进行数据交换的最好解决方案。

一、Internet 对 EDI 的影响

目前,许多公司都在利用 Internet 资源寻求新的商业机会。Internet 可以大大降低 EDI 的费用,将来会有更多的用户在 Internet 上使用 EDI。Internet 是世界上最大的开放性计算机网络,在近十几年得到了迅速发展,Internet 对 EDI 有如下影响:

(1)Internet 是全球网络结构,可以大大扩大参与交易的范围;

(2)相对于专用网络和增值网络而言,Internet 可实现在世界范围的连接,但只需很少的费用;

(3)Internet 对数据交换提供了许多简单且易于实现的方法,用户可以使用页面完成交易;

(4)在 Internet 上实现 EDI 可以减少费用,允许中小企业使用 EDI 工具,可以减少整个社会的贸易花费。

二、实现 EDI 需要解决的问题

1. 映射问题

通常公司内部的信息是存储在关系数据库中,为了生成标准的信息,公司必须把这些信息从内部表示方式映射成标准信息。

2. 安全问题

EDI 的安全性主要包括保密性、完整性、可用性三个方面的内容。

(1)保密性。信息或数据经过密码变换,只有那些经过授权的用户才能够通过反变换得到相应的信息,而未经授权的用户只能得到一堆杂乱无章的数据。

(2)完整性。将信息或数据附加上特定的信息块,系统可以用这个信息块保证数据信息的完整性。只有那些经过授权的用户才能对数据或信息进行增删和修改。未经授权的用户对数据或信息所进行的增删和修改都会被立即发现,并使系统自动采取保护措施。

(3)可用性。经授权的用户能够得到系统资源和享受系统提供的服务,防止非法对系统资源或系统服务的访问和利用。

三、Internet 和 EDI 结合方式

Internet 和 EDI 结合有 4 种方式:Internet Mail,Standard IC,Web－EDI,XML/EDI。其中 Web－EDI 方式是目前最流行的方式。

1. Internet Mail 方式

Internet Mail 方式是最早的一种把 EDI 带入到 Internet 的方式,用 ISP(Internet Service Provide)代替 VAN(增值网络),Internet 和 VAN 相比要便宜得多。在 Internet 上用这种方式作电子交易,最大的弊病就是安全性差。尤其是简单电子邮件协议(SMTP),使用 E－mail 在 Internet 上传送明文缺少保密性。

2. Standard IC(Standard Implementation Convention)方式

在实现 EDI 的方案中,不同的企业根据他们自己的需要选择一定标准,去掉一些他们根本不使用的部分。IC 就是指那些被裁剪了的标准信息版本。开发费用很高,因为需要复杂的分析。不同版本的 IC 之间的信息不能相互处理。在 Internet 上实现 EDI 时,只有使用了相同版本的 IC 后才能正确工作。标准 IC 是一种特殊的跨行业的国际标准,是针对特定应用的。这种标准不同于以前的行业标准和国家标准,但是也不同于以前制定的国际标准,它相对来说十分简单,没有过多的可选项,并且考虑了以前 IC 的需求。

3. Web－EDI 方式

Web 在 Internet 上供最终用户存取和查询信息,能用来构造这些信息的协议就是 HTTP。许多公司已在 Internet 上通过使用 HTTP 建立主页来展现自己的产品和其他信息。

Web－EDI 方案的基本思想是,在提供 EDI 服务的 EDI 中心建立 Internet Web Server,并在 Web 上开发有大量的表格供用户使用。用户只要通过浏览器就可进行单证的收发。发送单证时,填好表格,检查无误,可发送至该 EDI 中心,EDI 中心翻译系统、映射系统自动将其翻译成 EDI 报文,送入对方的 EDI 信箱中。接收时,只要将中心的翻译系统已经翻译并转换好的单证通过浏览器下载下来即可使用。

HTML 语言允许用户创建表格,并提供一种机制能够将表格中的信息传递到

商务应用系统中。例如，一个参与者是比较大的公司，针对每个 EDI 信息开发或购买相应的 Web 表单，接着改造成适合自己的 IC，然后把它们放在 Web 站点上，此时，表单就成为 EDI 系统的接口。另一个参与者一般是较小的公司，登录到 Web 站点上，选择他们所感兴趣的表单，然后填写它。填写结果提交给 Web 服务器，通过服务器端程序进行合法性检查，把它变成通用的 EDI 信息，以后的信息处理就同传统的 EDI 信息处理一样了。

为了能够保证信息从 Web 站点返回给它的参与者，信息还能转变成 E - Mail 或 Web 表单的形式。总而言之，对于所有的交易，EDI 相关的费用转换只发生一次，对所有的商业参与者来说都发生在 Web 站点上，这个解决方案只需一个浏览器和 Internet 连接就可完成，EDI 软件和映射的费用花在服务器端。另外，大公司享受到 EDI 带来的全部好处，包括在交易中的低出错率和每次交易中的低花费。这种 Web - EDI 方式对现有企业应用只做很小改动，却能方便快速地扩展系统应用，从而只需很少的投资。

（四）XML/EDI 方式

XML/EDI 着重解决 EDI 的映射问题。XML/EDI 引进了模板（Template）的概念，模板描述的不是信息的数据，而是信息的结构以及如何解释信息，能够做到无须编程就可以实现信息的映射。

在用户的计算机上，软件代理采用最佳方式解释模板和处理信息。通过软件代理支持的模板，用户可以得到对其环境的最佳集成。模板存储在别的地方，动态结合到本地应用程序中。如果用户的应用程序实现了 XML/EDI，那么代理就可以自动完成映射，并且产生正确的信息。同时，代理可以给用户生成一个 Web 表单。与 Web - EDI 不同，XML/EDI 在客户端处理信息。

四、Internet 电子邮件扩展的方法

现有的 Internet 电子邮件系统是基于简单邮件传送协议（SMTP）提供信息的传输功能，但仅支持七位码的传输，不能适应多媒体邮件的要求。因此要将 SMTP 运用于电子商务和 EDI 时必须加以修改。多功能 Internet 邮件扩展 MIME 是一种模块化的、可扩展的信息格式，可以表示大部分多媒体信息。

MIME 定义了邮件结构和内容类型，提供一种与 SMTP 兼容的方式，支持的多媒体类型有正文、声音、图像、视频和应用数据。此外，还提供多种传输内容编码方式，它可以使得 8 位二进制数据变为 7 位 ASCⅡ数据。它可以对信息进行传送编码和转换，不会丢失信息的结构或内容。MIME 的出现使“活动”邮件和交互式邮件成为可能，使用户能利用 SMTP/MIME 邮件实现 EDI 与电子商务实现等增值业务。它具有投资少、见效快等特点。

将 EDI 对象封装到 MIME 中，允许 EDI 事务通过 Internet 网络邮件传输，同时支持 EDIFACT 和美国国家标准委员会标准，可保证 EDI 对象能够在传输中保持

其语法和语义不变。

在 Internet EDI 系统中,企业贸易中仅能传输单证,企业如果想利用计算机来提高管理效率,就必须建立专用的 EDI 应用系统。但 Internet EDI 解决方案却为没有 EDI 应用系统的中小企业带来了生机。

第四节 EDI 在热带农产品物流中的应用

EDI 最初应用于订货业务,后来,它凭借着效率高、出错率低等优点把业务逐渐扩展到库存管理、传送发货和送货信息、传送支付信息等业务中。随后,EDI 又在物流中广泛应用,被称为物流 EDI。

未实现 EDI 时的物流结构图和实现 EDI 后的物流结构图如图 8－5、图 8－6 所示。

图 8－5 未实现 EDI 时的物流结构

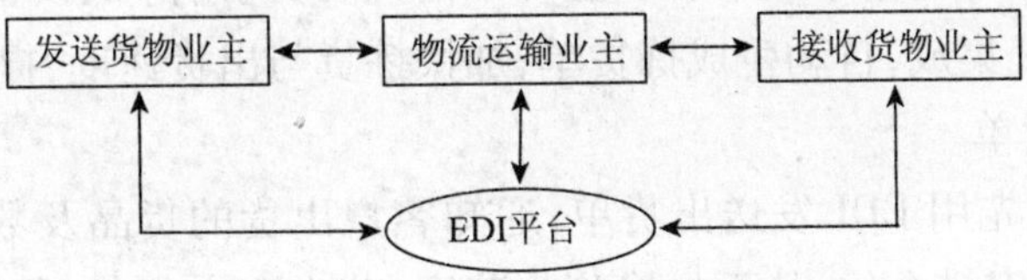

图 8－6 实现 EDI 时的物流结构

一、物流公司的 EDI 应用

物流公司是供应商与客户之间的桥梁,它对调节产品供需、缩短流通渠道、解决不经济的流通规模及降低流通成本有极大的作用。

如果配送中心引入 EDI 是为了传输数据,则可以低成本引入出货单的接收。

如果希望引入改善作业流程,可依次引入各单证,并与企业内部信息系统集成,逐步改善接单、配送、催款的作业流程。

1. 引入出货单

对物流公司来说,出货单是客户发出的出货指示。物流公司引入 EDI 出货单后可与自己的拣货系统集成生成拣货单,这样就可以加快内部作业速度,缩短配货时间;在出货完成后,可将出货结果用 EDI 通知客户,使客户及时知道出货情况,也可尽快处理缺货情况。

2. 引入催款对账单

对于每月的出货配送业务,物流公司可引入 EDI 催款对账单,同时开发对账系统，并与出货配送系统集成来生成对账单，从而减轻财务部门每月的对账工作量，降低对账的错误率以及节省业务部门的催款人力。

除数据传输及改善作业流程外，企业还可以以 EDI 为工具进行企业再造。

二、制造商的 EDI 应用

制造商与其交易伙伴间的商业行为大致可分为接单、出货、催款及收款作业，其间往来的单据包括采购进货单、出货单、催款对账单及付款凭证等。

企业引入 EDI 是为了数据传输时，可选择低成本的方式，引入采购进货单，接收客户传来的 EDI 订购单报文，将其转换成企业内部的订单形式，其优点是：不需要为配合不同供应商而使用不同的电子订货系统；不需重新输入订单数据，节省人力和时间，同时减少人为错误。如果应用 EDI 的目的是为改善作业，可以同客户合作，依次引入采购进货单、出货单及催款对账单，并与企业内部的信息系统集成，逐渐改善接单、出货、对账及收款作业流程，提高工作效率。

1. 引入采购进货单

采购进货单是整个交易流程的开始，接到 EDI 订单就不需要重新输入，从而节省订单输入人力，同时保证了数据的正确性；开发核查程序，核查收到订单是否与客户的交易条件相符，从而节省核查订单的人力，同时降低核查的错误率；与库存系统、拣货系统集成，自动生成拣货单，加快拣货与出货速度，提高服务质量。

2. 引入出货单

在出货前事先用 EDI 发送出货单，通知客户出货的货品及数量，以便客户事先打印验货单并安排仓位，从而加快验收速度，节省双方交货、收货的时间。出货单也可供客户与内部订购数据进行比较，缩短客户验收后人工确认计算机数据的时间，降低日后对账的困难；客户可用出货单验货，使出货单成为日后双方催款对账的凭证。

3. 引入催款对账单

引入催款对账单，开发对账系统，并与出货系统集成，从而减轻财务部门每月对账的工作量，降低对账错误率以及业务部门催款的人力和时间。

4. 引入转账系统

实现了与客户的对账系统后，可考虑引入与银行的 EDI 转账系统，由银行直接接收 EDI 汇款再转入制造商的账户内，这样可加快收款作业，提高资金运用的效率。转账系统与对账系统、会计系统集成后，除实现自动转账外，还可将后续的会计作业自动化，节省人力。

企业为改善作业流程而引入 EDI 时，必须有相关业务主管积极参与，才可能获得成果。例如，对制造商来说，退货处理非常麻烦，退货原因可能是因商品瑕疵或商品下架。对有瑕疵的商品，退货只会增加处理成本；对下架商品，如果处理及时，还有机会再次销售。因此，引入 EDI 退货单并与客户重新拟定退货策略，对双方都有好处。

三、批发商的 EDI 应用

批发商因其交易特性,其相关业务包括向客户提供产品以及向厂商采购商品。

(1)批发商如果是为了数据传输而引入 EDI,可选择低成本方式。可根据交易对象的性质,决定引入 EDI 采购进货单。

①若是厂商,可引入 EDI 采购进货单的传送,将采购进货单转换成 EDI 报文传给供应商,其优点是:不需要为配合不同厂商而使用不同的电子订货系统;使厂商提早收到订单,及时处理,加快送货速度。

②若是客户,可引采购进货单的接收,接收客户传送过来的入采购进货单报文,将其转换成企业内部用的订单,其优点是:不需要为配合不同客户而使用不同的电子订货系统;不需重新输入订单数据,节省人力和时间,同时降低人为错误。

(2)若为改善作业流程而引入 EDI,可逐步引入各项单证,并与企业内部信息系统集成,逐步改善接单、出货、催款的作业流程或订购、验收、对账、付款的作业流程。

①对旨在改善订购、验收、对账、付款流程的企业来说,可依次引入采购进货单、验收单、催款对账单及付款明细表,并与企业内部的订购、验收、对账及转账系统集成。其做法与零售商的做法类似。

②对旨在改善接单、出货、催款流程的企业来说,可依次引入采购进货单、出货单及催款对账单,并与企业内部的接单、出货及催款系统集成。其做法与制造商的做法类似。

四、运输商的 EDI 应用

运输商以其强大的运输工具和遍布各地的营业点而在流通业中扮演了重要的角色。

(1)企业若为数据传输而引入 EDI,可选择低成本方式。可先引入托运单,接收托运人传来的 EDI 托运单报文,将其转换成企业内部的托运单格式,其优点是:事先得知托运货物的详情,包括箱数、重量等,以便调配车辆。不需重新输入托运单数据,节省人力和时间,减少人为错误。

(2)若引入 EDI 是为改善作业流程,可逐步引入各项单证,并企业内部信息系统集成,逐步改善托运、收货、送货、回报、对账、收款等作业流程。

①托运收货作业。事先得知托运货物之详情,可调配车辆前往收货。托运人传来的 EDI 托运数据可与发送系统集成,自动生成发送明细单。

②送货回报作业。托运数据可与送货的回报作业集成,将送货结果及早回报给托运人,提高客户服务质量。此外,对已完成送货的交易,也可回报运费,供客

户提早核对。

③对账作业。可用回报作业通知每笔托运交易的运费，同时运用催款对账单向客户催款。

④收款作业。对托运量大且频繁的托运客户，可与其建立转账作业，通过银行进行EDI转账。

知识链接

我国的EDI标准体系

从我国目前EDI应用的实际水平以及未来一个时期的发展情况来看，EDI标准体系主要包括：EDI基础标准、EDI管理标准、EDI报文标准、EDI通信标准和EDI相关标准等。

一、EDI基础标准

EDI基础标准由EDIFACT基础标准和EDI其他基础标准组成，它是EDI标准的核心，是EDI应用系统建设必不可少的重要标准。

（一）EDIFACT基础标准主要包括：EDI术语、EDIFACT的应用级语法规则、语法实施指南、报文设计指南与规则、段目录、复合数据元目录、贸易数据元目录和代码表。

1. GB/T14925《电子数据交换术语》

该标准参照采用UN/EDIFACT的贸易数据交换目录(UNTDID)的术语部分。

2. GB/T14805《用于行政、商业和运输业电子数据交换的应用级语法规则》

该标准等同采用ISO 9735—1992《用于行政、商业和运输业电子数据交换的应用级语法规则》。

该标准是EDI数据传输和EDI报文设计必须遵守的基本规则，它规定了交换所用的字符集和语法级以及把数据组成段、报文、交换的规则。

3. GB/T16703《用于行政、商业和运输业电子数据交换的语法实施指南》

该标准等效采用UN/EDIFACT《用于行政、商业和运输业电子数据交换的语法实施指南》。

该标准主要为EDI用户实施GB/T14805提供帮助，并且通过一些实例来扩展GB/T14805中的某些规则。因此，它相当于是GB/T14805的实施细则。

4. GB/TI5947《用于行政、商业和运输业电子数据交换的报文设计指南与规则》

该标准等效采用UN/EDIFACT《用于行政、商业和运输业电子数据交换的报文设计指南与规则》。该标准中的"指南"部分是为报文设计的过程和概念提供进一步的说明和补充,供报文设计者参考;该标准中的"规则"是报文设计时必须遵守的内容,也是判别报文设计是否符合标准的依据。

5. GB/T14805.1《用于行政、商业和运输业电子数据交换的应用级语法规则 第1部分:公用的语法规则及语法服务目录》

该标准等效采用 ISO9735－1:1998《用于行政、商业和运输业电子数据交换的应用级语法规则 第1部分:公用的语法规则及语法服务目录》(第四版)。

根据批式和交互式处理的需求,该标准包含对在开放环境中交换的电子报文中的数据进行结构化处理的应用级语法规则,这些规则适用于 ISO 9735 第四版的各个部分。

6. GB/T14805.2《用于行政、商业和运输业电子数据交换的应用级语法规则 第2部分:批式电子数据交换专用的语法规则》

该标准等效采用 ISO9735－2:1998《用于行政、商业和运输业电子数据交换的应用级语法规则 第2部分:批式电子数据交换专用的语法规则》。

该标准规定了专用于对计算机应用系统之间交换的批式报文进行结构化处理的语法规则。

7. GB/T14805.3《用于行政、商业和运输业电子数据交换的应用级语法规则 第3部分:交互式电子数据交换专用的语法规则》

该标准等效采用 ISO9735－3:1998《用于行政、商业和运输业电子数据交换的应用级语法规则 第3部分:交互式电子数据交换专用的语法规则》。

该标准规定了专用于计算应用系统之间交换的交互式报文的传送的语法规则。

8. GB/T15191《贸易数据元目录 第1部分:标准数据元》

该标准等效采用 ISO7372—1993《贸易数据元目录 第1部分:标准数据元》,它规定了在 EDI 中使用的数据元的标记、名称、说明、数据类型、长度、版本号等,适用于 EDI 标准报文的设计。

9. GB/T15635《用于行政、商业和运输业电子数据交换的复合数据元目录》

该标准等效采用 UN/ECE《贸易数据交换目录》(MID)中的复合数据元目录,它规定了 EDI 中使用的用户复合数据元的标记、名称、功能、结构和检索方法,适用于491中标准报文的设计。

10. GB/T15634《用于行政、商业和运输业电子数据交换的段目录》

该标准等效采用 UN/ECE《贸易数据交换目录》(TDID)的段目录,它规定了 EDI 中使用的用户数据段的标记、名称、功能、结构和检索方法,适用于 EDI 标准报文的设计。

11. GB/T16834《用于行政、商业和运输业电子数据交换的代码表》

该标准等同采用 UN/EDIFACT《用于行政、商业和运输业电子数据交换的代码表》,它规定了用于行政、商业和运输业电子数据交换的数据元目录中代码型数据元的代码值,适用于EDI报文的设计及系统开发,也适用于其他相关领域。

二、EDI管理标准

EDI管理标准是指针对EDIFACT标准的管理标准。目前,主要包括EDI技术评审指南。

1. GB/T16968.1《用于行政、商业和运输业电子数据交换的技术评审指南 第1部分:批式电子数据交换技术评审审核表》。

该标准规定了对批式EDI的DMR进行技术评审的审核表,适用于EDIFACT技术评审组实施对DMB的技术评审,帮助和指导EDI用户和标准起草者了解和掌握其提出的DMR在技术评审时所面临的技术审查内容。

2. GB/T16968.2《用于行政、商业和运输业电子数据交换的技术评审指南 第2部分:交互式电子数据交换技术评审审核表》。

该标准规定了对交互式EDI的技术评审的审核表,适用于EDIFACT技术评审组实施对DMR的技术评审,帮助和指导EDI用户和标准起草者了解和掌握其提出的DMR在技术评审时所面临的技术审查内容。

3. GB/T16968.3《用于行政、商业和运输业电子数据交换的技术评审指南 第3部分:技术评审组织和程序》(待颁布)

该标准规定了DMR的提出组织、技术评审组织、各自的责任和义务、技术评审程序等,用于指导各EDI应用行业、用户、EDI服务提供者和EDIFACT技术评审组共同完成有关DMR方面的管理工作。

(来源:豆丁网,http://www.docin.com/p-124381604.html,http://www.docin.com/p-378448059.html)

案例分析

案例一 台湾“台北农产”EDI应用

台北农产是台湾一家经营农产品的大型超市,在网上主要用于在配送中心、供销服务中心、超市、供应商之间传送各种销售、订购申请、变价、订单、托运、对账等单据。台北农产EDI应用系统如下:

(1)EDI运作模式

采用中心直连方式(End-User),用户一般通过电话线拨号上网。配送中心、服务中心、门店、供应商之间通过互联网传送各种信息。互联网的EDI服务完成信息的转发功能,为业务伙伴发送、接收和记录EDI信息。其职能相当于信息管理员,将发出的邮件从用户信箱发往目的地,同时将接收到的邮件分发到用户信箱。

(2)EDI运作过程

以订货过程为例说明配送中心与供应商之间的信息传递过程。配送中心将订货单的EDI报文通过网络发送到供应商的EDI信箱中,供应商从自己的信箱中取出报文,经翻译、映射后加入到自己的应用系统中,据此进行发货处理。

(3)EDI应用的效果

及时补充库存,减少库存成本;总部及时提供变价信息,保证各门店售价统一,保证生鲜食品的及时、限量供应,既保证供应,又不会因积压而超过保质期;实现各门店之间的货物调剂,最大限度地满足用户需求。

(案例来源:豆丁网,http://www.docin.com/p-124381604.html)

案例二 上海联华超市集团EDI系统

上海联华超市集团成立于1992年,目前已发展到有门店230多家。三种经营方式,其中直营店有82家;加盟店分布在外省市如浙江、江苏等;合营店主要以控股方式经营,主要分布在远郊区、县。直营、加盟、合营三种方式的门店都由总部统一进货。公司现有两个配送中心,1999年底建成一个大的配送中心。随着经营规模越来越大,管理工作越来越复杂。公司领导意识到必须加强高科技的投入,搞好计算机网络应用。从1997年开始,成立了总部计算机中心,完成经营信息的汇总、处理(如图8-7所示)。配送中心也完全实现了订货、配送、发货的计算机管理,各门店的计算机应用由总部统一配置、统一开发、统一管理。配送中心与门店之间的货源信息传递通过上海商业高新技术开发公司的商业增值网以文件方式(E-mail)完成。

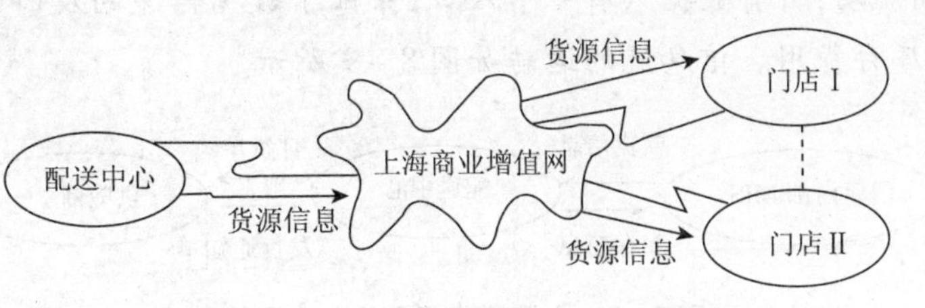

图8-7 上海联华超市计算机系统结构应用图

每天中午12点钟,配送中心将商品的库存信息以文件形式发送到增值网上,各门店计算机系统从自己的增值网信箱中取出库存信息,然后根据库存信息和自己门店的销售信息制作“要货单”。但由于要货单信息没有通过网上传输,而是从计算机中打印出来,通过传真形式传送到配送中心,配送中心的计算机工作人员再将要货信息输入计算机系统。这样做的结果不仅导致了数据二次录入可能发生的错误和人力资源的浪费，也体现不出网络应用的价值和效益。

上海联华超市集团公司作为国家科委“九五”科技攻关项目“商业 EDI 系统开发与示范”的示范单位之一，从 1998 年 3 月开始，与北京商学院、杭州商学院、上海商业高新技术开发公司合作开发自己的 EDI 应用系统（见图 8－8）。这个 EDI 应用系统包括配送中心和供货厂家之间、总部与配送中心之间、配送中心与门店之间的标准格式的信息传递，信息传递通过上海商业增值网 EDI 服务中心完成。

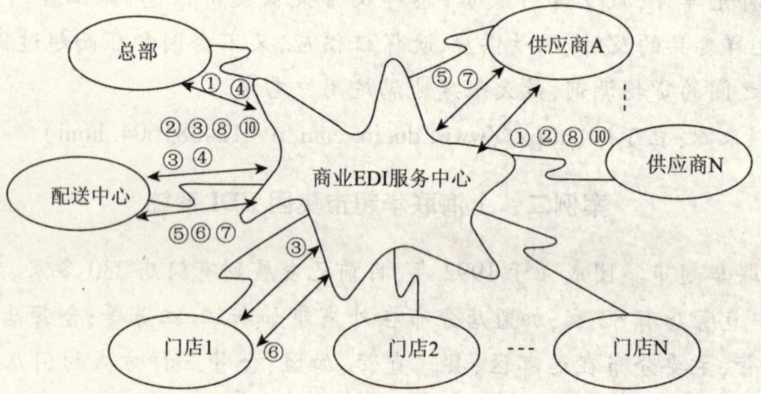

图 8－8　上海联华超市 EDI 应用结构图

采用 EDI 之后，配送中心直接根据各门店的销售情况和要货情况产生订货信息发送给供货厂家。供货厂家供货后，配送中心根据供货厂家的发货通知单直接去维护库存，向门店发布存货信息，这样做的结果，使得信息流在供应商、配送中心、门店之间流动，所有数据只有一个入口，保证了数据传递的及时、准确，降低了订货成本和库存费用。信息流的运转如图 8－9 所示。

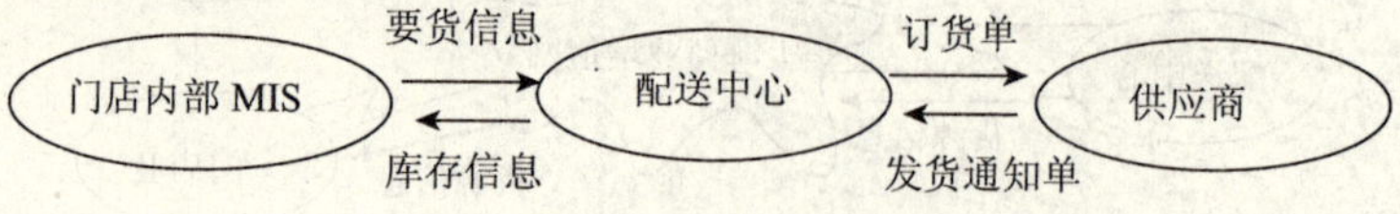

图 8－9　上海联华超市信息流运转图

案例三　海南农产品电子商务与现代物流系统

农产品电子商务与现代物流系统是国家“十五”科技攻关计划课题——海南省电子商务与现代物流示范工程的重点任务之一，其总体目标是在“十五”期间开发建设一个以有效商业模式为基础，集“信息流、商流、物流”为一体的农产品电子商务与现代物流系统。该系统的重点建设项目包括产地(海南省)农产品物流(集货)中心规划设计建设、农产品物流信息系统的设计开发以及与电子商务系统的集成。

产地农产品物流中心规划设计建设研究包括:产地农产品物流中心的规划建设目标、市场定位、系统功能设计、基础设施规划与设计、经营体制与机制设计、相关技术与标准研究等。农产品物流信息系统的规划设计研究包括:产销供应链系统功能设计、物流服务系统设计(运输、仓储、加工等)、系统开发拓展设计等。

承担该系统开发的单位在海南省信息产业局的牵头下,组织起草制定了《海南农产品网上交易标准》,包括 34 种水果类产品和 35 种蔬菜类产品。目前已完成企业标准备案。

农产品电子商务与现代物流系统目前已开通了 BTOB 网上结算功能,以整合和联盟的方式基本完成了海南农产品产销地物流中心的建设,成功开发了"海南物流网(WWW. 089856. COM)",实现了电子商务系统和物流系统在产销物流中心之间的有效对接与应用,依托海南农产品产销两地农产品批发市场,开通了"海南农产品产销直通车"栏目,已实现海口新港果菜批发市场—武汉三角塘蔬菜批发市场有效对接,正逐步对接深圳布吉农批发市场等其他 9 个城市农产品批发市场。

系统已在海南澄迈县、海口新港果菜批发市场、2002 年海南冬季瓜菜交易会、武汉市三角塘蔬菜批发市场等示范点投入运行。目前,系统注册会员海南地区有 183 家,武汉地区有 86 家。进入冬季瓜菜产销季节以来,海口、武汉两地平均每天通过"产销直通车"网上配对交易瓜菜达到 30 车货左右,其中,出岛 25 车,进岛 5 车,实现交易额 150 万元以上。2003 年度至 10 月 31 日,系统已累计实现冬季瓜菜交易额 1500 万元。

该系统 2003 年 11 月已顺利通过了科技部电子商务与现代物流项目管理办公室组织的全面验收。

(案例来源:海南省人民政府网,http://www. hainan. gov. cn/data/news/2006/03/8541/)

根据案例回答下列问题:

1. 台北农产和上海联华超市为什么要采用 EDI 系统?各自的特点体现在哪些方面?

2. 案例一和案例二对海南建立农产品现代物流系统有哪些借鉴意义?

◎◎◎ 思考与讨论 ◎◎◎

1. 什么是物流 POS 系统?POS 系统有哪些特征?

2. 简述 POS 系统的运行步骤。

3. 什么是 EDI？EDI 有哪些类型？

4. 简述 EDI 系统的组成及工作过程。

5. 试述 Internet 对 EDI 的影响，以及实现 EDI 需要解决哪些问题。

6. Internet 和 EDI 有哪些结合方式？

7. 试述 EDI 在热带农产品物流中的应用。

第九章　热带农产品物流与电子商务

学 习 目 标

- 了解电子商务的概念、模式；
- 理解电子商务对热带农产品物流的影响；
- 掌握热带农产品电子商务物流的概念；
- 了解物流电子商务的新特点；
- 掌握热带农产品电子商务模式；
- 理解配送的定义及类型；
- 掌握热带农产品物流配送的定义、功能、模式；
- 熟悉热带农产品物流配送体系的建设。

电子商务作为一种先进的、电子化的新型商务模式，为农产品物流提供了空前的发展机会。电子商务是指通过互联网络进行的生产、营销和流通活动，它不仅指基于互联网上的交易，而且指所有利用电子信息、技术来解决问题、降低成本、增加价值和创造商机的商务活动，包括通过网络实现从原材料查询、采购、产品展示、订购到出口、储运以及电子支付等一系列的贸易活动。电子商务的发展使产销之间的直接沟通成为可能，从根本上减少了农产品的流通环节，使农产品从生产者直接到消费者，不仅降低了交易成本，而且提高了时效。

第一节　热带农产品物流电子商务概述

一、电子商务概述

（一）电子商务的概念

广义上讲，电子商务一词源自于 Electronic Business，就是通过电子手段进行的商业事务活动。通过使用互联网等电子工具，使公司内部、供应商、客户和合作伙伴之间利用电子业务共享信息，实现企业间业务流程的电子化，配合企业内部的电子化生产管理系统，提高企业的生产、库存、流通和资金等各个环节的效率。

联合国国际贸易程序简化工作组对电子商务的定义是：采用电子形式开展商务活动，它包括在供应商、客户、政府及其他参与方之间通过任何电子工具，如EDI、Web技术、电子邮件等共享非结构化商务信息，并管理和完成在商务活动、管理活动和消费活动中的各种交易。

（二）电子商务模式

1. 概念

电子商务模式，就是指在网络环境中基于一定技术基础的商务运作方式和盈利模式。研究和分析电子商务模式的分类体系，有助于挖掘新的电子商务模式，为电子商务模式创新提供途径，也有助于企业制定特定的电子商务策略和实施步骤。传统的观点将企业的电子商务模式归纳为B2C（Business to Consumer）、B2B（Business to Business）、C2B（Consumer to Business）、C2C（Consumer to Consumer）、B2G（Business to Government）、BMC（Business Medium Consumer）、ABC（Agents Business Consumer）等七种经营模式。

2. 类型

通常按照参与交易的对象进行分类，电子商务最基本的结构模式主要有：

（1）B2B结构模式。企业与企业之间的电子商务。这种方式是电子商务应用最多和最受企业重视的形式，企业可以使用Internet或其他网络对每笔交易寻找最佳合作伙伴，完成从订购到结算的全部交易行为。

（2）B2C结构模式。企业与消费者之间的电子商务。这是消费者利用因特网直接参与经济活动的形式，类同于商业电子化的零售商务。随着因特网的出现，网上销售迅速地发展起来。

（3）C2C结构模式。消费者与消费者之间的电子商务。C2C商务平台就是通过为买卖双方提供一个在线交易平台，使卖方可以主动提供商品上网拍卖，而买方可以自行选择商品进行竞价。其代表是eBay、淘宝等电子商务模式。

（4）C2B结构模式。消费者与企业之间的电子商务。这是一种创新型的电子商务模式，不同于传统的供应商主导商品，这是通过汇聚具有相似或相同需求的消费者，形成一个特殊群体，经过集体议价，以达到消费者购买数量越多，价格相对越低的目的。

（5）政府电子商务。包含C2G结构模式和B2G结构模式。C2G电子商务结构是指由政府利用电子商务手段进行福利费发放、自我估税和个人税费征收的电子商务运营模式；B2G电子商务结构是指利用网络完成政府与企业之间的政府采购、税收、商检、管理条例发布等各项事务的电子商务应用模式。在这种电子商务中，政府还有一个重要作用，就是对电子商务的推动、管理和规范作用。

(6)BMC 电子商务。企业、中间监管与消费者之间的电子商务模式即指 BMC 模式,是一种全新的电子商务模式。BMC 是英文 Business – Medium – Consumer 的缩写,率先集量贩式经营、连锁经营、人际网络、金融、传统电子商务(B2B、B2C、C2C、C2B)等电子商务模式优点于一身,解决了 B2B、B2C、C2C、C2B 等传统电子商务模式的发展瓶颈,是整合 B2M 和 M2C 的一种电子商务模式,即 B2M + M2C = BMC(M = Medium)。

其中的 Medium 就是第三方监管平台,它指的是在企业与消费者之间搭建的一个空中的纽带与桥梁。它是一个多维的、可以无限转换的连接点,将网站与消费者、机构与终端、企业与渠道代理商根据不同的需求有机、立体地结合,形成利益互动,打造共赢的一个大型电子商务平台。就是通过第三方监管平台为企业提供第三方质量监控、多媒体整合推广、全民参与经营、保障企业/消费者权益、改变网络诚信危机、降低企业运营成本等的新型电子商务模式。

BMC 商业模式由太平洋直购网独创。新型 BMC 模式致力于为人们提供一个"信息高度流通 + 交易高度诚信 + 交易范围高度广泛 + 交易对象多样转换"的绝佳的电子商务平台,成功地把消费者、供货商、诚信渠道商的商品资源、服务资源、资金资源、人脉资源整合到一起,最大限度地保证消费者的消费权益,创造社会、商家和消费者共赢的局面。

(7)O2O 模式。O2O(Online to Offline)是近年来新兴起的一种电子商务新商业模式,即将线下商务的机会与互联网结合在了一起,让互联网成为线下交易的前台。这样线下商家就可以到线上来吸引客源,消费者可以到线上来筛选商品和服务,再到实体店消费,实现线上线下互动,成交也可以在线结算。该模式最重要的特点是:推广效果可查,每笔交易可跟踪。

(8)ABC 模式:是新型电子商务模式的一种,是由代理商(Agents)、商家(Business)和消费者(Consumer)共同搭建的集生产、经营、消费为一体的电子商务平台。三者之间可以转化。大家相互服务,相互支持,你中有我,我中有你,真正形成一个利益共同体。

二、电子商务对热带农产品物流的影响

1. 对物流理念的影响

物流系统中的信息变成了整个供应链运营的环境基础。网络是平台,供应链是主体,电子商务是手段。电子商务作为一种电子化的新型商务模式,它为物流创造了一个虚拟的活动空间。在电子商务的环境下,人们在进行物流活动时,物流的各种职能及功能可以通过虚拟化的方式表现出来。在这种虚拟化的过程中,人们通过各种组合方式,寻求物流的合理化,使商品实体在实际的运动过程中,达到效率最高、费用最省、距离最短、时间最少的目的。

2. 对物流运作方式的影响

(1)物流中心(批发市场)主导运作

这种以物流中心(批发市场)为主导的一体化农产品供应链系统一般是以商业流通企业为主的一体化物流系统。物流中心可由原来的批发市场发展而来,通过对批发市场的改造,采用先进的电子信息技术辅助农产品交易,配备完善的物流体系和信息技术平台,使得物流中心成为联结生产、加工、零售的核心环节。另一种比较现实的解决方案之一就是连锁企业如大型超市的配送中心向上游延伸和发展,形成生鲜农产品加工配送中心。目前有相当一部分有实力的连锁企业已经开始组建自己的生鲜配送中心。两种类型的物流中心是分别从供应链上游(批发市场)向下整合和从供应链下游(连锁超市)向上整合形成的,前者位于供应链上游,往往应用于农产品大宗商品跨地区调配,实现农产品作为供应链生产原料的配置;后者的目的是面向连锁超市实现生鲜农产品的快速调配,满足最终消费者的需求。

(2)以加工企业为核心整合运作

在农产品供应链系统中,生产者是最薄弱一环,由于农户分散经营,组织化程度低,在供应链中处于不对称的弱势地位,因而可以通过建立以加工企业为中心的一体化供应链系统。

在该模式下,一方面加工企业具有较强的市场力量,以加工企业为中心能够保证生产活动的稳定性,在资金技术和生产资料等方面由公司为农户提供支持。另一方面企业在加工原料的供应上获得了保证。通过农户的组织,可以通过规模经济提高生产效率,降低生产成本。供应链整合的过程是通过加工企业内部整合和信息化水平的提高,带动上下游环节进行相应的协调与整合,最终形成统一的供应链管理平台。供应链管理平台包括电子信息系统、网络等硬件,也包括企业间的利益联结机制与统一的战略目标管理机制及供应链绩效评估机制。

在该模式下,加工企业的素质成为供应链成功的关键。在供应链整合中,供应链管理的主要任务交给了加工企业,有可能使加工企业的管理成本提高,风险增加。如果不能有效地进行科学管理,很容易造成规模不经济。由此可见,信息技术和管理思想的引入是供应链整合的关键因素之一,加工企业必须根据供应链管理理论进行业务流程重组,通过信息化建设逐步提高管理效率,降低管理成本。

(3)第三方物流为核心外包运作

第三方物流配送主要是农户、农产品基地、供销社把自己需要完成的配送业务依托专业的第三方物流公司来完成的物流运作模式。使用第三方物流配送,农产品的配送渠道,环节较少。相对于其他的配送模式,第三方物流配送在配送损耗、食品质量、管理成本方等都有很大的优势;能灵活运用新技术,实现以信息交换库存,降低成本。专业的物流配送中心能不断地更新信息技术和设施,能以快速、更具成本优势的方式满足配送需求;能提供灵活多样的顾客服务,为顾客创造更多的价值。第三方物流配送中心利用专业的库存管理、科学的配送优化、流通加工为顾客带来更多的附加价值,使顾客满意度提高。

以第三方物流为核心来建立农产品物流的供应链也存在一些问题。如:农户与市场的脱节,如果信息在第三方物流企业与农户的传递过程中失真,就使得农户的生产调整不能适应市场需求;有时可能会出现连带经营风险,如果第三方物流企业与使用方是基于合同的比较长期的合作关系,自身经营不善,则可能会影响使用方的经营,要解除合同关系又会产生很高的成本。

3. 对物流基础设施和物流技术的影响

大中型综合型或专业型的物流中心,一定要配备完善的物流信息化基础设施,构建一个四通八达的信息化农产品物流体系,积极推进先进的农产品物流信息技术应用,逐步实现农产品物流的信息化、自动化。电子商务会促进农产品物流基础设施的改善。电子商务高效率和全球性的特点,要求物流也必须达到这一目标。而要实现这一目标,良好的交通运输网络、通信网络等基础设施则是最基本的保证。

大多数农产品的特点是水分多、容易腐烂,特别是蔬菜、水果,在物流作业过程中存在包装难、装卸难、运输难、仓储难等问题。农产品加工与物流技术的落后,大大影响了农民的生产利益和农产品加工流通企业的利润实现。在发达国家,农产品的加工、包装、贮藏、运输、销售已从粗放型向精细化转变,新型物流技术的综合利用极大地提高了农产品的效益和附加值,特别是生鲜农产品的采摘、加工、储藏及运输先进技术的采用,使农产品的价格成倍增长,并且农产品的流通效率与效益大幅度提高。物流技术分为硬件技术和软件技术两个方面,具体包括物流信息技术、储存包装技术、装卸运输技术、流通加工技术、物流组织管理技术、物流标准化技术、商品检测技术等。电子商务将促进物流技术的进步。建立适应电子商务运作的高效率的物流系统,对加快提高物流技术水平意义重大。

4. 对物流人才培养的影响

农产品物流的发展,人才的培养极为重要,在农产品物流中一定要注意人才的专业性。通过开展物流职业教育来传播物流知识;通过从业资格认证来激励人们投身于物流行业,从而提高从业人员的整体素质。只有全面提高人才储备,才能从根本上加快电子商务的发展,加快电子商务在农产品物流中的应用。电子商务平台引导下的农产品物流运作模式可以充分发挥现代信息技术的作用,使农产品的生产者、消费者、供应商、经销商、零售终端及第三方物流公司在电子商务平台的引导下实现协调整合,在提高物流效率的同时,最大限度地降低农产品损耗,为提高农民收入水平奠定坚实的基础。

三、热带农产品物流电子商务的含义

当电子商务在其他行业已经广泛应用时，在农产品领域还是个新生事物。伴随着电子商务的迅猛发展，给农产品流通与物流的发展也带来了新的动力，提供了新的思路和发展方向。有学者对传统交易模式和电子商务下交易进行对比分析后，得出电子商务使得市场信息更加透明、交易更加便捷、支付结算更加顺畅，同时物流成本也更加低廉的结论。发展农产品电子商务不仅可以突破传统的产销模式和农产品物流营销渠道，还可以培养广大农民的营销意识、品牌意识，引导农民按市场需求组织生产，不断提高农业产业化水平。

有利的外部发展环境推动着农产品电子商务的发展。根据有关统计，全国农业网站已达8000多家。在技术上已经实现了农产品信息标准分类和自动配对，再加上在线洽谈和在线支付功能的完善，一些网站已经进行了大胆的尝试并取得了一些经验。例如，山东寿光在线交易电子商务平台就是一个典型代表。然而，由于农户参与积极性不高，我国大部分农业电子商务网站还缺乏有效的农产品行情和供需信息的发布机制，使得成功交易率较低。大多数情况下，农户只是简单地发布自己的供应信息，而卖家也只是简单地发布自己的需求信息。两者之间的互动不足，使得农户希望通过网络交易平台销售农产品的愿望落空。

热带农产品一般易腐烂，保存期有限。热带农产品物流过程中，中间环节的增加会损害到农户和消费者的利益，所以需要一种简便易行的营销与物流模式来实现减少环节、降低成本的效果。针对以上存在的诸多问题，一些学者提出了多种改进措施，引入电子商务模式就是其中之一。

所谓热带农产品电子商务，是指将电子商务等现代信息技术和商务手段、交易方式引入现行的热带农产品生产、运输和销售经营中，确保热带农产品信息收集与处理的渠道有效、畅通。通过在热带农产品物流中引入电子商务模式及集成的信息系统，形成动态联盟式的热带农产品供应链，可以建立起高效、合适的热带农产品营销体系，完成对热带农产品从产、供、销最后送达消费者手中的一系列物流管理过程。

第二节　热带农产品物流电子商务与物流

一、物流电子商务的新特点

电子商务时代的来临，给全球物流带来了新的发展机遇，使物流具备了一系列新特点。

1. 信息化

电子商务时代，物流信息化是电子商务的必然要求。物流信息化表现为物流信息的商品化、物流信息收集的数据库化和代码化、物流信息处理的电子化和计算机化、物流信息传递的标准化和实时化、物流信息存储的数字化等。因此，条码技术（Bar Code）、数据库技术（Database）、电子订货系统（Electronic Ordering System，EOS）、电子数据交换（Electronic Data Interchange，EDI）、快速反应（Quick Response，QR）及有效的客户反映（Effective Customer Response，ECR）、企业资源计划（Enterprise Resource Planning，ERP）等技术与观念在我国的物流中将会得到普遍的应用。信息化是一切的基础，没有物流的信息化，任何先进的技术设备都不可能应用于物流领域，信息技术及计算机技术在物流中的应用将会彻底改变世界物流的面貌。

2. 自动化

自动化的基础是信息化，自动化的核心是机电一体化，自动化的外在表现是无人化，自动化的效果是省力化，另外还可以扩大物流作业能力、提高劳动生产率、减少物流作业的差错等。物流自动化的设施非常多，如条码/语音/射频自动识别系统、自动分拣系统、自动存取系统、自动导向车、货物自动跟踪系统等。这些设施在发达国家已普遍用于物流作业流程中，而在我国由于物流业起步晚、发展水平低，自动化技术的普及还需要相当长的时间。

3. 网络化

物流领域网络化的基础也是信息化，这里指的网络化有两层含义：一是物流配送系统的计算机通信网络，包括物流配送中心与供应商或制造商的联系要通过计算机网络，另外与下游顾客之间的联系也要通过计算机网络通信，比如物流配送中心向供应商提出订单这个过程，就可以使用计算机通信方式，借助于增值网（Value-Added Network，VAN）上的电子订货系统（EOS）和电子数据交换技术（EDI）来自动实现，物流配送中心通过计算机网络收集下游客户的订货的过程也可以自动完成；二是组织的网络化，即所谓的企业内部网（Intranet）。物流的网络化是物流信息化的必然，是电子商务下物流活动的主要特征之一。当今世界Internet等全球网络资源的可用性及网络技术的普及为物流的网络化提供了良好的外部环境，物流网络化的趋势势不可挡。

4. 智能化

这是物流自动化、信息化的一种高层次应用。物流作业过程大量的运筹和决策，如库存水平的确定、运输（搬运）路径的选择、自动导向车的运行轨迹和作业控制、自动分拣机的运行、物流配送中心经营管理的决策支持等问题都需要借助于大量的知识才能解决。在物流自动化的进程中，物流智能化是不可回避的技术难题。好在专家系统、机器人等相关技术在国际上已经有比较成熟的研究成果。为了提高物流现代化的水平，物流的智能化已成为电子商务下物流发展的一个新趋势。

5. 柔性化

这一概念本来是为实现“以顾客为中心”理念而在生产领域提出的，但要真正做到柔性化，即能真正地根据消费者需求的变化来灵活调节生产工艺，没有配套的柔性化的物流系统是不可能达到目的的。20 世纪 90 年代，国际生产领域纷纷推出弹性制造系统（Flexible Manufacturing System，FMS）、计算机集成制造系统（Computer Integrated Manufacturing System，CIMS）、制造资源系统（Manufacturing Requirement Planning，MRP）、企业资源计划（ERP）以及供应链管理的概念和技术，这些概念和技术的实质是要将生产、流通进行集成，根据需求端的需求组织生产，安排物流活动。因此，柔性化的物流正是适应生产、流通与消费的需求而发展起来的一种新型物流模式。这就要求物流配送中心要根据消费需求“多品种、小批量、多批次、短周期”的特点，灵活组织和实施物流作业。

另外，物流设施、商品包装的标准化，物流的社会化、共同化也都是电子商务下物流模式的新特点。

二、热带农产品电子商务模式

目前主要有以下七种具有代表性的农产品电子商务模式：目录模式（catalogue），也有学者把这种模式称之为网上黄页（Web Yellow Page）；信息中介（Information Intermediary）；虚拟社区（Virtual Communities）；电子商店（e－Shop）；电子采购（e－Procurement）；价值链整合（Value Chan Integration）；第三方交易市场（Third－Party Trading Market）。

通过归类分析，把上述七种农产品电子商务模式大体上分为三类：

1. 初级模式

包括目录模式、信息中介模式、虚拟社区模式。其共同点是不进行农产品实物的网上交易，而是为农产品网上实物交易提供服务。这三种模式主要是从不同的角度分别为农产品企业的电子商务提供宣传、信息和交流沟通服务，基本上只是一个信息交换平台，仅仅是电子商务发展的初级模式。

（1）目录模式。一是链接到某一综合信息平台上（门户网站如雅虎等）；二是建立自己的网站用以发布信息。这种模式主要是介绍各类公司的经营特点，推荐产品，宣传企业的业绩。

（2）农产品信息中介模式。主要是以提供信息中介服务来帮助农产品企业获得相关农产品信息，在某种程度上仅仅是商务服务行为。

（3）农产品虚拟社区模式。虽然能为整个价值链或价值链系统增加信息交换量，但并不属于价值链上的任何一个元素。因为如此，它正式成为一种附加功能，主要用它为其他商业模式（电子商店、第三方交易场所、价值链整合商）提供辅助功能。其发展上也存在着局限性。

2. 高级模式

电子商务具有较大规模和较强实力的高级模式:包括电子商店模式、电子采购模式、价值链整合模式。其共同点是进行农产品实物的网上交易。但是它们的情况又各不相同。

(1)农产品电子商店模式。该模式的驱动者一般是卖方或买方单方,整个模式的发展受宏观网络环境和客户对网络采购偏好的影响很大。另外,交易过程需要交易各方如中介方、金融、物流、保险、税务的配合,一般不具实力的网站在目前环境下很难实现交易。

(2)农产品电子采购模式。该模式实施的前提是农产品企业内部信息化已经完善,并且需要将后端应用连接起来的灵活接口,在此基础上要增加适合企业的供应链系统、物流配送系统,只有这样库存管理以及相应的电子采购系统完善配套才能实现,也就是说要实现 ERP、CRM、SCM 及电子采购系统的融合才能实现该模式。而目前中国的实际情况是大多数农产品企业连内部信息化都尚未实现,故现阶段要采取此种模式较为困难。

(3)价值链整合模式。应用该模式的主要是资金比较充足的上市农产品企业或行业内知名企业集团,对于一般企业应用这种模式还存在一些困难和障碍。主要表现在环境问题、相关价值链上企业间配合问题、人才问题等方面,而最重要的还是资金问题。虽然电子商务能够降低交易成本,但是,庞大的资金投入也不是一般企业所能承担的。即便能够承担,庞大的初期投入、长期维护运营费用跟降低的交易成本之间的比较优势一时也很难平衡。因此,一般来说,采用价值链整合模式的农产品企业自身必须是一个具有号召力的大企业或服务提供商,往往这种模式的采用者大多是具有知名品牌和较大的规模的农产品企业。对于中国来说,农产品企业目前绝大多数还是中小型企业,开展价值链整合的电子商务还比较困难。所以,农产品电子商务价值链整合模式的采用,在现阶段普遍推广具有较大的局限性。

3. 第三方市场模式

该模式适于中国国情并具有相对发展优势。在中国目前的经济环境下,第三方交易市场模式应用于中国农产品电子市场具有广泛的实际意义。因为,中国农业中小型企业及农户占企业总量的99%,它们与大企业相比,有着自身的弱点,如资金不足、生产规模小、缺乏人才、营销网络过窄等。而电子商务是未来企业的主流生存方式之一,因此,越来越多的中小企业甚至农户开始涉足电子商务领域。但是,一个完整的电子商务系统是十分复杂的,需要企业有相当大的投入,而这对于实力不足者来说是一大难题。在这种情况下,第三方交易市场模式的优势就显露出来,为大宗农产品交易提供了平台,具有较高的匹配能力。往往能在买方和卖方都十分分散的情况下取得成功。

本文从电子交易的角度对农产品电子商务七种模式进行了综合分析,从分析中可以看出,任何模式都是与特定的需求、资源环境信息相关的,没有什么"模式"是"放之四海而皆准"的;其适应性、其优劣是相对而言的。总之,不同的农产品电子商务模式,解决或缓解了目前农产品交易中存在的不同的问题,因此有不同的网络适应性:价值链整合和第三方交易市场模式能有效地解决农产品交易环节过多的问题;信息的畅通、透明能够规范交易各方的行为;网上商店、电子采购、价值链整合、第三方交易市场四种模式中规范的交易流程、科学的交易方式能够减少传统交易中存在的交易不规范的顽疾;农产品电子商务的七种主要模式都具备信息的收集、发布功能,并且采用这些模式的企业为了聚集人气和提供完善的服务,都加强了信息的服务能力,使参与者能够得到比较全面的相关交易信息,在一定程度上消除了信息不对称性;信息中介模式能有效降低农产品交易中收集信息的成本;电子商店、电子采购、价值链整合、第三方交易市场模式能分别不同程度减少交易成本;第三方交易市场模式,通过有效的网上交易手段及合约交易,能够减少交易的波动幅度;同时,针对农产品交易量大、生产的季节性和区域性特点,农产品电子商务也有不同的模式适应性。

第三节　我国电子商务的热带农产品物流配送体系建设

一、配送的定义及类型

(一)配送的定义

关于配送目前还没有一个统一的定义。2001 年 4 月,中国国标《物流术语》给配送下的定义是:"在经济合理区域范围内,根据用户的要求,对物品进行拣选、加工、包装、分割、组配等作业,并按时送达指定地点的物流活动。"

配送这一概念包括以下三方面的内涵:

(1)配送提供的是物流服务,因此满足客户对物流服务的需求量是配送的前提。在买方市场条件下,客户的需求是灵活多变的,消费特点是多品种、小批量的,因此从这个意义上说,配送活动绝不是简单的送货活动,而应该是建立在市场营销策划基础上的企业经营活动。单一的送货功能,无法较好地满足广大客户对物流服务的需求,因此配送活动是多项物流活动的统一体。

(2)配送是"配"与"送"的有机结合。配送包括了"配"与"送"两方面含义。"合理的配",是指在送货活动之前必须依据客户需求对其进行合理的组织与计划。只有"有组织有计划"的"配"才能实现现代物流管理中所谓的"低成本、快速度"的"送",进而有效满足客户的需求。

(3)配送是在积极合理区域范围内的送货。配送不宜在大范围内实施,通常仅局限在一个城市或地区范围内进行。

(二) 配送与运输的比较

配送从某种意义上说是一种特定的运输。在物流过程中,运输与配送具有相对性,其中运输侧重于集货,而配送侧重于送达,此二者相辅相成,共同承担物流活动过程中的货物移动以及与其相关的服务。如果把物流作为一个系统,那么配送即是系统的终端,配送的主体活动是支线或者末端的运输及分拣配货,其中分拣配货是配送的独特要求,而以送货为目的的运输则是配送得以最终实现的主要手段。

表9-1　配送与运输的比较

比较项目	配送	运输
货物移动距离	局限在统一区域(城市)内,距离较短,属于支线运输、二次运输和末端运输。	来往于不同区域(城市)之间,距离较长,属于干线运输。
服务功能	“配”与“送”的结合	纯粹是“送”
运输工具	只涉及公路运输,主要采用汽车	使用多种交通工具
货物特性	主要针对多品种、小批量货物	主要针对少品种、大批量货物
价值取向	服务优先	效率优先

(三) 配送的类型

按照不同的分类标准,配送可以分为不同的类型:

1. 按照配送主体进行分类

(1)生产企业配送。即以生产企业的成品库和设在各地的配送中心为据点,由生产企业自已组织的配送活动。

(2)分销商配送。许多产品的生产具有很强的集中生产、分散消费的特点,在实现生产的规模经济性的同时,将产品的市场拓展到全国乃至全世界。

(3)连锁店集中配送。统一采购、集中配送、分散销售是连锁店的基本特点,建立自已的配送中心、强化集中配送的能力是连锁店提高竞争力的重要途径。

(4)社会配送中心配送。随着社会分工的发展,出现了专门从事商品配送服务的配送中心。配送中心的设施及工艺流程是根据配送需要专门设计的,所以配送能力强,配送距离远,配送品种多,配送数量大。

2. 按照配送时间和数量进行分类

(1)定时配送。即按照规定的时间进行货物配送。定时配送时间固定,便于制订配送计划,安排配送车辆及送货人员,也便于安排接货人员及设备。但如果配送订单下达较晚,在配送品种和数量变化较大时,配货时间很短,给配送工作造成较大的难度,也容易出错。日配(当日配送)是定时配送中较常见的方式。一般来说,如果是上午下达的订单,当天下午可送达;如果是下午下达的订货,第二天上午可送达。日配的开展可以使客户维持较低的库存,甚至实现零库存。日配特别适合生鲜食品及周转快、缺乏仓储场地或特定设备(如冷冻设备)的小型零售商。

(2)定量配送。即在一定时间范围内,按照规定的品种和数量进行货物配送。这一配送方式不仅可以实现提前配货,而且可以按托盘、集装箱及车辆的装载能力有效地提高配送的效率,降低配送费用。同时,每次接货的品种和数量固定,有利于提前准备好接货所需的人力、设备。

(3)定时定量配送。它是上述两种配送方式的综合,即按照规定的时间、规定的品种和数量进行货物配送。这种配送方式计划性很强,但适合的客户对象较窄,要求货物需求具有非常稳定的特点。

(4)定时定路线配送。即在规定的运行路线上按照所要求的运行时间表进行货物配送。邮政部门的普通邮件投递就是采用这种配送方式。这种配送有利于安排配送车辆及人员,对客户而言,有利于安排接货力量,但一般配送的品种、数量不宜太多。

(5)即时配送。即完全根据客户提出的品种、数量、时间要求提供的一种随要随送的配送方式。这种配送方式由于所要求的时限很快,因此对配送组织者提出了较高的要求。对于客户而言,它具有很高的灵活性,可以使客户实现安全存货的零库存。对保鲜性要求比较高的农产品多以此种配送方式为主。

3. 按照配送专业化程度进行分类

(1)专业化配送。是指专门针对某一类或几类货物的配送方式,如图书配送、鲜奶配送等。专业化配送有利于发挥专业化分工的优势,按照不同配送货物的特殊要求优化配送设施、配送车辆,提高配送的效率,确保配送货物的品质。但需要和多家配送组织者打交道,比较麻烦。

(2)综合化配送。是指同时针对多种类型的货物的配送方式。综合化配送可以使客户只要与少数配送组织者打交道就可以满足对众多货物的需要,可以简化相应的手续。但当不同产品的性能、形状差别很大时,配送组织者的作业难度较大。

(四)热带农产品物流配送的定义

热带农产品物流配送是指按照消费者的需求,在热带农产品配送中心、热带农产品批发市场、连锁超市或其他农产品集散地进行热带农产品的加工、整理、分类、配货、配装和末端运输等一系列活动的过程。其外延主要包括热带农产品供应商配送和超市连锁配送两方面。其中,前者主要包括热带农产品配送企业、热带农产品批发市场、热带农产品生产者的专业协会等配送主体向超市、学校、宾馆和社区家庭等消费终端配送热带农产品的过程,而后者主要是经营热带农产品的超市由总部配送中心向各连锁分店和其他组织配送热带农产品的过程。

二、物流配送的功能

配送是物流系统中增值空间最大的一个环节，近年来，配送已经成为企业经营活动的重要组成部分，配送的目的在于最大限度地压缩流通时间、降低流通费用、提高客户服务水平、降低社会生产的总成本、实现资源的最优配置。形成“农产品供应者—物流配送中心—连锁网点”的农产品快速流通渠道是企业降低农产品采购、配送成本，取得价格竞争优势的关键。配送之所以受到青睐，是因为配送在社会生产活动中有其重要的作用：

第一，实行物流配送有利于促进物流活动的社会化。专业化的物流配送能够利用其特有的优势调整整个流通结构，形成规模经济。

第二，实行物流配送有利于实现物流资源的合理配置。发展配送服务，既可以稳定企业之间的供销关系，合理降低库存，节约运力；又可按照企业的需求来配备资源，达到生产企业的零库存以及合理配置物流资源的目的。

第三，实行物流配送有利于开发和应用新技术。开展配送活动，必须配备相应的物流设施，以提高配送的作业效率，因此将不断促进与配送有关的高新技术的开发与应用。

第四，实行物流配送有利于创造社会整体效益。实行配送很容易使各种不同的组织联合在一起，从而能够充分发挥专业流通组织的综合优势。

三、热带农产品物流配送模式

配送模式就是企业对物流配送所采取的基本战略和方法。现代运输的主要模式包括航空、铁路、水运、公路以及管道运输等五种，由于公路运输与其他运输模式相比具有以下主要特点：速度快、直达性好、灵活方便、终端距离运输费用相对较低等，物流中心输配送系统的运输模式主要以公路运输为主，特别是以中小型货车运输为主。当前我国热带农产品物流配送模式主要有以下四种（三种），即直销型（自营配送）、契约型（自营配送）、联盟型（共同配送）以及第三方物流模式（社会配送）。

1. 直销型物流模式

此种模式是自营配送的一种，适应于流通范围小、通货物量少的情况，需要农户或者农产品生产基地自行将农产品送到最终用户。很明显，直销型物流配送模式已经不能适应现代社会化大生产发展的要求。

2. 契约型物流模式

此种模式是自营配送的另外一种形式，鉴于加工企业、大型超市、农贸市场等农产品经销商存在原料来源不稳定的问题，它减少了农产品的流通渠道，以“农户+运销企业”、“农户+加工企业”、“公司+农户+保险”以及“公司+合作社”等有效形式为这些农产品经销商提供了高品质且稳定的货源。但是契约型物流配送模式存在弊端:一方面,由于农户单枪匹马进入流通市场,在同经销商进行谈判时处于弱势地位,经销商违约的现象经常发生,农民的合法权益难以受到保护;另一方面,加工企业、大型超市、农贸市场等面对的是单个的分散的农户,这在一定程度上增加了企业的交易费用和配送成本。

3. 联盟型物流模式

又叫共同配送模式。这是一种专业化分工明显、交易效率高的模式,它依靠农民、农产品批发商、零售商、经销商、农产品加工企业、大型超市、农贸市场等农业产业链上的各节点之间的利益联结和优势互补,节约了交易成本,同时也为农产品物流链上的各主体建立了公共交易平台。但是这种模式同样也存在缺陷:一方面,由于此种模式面对的是整个农产品交易链,因而管理效率较低,这种现象随着日益扩大的交易量将会更加明显;另一方面,战略联盟链上的节点较多,位于中间的经销商掌握的交易信息较农民和消费者多,容易产生信息不对称的情况,影响利益的合理分配。

4. 第三方物流模式

又叫社会配送模式。随着农产品交易过程市场化程度的不断提高,从农产品生产和销售活动中分离出一类专门从事农产品运输、加工、包装、配送等活动的组织,促进了社会分工合作,降低了物流成本,它们在农产品从生产到流通的过程中起到了纽带和桥梁的作用,这种模式是我国农产品物流模式的发展方向。

不同的配送模式之间有着不同的优势和不足,主要由以下三方面决定:一是不同的配送模式涉及的参与方的多少;二是在一定的配送模式下企业对配送活动的可控性——即衡量一个企业能保证客户的个性化需求的多少;三是各模式之间的功能特色。

表9-2　不同的配送模式比较分析

	直销型/契约型	联盟型物流模式	第三方物流模式
参与方	企业	若干企业	企业和物流公司
配送可控性	可控	协调控制	难以控制
功能特色	成本、服务	双赢效果	外包、注重核心竞争力

四、热带农产品物流配送体系建设

(一)热带农产品物流配送体系构建原则

由于涉及城市农业经济发展水平、区域地理位置、辐射范围、功能定位等因素,我国热带农产品物流配送体系的构建需遵循如下原则:

1. 协调性原则

为适应农业产业经济的特征和城乡统筹建设的需求,农产品现代物流配送体系的构建应建立多渠道、多层次的协调机制，与物流业三层空间布局相协调，促进城乡经济的发展。

2. 综合性原则

热带农产品物流配送体系不是孤立的，它应该与地区经济社会各个要素相互联系，因而应该遵循综合性的原则，将热带农产品现代物流配送网络的构建纳入城市整体规划中综合考虑。

3. 可持续发展原则

城市经济的发展应遵循可持续发展的原则，城市物流配送体系的构建也不例外，在科学发展观的基础上，切实做到以人为本，最大化地优化社会环境，想方设法满足全体社会成员对环境的要求。

4. 因地制宜原则

在构建现代物流配送体系时，必须结合农业生产力布局的特点，根据农产品种类、产销区以及国际市场分布等因时因地制宜地对基础设施、物流干线和线路等进行组织设计，从而达到切实满足热带农产品生产、流通、加工需求的目的。

（二）热带农产品物流配送体系构建目标

建立现代化的热带农产品物流配送体系，主要在充分利用现有资源的基础上，运用国际上先进的物流理念、技术和设备，结合我国国情，建设有中国特色的热带农产品现代物流配送体系，其基本目标可以描述为：

1. 降低成本，增加收益

现代客户的着眼点主要是价格、品质、效率和速度这四个方面的结合。农产品现代物流配送体系的构建可以在资源整合的基础上对城市管理、流程改造等方面发挥一定的作用，解决当前物流体系的低效率和高消耗的问题，从而达到降低农产品物流成本的目的，提高经济效益。

2. 提供完善服务

农产品物流是连接生产和消费的纽带，直接服务于农业及相关产业的生产以及农村和城镇居民的消费，除货物运输的门对门全流程服务外，还提供了包括农产品出口中的报关清关、质量管控、简单组装、保险服务、包装、再循环服务等各式各样的增值服务；同时农产品现代物流配送体系提供先进的资讯科技，如EDI、货物追踪系统、企业流程再造（ERP）、客户关系管理（CRM）等的咨询服务等。

3. 加强与政府的交流与沟通

通过这个体系的构建，可以使政府更加完善、清楚地了解当地农产品的相关情况并且予以监督，以便及时发现当地农产品存在的不足，并加以有效的改正。

4. 引导热带农产品物流配送市场合理有序发展

通过该体系的构建，可以解决农产品配送中“小品种、大批量、质量低”的问题，通过不同层级的配送机构的合理布局，有效沟通，引导农产品物流配送市场向合理方向发展，增强农产品的竞争力。

（三）热带农产品物流配送体系建设

如图 9－1 所示，热带农产品物流配送体系包括城市物流系统和农村物流系统两部分，一方面促使城市物流网络向农村延伸，另一方面使农产品从农村运输到城市的流程更为简洁，在城乡统筹的物流配送体系下，城市物流系统和农村物流系统同处于一个整体框架下，能够真正实现农产品物流配送中的“物畅其流”。

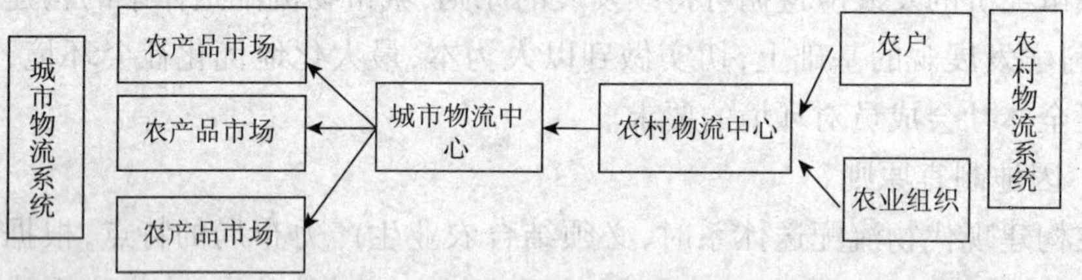

图 9－1　热带农产品物流配送体系

1. 热带农产品现代物流配送基础设施建设

鉴于目前相对薄弱的物流基础设施，加大对物流基础设施建设的投入力度成为构建热带农产品现代物流配送体系的基本要求，尽量以完善、便利的基础设备作为发展和构建统筹城乡的物流配送体系的基础。

(1)完善热带农产品物流集散设施建设

物流集散设施建设是热带农产品物流的主要据点，目前已经建立了一批物流基础设施，包括物流园区、物流中心、配送中心在内的物流节点。对这些物流节点的建设工作主要应该从以下三方面着手：

1)热带农产品物流中心的专业化

农产品物流中心是农产品物流配送体系中能将物流集散、信息和控制等功能实现一体化运作的物流节点，它既应该具有一般物流中心所具备的运输功能、储存功能、装卸搬运功能、包装功能、配送功能、信息处理功能、流通加工功能等七大主要功能，同时，也应有助于大面积发展优质高效农业。

2)热带农产品配送中心构建的完善化

配送中心是物流业三层空间布局的重要组成部分，应该根据当地交通地理条件以及主要农产品特点完善配送中心的功能，同时应该加大批发市场的建设力度，重点建设水产、茶叶、粮油批发和期货交易市场，并在配送中心配备冷藏设施、初级加工设施、包装设施、配送设施以及现代化的信息系统。

3)发展连锁超市，调整完善农产品集贸市场

由于农村经济的发展和政府的支持，“农家店”发展迅速，农产品超市在农产品物流中所起到的作用已不容忽视；连锁经营将产生规模效应、品牌效应等优势，

而统一的物流配送可以降低运输成本,增强农家店的竞争力,因此,农家店为了更好的发展必须采用连锁经营和统一的物流配送。

(2)完善热带农产品物流网络通道建设

除了需要有完善的配送基础设施建设之外,热带农产品物流配送体系的构建还需要有四面贯通的交通网络体系建设,以现代物流业发展规划为基础,应该进一步优化与农产品物流建设有关的节点间线路的网络结构,主要有以下几方面:

一是通过统一的物流基础设施建设,实现大规模的仓储设施的物流管理能力与长期储存功能,按照农产品生产季节性和消费长期性特点,为集中收购分散的农产品提供服务。二是加强基层物流网络节点、农村道路、批发市场的建设,将产品初加工和简易加工纳入物流的流通加工功能,完善农产品的流通网络,提高农产品基层流通渠道的贮存能力与输送能力。三是建立起与各个食品及农产品物流设施之间的协作网络,推广以公司加农户的运作形式,依托专业化设施实现原料集中采购和集中储存,使生产活动与销售活动通过物流组织形成一体化发展。四是推广物流服务外包,委托专业化的物流配送服务企业,针对原材料购入和成品销售建立通畅的信息系统和高效率的配送系统,开展集中配送,保证食品与农产品配送的质量。

2. 热带农产品现代物流配送体系整体规划

应该建立各区市间的农产品物流配送中心网络,从而衔接农村与市区之间的热带农产品物流配送,实现热带农产品配送的灵活调度和快速反应。在热带农产品物流配送网络的建设中需要有各级配送中心,包括各个村镇、各个县级市、市内四区等,它们对农产品生产和销售起着沟通桥梁作用,如图 9－2 所示。对热带农产品物流,跨地区的配送中心的建立有效衔接了农村与市区之间农产品的配送。

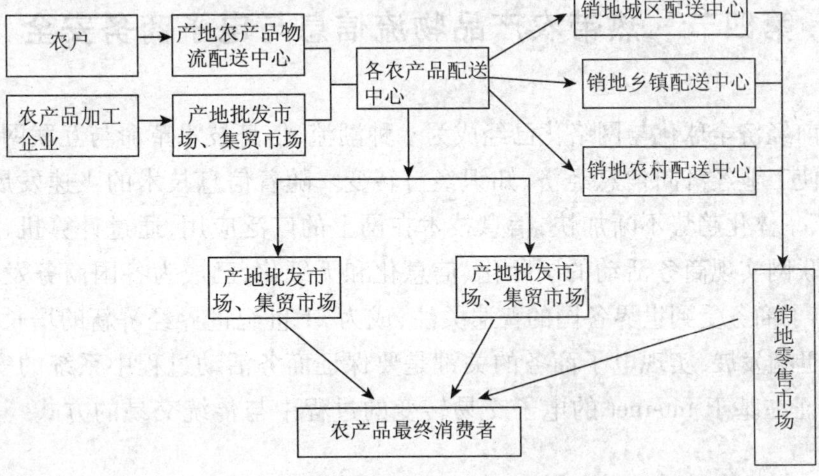

图 9－2　地区间热带农产品配送中心网络

农村与市区之间具有多级多层次的结构特点,因此在农产品物流跨地区配送网络的设计中要采用多级多层次的网络体系结构。

建立地区内农产品配送网络是保证农产品物流在同城范围内高效配送的基础,如图 9-3 所示,农户将农产品交给专业的农业物流公司、专业的农产品协会或者中介销售,初级农产品在加工配送中心进行物流环节的操作,然后配送到城区内的配送中心或城乡各级批发市场。在城区内,由配送中心完成采购订货、验收入库、储存保管、分拣、加工、补货、配货等一系列的配送活动,然后向目标客户运输、交货。这种配送过程距离一般较短,以汽车短途运输为主,目标客户一般是超市、便利店、分销店、农产品加工企业等大客户。同城内的农产品物流配送网络应该是信息化物流网络和实体化物流网络的有机结合,只有这样才能发挥配送网络的最大效益。

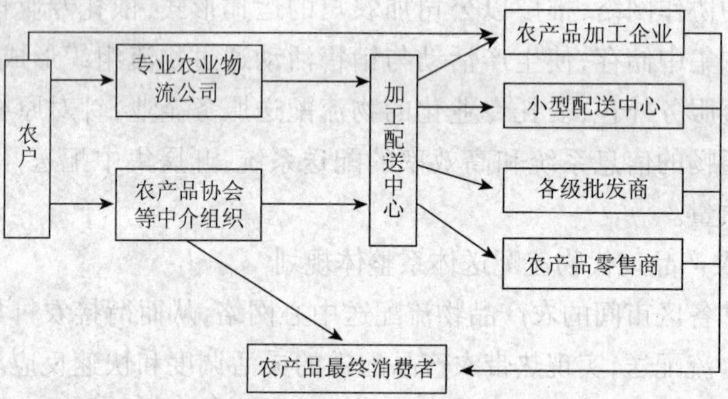

图 9-3　地区内热带农产品配送中心网络

第四节　热带农产品物流信息与电子商务安全

目前经济全球化与网络化已经成为一种潮流,信息技术革命与互联网的发展正在促使工业经济向信息经济、知识经济转变。随着信息技术的飞速发展,经济全球化、一体化趋势不断加快,信息技术在网上的广泛应用,通过计算机、网络通信和互联网实现商务活动的国际化、信息化和无纸化,已成为各国商务发展一大趋势,电子商务受到世界各国的普遍关注,成为 21 世纪世界经济新的增长点。电子商务迅猛发展,实现电子商务的关键是要保证商务活动过程中系统的安全性,即应保证在基于 Internet 的电子交易转变的过程中与传统交易的方式一样安全可靠。

我国电子商务的发展始于 20 世纪 90 年代初,1997 逐渐成为一个热门话题。

从1997年苏州第一届电子商务学术研讨会、直至2000年的第四届中国国际电子商务大会引起社会各界的广泛关注，与北美、欧洲、日本等发达国家的电子商务高速发展的现状相比较，我国的电子商务起步虽晚，但发展势头强劲。据国务院发展研究中心的统计表明，截止到2000年7月份，国内的网上商店由1998年年底的100多家已发展到近1000家，发展区域也从北京、上海、广州等少数城市向沿海和内地各大城市扩展，许多传统行业的工业和商业企业也已开始登上电子商务的舞台。

在国内电子商务发展环境渐趋成熟、国内农业急需实质性突破小农与大市场矛盾的双重背景下，中国农产品电子商务的发育开始提速。据不完全统计，目前全国农村电子商务网站已超过2000家，涉农网站超过6000家，但主要集中在发达地区，西部地区农业网站数量较少。部分农产品电子商务网站已取得较好效益，初步形成了信息环境下的全国性市场或区域性市场，成为农产品供求、农业科技和农业贸易的活跃地带。据专家们展望，电子商务在中国农业领域的发展已是必然之势。今后，在电子支付安全级别、电子商务诚信体系建设、电子商务法律体系建设等相关方面，农业电子商务的支撑环境将逐步规范和完善；新一代的农产品电子商务平台将浮出水面，取代简单依托“网站＋电子邮件”的方式，互动、实时将成为新的特征；农产品网上交易将随互联网的普及而向内陆欠发达地区拓展，同时中国农产品物流将依托电子商务逐渐向全球化扩展；农产品标准化工作将进一步得到加强，使农产品更适合于电子商务的交易模式。此外，随着智能手机用户的增长，未来农产品移动电子商务交易将从预热期转向发展繁荣期。

一、加强电子商务安全技术的研究

目前涉及的电子交易主要通过Internet网进行，而当初设计Internet的目的是为使用者提供一种弹性、快速的通信方式，并不具备商业交易需要的安全性。所以，随着Internet逐渐发展成为电子交易的最佳载体，必须在本质上对其进行重新设计。电子商务的发展需要解决安全性和可靠性问题。计算机安全技术本身的发展就存在一个时滞的问题。病毒的感染、黑客的侵袭更使人们对计算机的安全性，特别是网络上电子商务运行的安全性产生怀疑。这种情况对电子商务的推行造成了极为不利的影响，使公众在电子商务前裹足不前。有关部门应组织一支精干的安全技术研究队伍，集中力量尽快解决电子商务的安全技术问题，包括密码技术、防火墙技术、认证技术、留痕技术等，并能够随着计算机和电子商务技术的发展而不断改进这些技术。为保证网络交易的安全，应着手建立相应的国家级的安全控制中心系统。这一系统应包括国际出入口（信息海关）监控；电子交易证书授权、密钥管理、安全产品评测认证、病毒检测和防治、系统攻击与反攻击等分中心。通过各种安全控制分中心的协调作用，将电子商务交易风险降低到最小限度。

电子商务是通过信息网络传输商务信息和进行贸易的，与传统的有纸贸易相比减少了直接的票据传递和确认的商业交易活动，因此要求电子商务比有纸贸易更安全、更可靠。这一方面需要技术上的保证，如电子签名、电子识别等技术手段的采用；另一方面需要通过标准的形式把这些技术手段确定下来。

二、建立健全法律制度，保证电子商务的健康发展

经济的全球化已使国界的观念越来越模糊，电子商务的出现更加快了生产、销售全球化的进程。为了在世界范围内实行电子商务，必须制定一套完整的、普遍适用的电子商务准则。这涉及电子商务合同、单证、公证签名的认证以及争端解决规则等一系列制度的改革。各国的法律也必须随之修改。目前联合国贸易法委员会已制定了一套有关电子商务的法律范本，为电子商务的发展奠定了法律基础。

电子商务还不可避免地涉及知识产权保护问题。卖方担心电子传输使其知识产权被剽窃，买方则担心无法辨别产品的真伪。因此，版权等知识产权的保护需要有新制度，而且这种新制度也应当考虑到域名、商标等问题。

2000 年以来我国相继出台了《互联网信息服务管理办法》、《互联网电子公告服务管理规定》、《互联网从事登载新闻业务管理暂行规定》等相关法规。这一切对规范电子商务的行为起到了重要作用，但是和网络经济发展的要求相比还有不小的差距。

当前，电子商务数字合同、数字签名的法律问题，交易人的身份认证问题，数据电文的可接受性和证据力问题，商务数据库的保护问题，原始作品和汇编作品的版权整合问题，注册商标在数字化了以后的法律保护问题，数字化商标的淡化问题，网站之间的对注册商标的超文本链接问题，消费者的个人隐私及权益保护问题，以及网络运输单据的确认和合法化问题、市场准入问题等，都需要电子商务法尽快加以明确和规范。

三、落实国家农产品电子商务政策

随着互联网的蓬勃发展，借助互联网进行电子交易已经成为必然趋势，在全球经济一体化的形势下，国家出台电子交易规范，定义了参与方及业务流程等。2003 国家质量监督检验检疫总局发布中华人民共和国国家标准《大宗商品电子交易规范》（GB/T18769）。2003 国家发改委支持 81 家农产品市场信息化项目。2004 国家发改委支持 120 家农产品市场信息化项目。2005 年国家发改委出台电子商务专项，支持以第三方电子商务交易与服务平台为依托，以资源共享为重点，面向企业、行业或区域服务的电子商务试点工程，提高社会信息化及电子商务应用水平。2005 年，指导电子商务发展的政策性文件《国务院办公厅关于加快电子商务发展的若干意见》确立了我国促进电子商务发展的六大举措。2007 年，国家

出台电子商务战略规划，提出要推动行业电子商务应用，紧密结合行业特点，推广具有行业特点的电子商务经验，提高行业的信息化及电子商务应用水平。

◦◦◦ 思考与讨论 ◦◦◦

1. 简述电子商务的概念、模式。
2. 简述热带农产品物流电子商务的概念。
3. 试述热带农产品物流电子商务的模式。
4. 试述热带农产品物流配送体系的建设。

附　录

海南司机一卡通技术设计规划

项目名称：司机一卡通物流公共服务平台

设计公司：五州神龙（北京）电子商务有限公司

设计日期：二〇一三年一月十日

一、项目建设背景

（一）司机一卡通系统概述

“司机一卡通”是随着电子计算机技术的高速发展，“电子商务”和“电子货币”支付手段的日益成熟而提出的新概念。它是将对司机的各种服务统一起来，采用一致的付费方式，方便司机的消费、配货、停车等提高司机的工作效率的方式；在一定区域内，司机持同一张IC卡或一个会员号就能实现身份验证、流动消费支付、存储各类信息等功能，达到“一卡在手，事事无忧”的总体目标。

“司机一卡通”主要涉及在司机生活的各个领域的支付、身份认证、司机的培训、消费、配货等方方面面，能够完成运费的预收费、小额消费、保险等多个领域的快速结算和支付，在有条件的司机可在社会保障等领域的应用，以及基本银行功能的实现等。目前技术上可以实现的比较成熟的数字化司机一卡通应用领域列举如下：

- 加油；
- 配货：可以享受免费配货的支持；
- 货运保险：可以享受集中采购保险所带来的便利、便宜；
- 司机交通罚款：高速公路等收费；
- 司机公共事业：水、电、气、路桥收费、停车场收费等；
- 充值缴费；
- 司机培训：司机安全培训等；

• 社会保障:医疗、养老、工伤、失业、生育五保应用;

• 司机用品的网上购买等。

建立"全国货运司机一卡通"工程的奋斗目标是,以IC卡及会员账号作为信息的载体和接口,通过向货车司机发行用于司机生活的IC卡,建立司机公共事业管理基础信息的采集平台。将司机每日的生活信息和消费信息、生活需求和生活的偏爱,通过使用IC卡进行数字化记录,反映到司机的相关信息系统中,为司机信息的综合管理提供必要的数据与分析,依托司机IC卡系统平台全面开展电子商务。有了这些信息,辅以其他手段,如查询、报表统计、间接测算、决策分析等方法,所得到的信息相当真实、可靠,具有真实的时间和及时性,大量的信息每日汇总,勾画出司机的生活脉络,为司机的个人消费、企业经营及司机管理者的活动决策,提供了多方面有力的分析基础和指导依据。

(二) 司机一卡通建设价值体现

(1) 司机一卡通应用将方便司机的生活。通过对司机一卡通建设进行统一规划、建设和运营,把尽可能多的功能整合到同一张智能卡上,将极大地方便司机的生活,改进司机生活质量,促进经济社会的协调发展。

(2) 为司机卡的规划和建设减少重复投资。目前,与司机生活休戚相关的有许多政府服务项目和商业服务项目。政府为民服务项目包括社保、民政、劳动、卫生、公积金、公安、工商、税务和教育等领域的业务。商业服务项目包括交通、保险、公用事业和其他小额商业支付业务。如果各有关部门和单位分头进行智能卡的建设,不仅给司机使用带来不便,而且会造成大量的重复投资和资源浪费。规划和发行司机一卡通,整合各种智能卡为一张司机一卡通,同样可以避免卡资源的重复投资,维护持卡人的合法权益,

(3) 司机一卡通的规划和建设将加快政府基础数据的整合。目前,政府各有关部门正分头采集和管理有关业务数据,交叉的数据往往不统一,部门间互不开放数据,给政府工作带来很大的不便,也降低了政府决策和管理的可信度。通过司机一卡通建设,可以大大促进政府交通部门共享基础数据库系统的建设。

(4) 司机一卡通建设是营造电子商务环境、加快服务业发展、促进相关产业发展的需要。司机一卡通的广泛使用,能更好地营造司机电子商务建设的环境,加快司机服务业发展。司机一卡通建设对相关产业,特别是IC芯片设计、制造、封装以及车辆、运输信息透明的发展,具有很强的带动作用。

(5) 司机一卡通在"数字化司机"建设中具有举足轻重的地位。利用信息技术为司机提供高效率、高质量的服务是数字化建设的一个基本宗旨。司机一卡通工程是司机电子政务和公共服务领域信息化建设必不可少的内容,是提升司机的信息化水平、建设地区重要的信息枢纽、提升司机品位的重要手段。司机一卡通建设以"便民、利民"为目的,是实践"三个代表"重要思想的重要举措,充分体现了

“立党为公、执政为民”的执政理念。

（三）司机一卡通建设目标

根据项目实际需求，“司机一卡通”项目建设目标是通过新建、提升、改造、整合各类与司机办理个人社会事务相关的信息系统，用 1～3 年左右的时间，整合现有司机配货、加油、运费结算、小额缴费、交通政务、保险、商业金融、消费等行业信息化互联互通数据应用。建成一个集信息交换系统、应用系统、数据库系统和终端设备为一体的信息网络服务系统，司机凭借“司机一卡通卡”可以方便地办理各种个人事务，并逐步实现全国各领域的互联互通。

该项目将按照“政府支持、市场化运作、培育产业、带动相关产业发展”的思路，遵循先易后难、赢利与服务并重的基本原则。具体原则为：

1. 系统先进性原则

以先进技术为标准，在合理的范围内尽可能采用先进的技术和设备，使其具备良好的性能，不仅能满足当前各个子系统设计年限内的业务需要，还需为今后业务领域的扩展留有必要扩容的空间。

2. 系统安全性原则

通过建立安全控制系统，对系统中的所有对象进行控制和保护，实行身份认证、访问控制、权限设置、通信等一系列保密安全措施，以确保系统数据的安全。

3. 系统开放性原则

系统开放性可以充分保证系统的灵活性，并且随着新技术的发展，无缝地将后续开发的子系统融入到整个系统之中。系统的网络体系结构、通信协议及数据结构，应符合国际和国内标准规范及相关规定，便于系统内各子系统（如 IC 卡管理和清算中心系统、银行系统、行业应用管理系统等）之间能实现异构平台互联，完成远程数据传输、清算、管理等工作，并有助于系统建成后运营管理工作规范化。

4. 系统规范性原则

总体结构设计要遵循互联互通卡通用技术、清分清算技术、密钥安全技术要求，并将规范化、标准化贯穿于系统开发及建设的每一个阶段中。

5. 系统兼容性原则

推行司机一卡通项目要充分考虑司机用卡特征，方便用卡的原有基础上进行设计、开发等，并使之贯穿到司机“一卡通”用卡系统中。

6. 系统实用性原则

系统应采用模块化设计，便于安装、配置、维护和使用，电子网络技术日新月异，系统所采用的技术应符合当今技术发展的方向，保护项目的投资，保证今后系统的软件、硬件能平滑地扩容和升级。

（四）司机一卡通的基本功能

司机一卡通具有以下功能：

(1)记录功能:记录持卡人的基础信息和相关业务信息。

(2)凭证功能:持卡人持卡可通过联机或脱机办理个人相关事务。

(3)查询功能:持卡人通过司机一卡通服务网络的读卡设备,查询持卡人本人的个人身份、劳动保障、公用事业消费等方面的信息。

(4)消费支付:持卡人在对司机一卡通电子钱包充值后,可凭卡在司机一卡通应用网点进行公交、公用事业、日常生活方面的消费。

(5)公共服务:作为持卡人享受政府服务(劳动保障、卫生、民政等)和公共应用服务(培训、交通罚款、各种缴费)的电子凭证。

司机一卡通应用服务机构在上述功能基础上可在授权和法律允许范围内开发增值应用。

二、司机一卡通总体技术方案

（一）系统架构

1. 系统业务总体逻辑结构

根据对司机一卡通系统需求的分析,该系统在应用实体上一般可以分为四个大的层次:司机一卡通、业务受理环境、司机一卡通应用中心、司机一卡通管理中心。

第一层由持卡人和司机一卡通IC卡组成,持卡人可以在司机一卡通的各种业务受理环境使用司机一卡通。司机一卡通一般含电子支付和公共服务两大服务功能。

第二层是司机一卡通的业务受理环境,是司机一卡通的使用场所。可以分为三大类:商务应用受理环境、公共事务应用受理环境、客户服务受理环境。

第三层是司机一卡通应用中心。根据司机一卡通系统的不同业务分类以及所在司机对司机一卡通方案的规划划分。一般可以分为两个主体卡中心,一个是以电子支付卡业务为主的商务应用中心;另一个是以社会保障卡业务为主的公共事务应用中心。在这两个中心系统中各自的卡管理和卡业务模式不同,同时在两个中心都要建立卡管理中心、客服中心。

第四层是司机一卡通管理中心。司机一卡通管理办公室负责对司机一卡通相关业务进行管理,并负责商务应用数据、政务应用数据、人口信息交换平台数据的交换,并对数据进行挖掘,作为政府决策的依据。

2. 系统总体技术结构

在整个司机一卡通实体体系结构中,司机一卡通管理办公室运行的应用系统和司机一卡通信息库是支撑整个司机一卡通业务的基础。下图为系统的总体框架逻辑示意图。

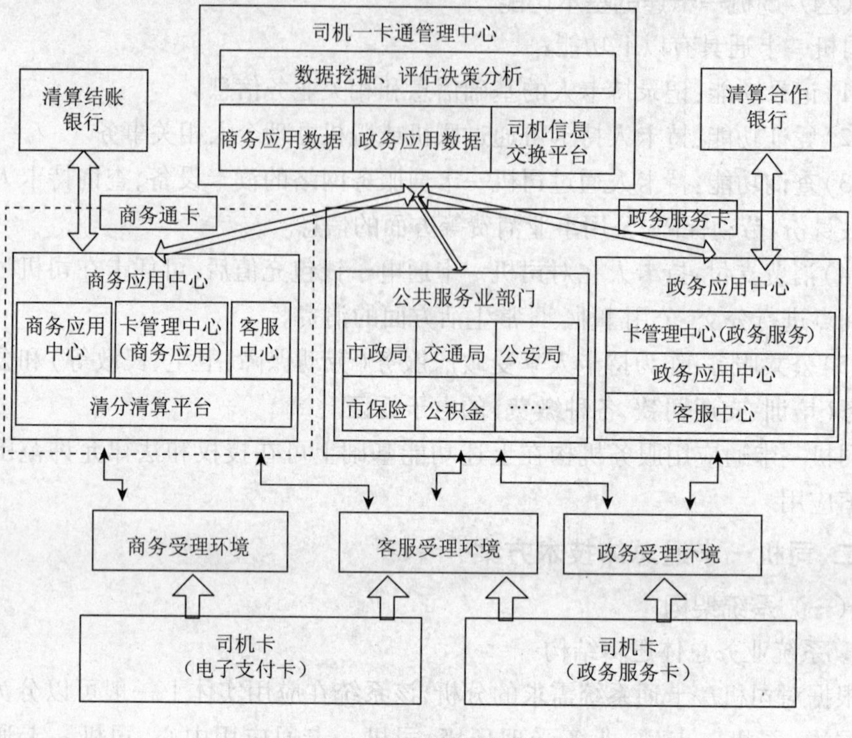

系统实体逻辑结构图

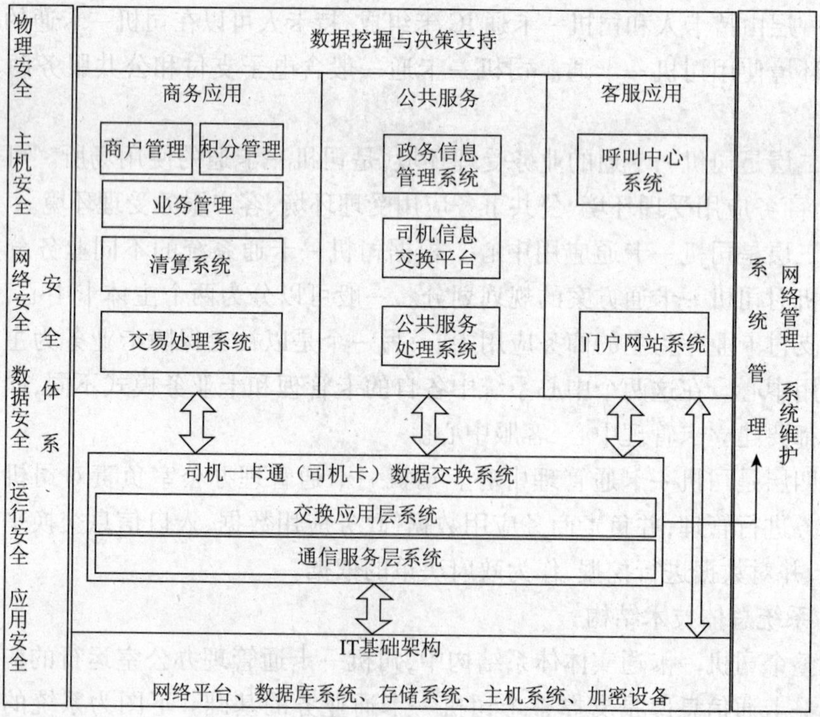

系统逻辑架构图

图中的总体框架由支撑整个系统运行的IT基础架构、完成与外部系统接入和数据交换的司机一卡通数据交换平台、业务处理层系统(含商务应用、政务应用和客服应用)、为确保系统安全运行的安全体系以及为保证系统平稳有序运行的管理系统组成。

所有应用软件系统支持Intel架构的服务器等主流硬件平台;支持UNIX、Linux、Windows等主流操作系统平台;支持TCP/IP、IEEE 802.3、NetBEUI、IPX/SPX等主流网络协议;支持Oracle、Sybase、DB2、SQL Server等主流数据库系统;B/S架构的各个应用均须使用J2EE体系架构开发,支持Weblogic、Websphere、Tomcat等主流应用服务器平台,C/S架构的各个应用使用统一的开发平台。

应用系统提供统一的用户、权限、菜单、故障、问题、性能、日志、审计等管理功能,这样方便管理员进行日常管理和监控,提供进一步使用SNMP协议与系统管理平台的统一管理接口。

B/S架构的应用系统使用构件式方式开发,统一选用基于J2EE架构的构件式集成开发应用平台开发各个应用系统。开发应用平台是通用的、产品化的、基于可视化开发方法的平台;能够以可视化方法开发业务构件、组装构件、部署构件、管理构件,完成应用功能;开发应用平台应能有效地对一般开发人员屏蔽Java Beans、EJB、JMS、Servlet、JDBC、JTA等J2EE底层的技术细节,实现高效开发、简易维护,提高应用系统的质量。在现有成熟的通用基础构件、业务基础构件的基础上开发,以适应项目应用的不确定性、快速发展、后期拓展等要求,并实现构件级的可重用技术。所有B/S架构的应用均统一使用J2EE体系架构开发,基于Model - View - Controller(MVC)模式,将应用软件的界面层、展现层、业务逻辑层以及数据访问层明确分离开来,以支持跨平台操作和分布式应用,具备良好的可扩充性,以利于扩展到支持XML数据交换、Web Service应用集成。

主要应用系统的架构如下:

中心数据库和交换系统:B/S/S为主,C/S为辅;

数据采集比对系统:B/S/S为主,C/S为辅;

卡管理系统:B/S/S架构,可以采用瘦客户端(Thin Client)方式实现部分应用模块;

公共应用系统:B/S/S架构。

(1)IT基础架构

为适应司机一卡通未来业务扩展的需要,整个司机一卡通管理中心的应用系统将建立在一个具有充分可扩展的新一代的IT基础架构之上,该基础架构将支撑未来若干年内的业务运行,且能保证将来在技术进步的情况下基础架构仍能基本保持不变。该基础架构包括以下内容:网络基础平台(广域网、局域网以及将来可能采用的无线网络)、主机系统、存储系统、数据库系统、加密设备。

(2)数据交换平台

数据交换平台需要与相关的各个行业的业务系统进行数据交换,从而整合全市有关公共事业部门的信息资源,构建全市统一和唯一的数据交换网络平台。主要需要实现与银行数据、商户数据、政府公共服务机构数据的交换。

为保证数据交换平台的统一性,实现司机一卡通管理中心对外的统一接入,该平台对外提供统一的接入标准规范,包括其网络协议标准和应用数据接口标准,以解决跨地域、跨行业的多样化的接入问题。要求所有与司机一卡通管理中心各应用系统发生的数据交换均通过该平台完成,从而为后端的核心业务处理系统提供唯一的且相对稳定的处理接口,并可保证未来系统的接入规模扩展不至于对后台核心业务处理系统造成影响。

(3)商务应用系统

商务应用系统通过信息交换平台接收银联的所有司机一卡通金融交易,完成业务处理及与清分清算配套的辅助管理功能,如业务管理、商户管理、积分管理等。当司机一卡通商务应用中心获取第三方结算组织牌照时,可实现清算功能,如司机一卡通账户(持卡人)管理、司机一卡通金融交易处理、账务清分结算、账务核对与调整、资金划拨等业务功能。

(4)政务应用系统

司机一卡通政务应用中心的政务应用系统是一个为司机提供综合服务的基础平台系统。司机一卡通信息库是在司机一卡通的基础上建立的,其公共服务的信息源来自于各个政府公共服务机构业务系统。这些数据源通过信息交换平台进入司机一卡通信息库。

(5)卡管理应用系统

卡管理中心系统是司机一卡通运转的前提基础,负责卡片制作、发行、采购、库存,卡管理应用系统根据司机一卡通的卡片规划和相应的密钥体系制作发行一卡通。

(6)客服应用系统

客服应用包括门户网站系统和 Call Center 系统,为司机一卡通用户提供客户服务渠道。

司机一卡通门户网站作为一个信息发布平台,提供企业信息发布和宣传服务,为司机提供公共服务信息查询,同时可作为一个网上交易平台,提供电子商务、物流配货、小额支付等功能,支付交易将通过数据交换平台进入司机一卡通清算系统进行处理。作为一个客户关系管理平台,完成司机一卡通信息及个人信息管理,并利用司机论坛和网络实时调查引擎建立客户沟通渠道。

Call Center(呼叫中心系统)为司机一卡通用户提供咨询和卡片相关服务,主要内容包括:司机一卡通业务咨询、电话配货、司机路途设计、特约消费商户信息查询、消费账单查询并可发送电邮、短信或传真服务、司机一卡通挂失登记、余额查询等。相关业务处理请求（如挂失登记）将通过数据交换平台进入清算系统实时处理。

（二）门户平台、决策系统

司机一卡通建设的主要目的一方面是为方便司机生活，另一方面是为政府决策提供依据。这两方面都可以在门户平台和决策系统上得到体现。

普通司机可以通过登录门户平台查询自己的司机一卡通相关的各种业务数据。各机构的各级管理者登录门户平台，根据权限的不同可以对不同的统计分析、数据挖掘后的综合比对信息进行查看，以对决策提供依据。

1. 信息门户平台建设

海南司机一卡通门户网站

（1）设计目标

• 建立符合通用标准的、可持续升级的平台框架；

• 提供丰富的将各种 Web 应用系统与门户系统集成的方式，完成对不同应用系统的界面集成；

• 为用户提供通过简单的、图形化的操作模式满足其个性化需求的界面自定义功能；

• 提供基于配置的、高效的通用查询及灵活的报表生成功能。

（2）体系结构

门户层是司机一卡通系统的入口点。所有的用户都要从这里进入司机一卡通系统，从这里进入单点登录；系统对所有的登录用户进行身份识别与权限分配。门户系统为用户提供了个性化的定制服务，用户可以根据自己的实际需要进行一

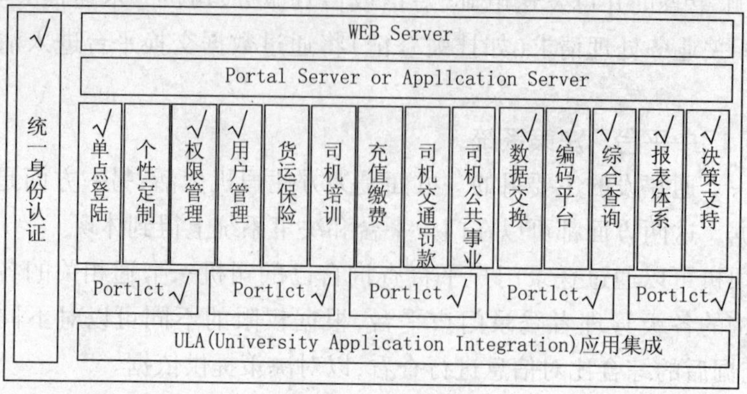

信息门户平台体系结构图

些页面的定制、部局的定制、内容的定制等。同时,还提供一些日常的应用,比如邮件管理、文档管理、信息发布、搜索引擎、用户与权限管理等。

门户系统整合系统范围内各种应用系统在一个统一的信息门户平台上。通过门户平台实现系统所辖范围内各个应用系统的单点登录和统一身份认证。并且是一次登录网上漫游,可以在这里执行诸如公积金查询、医疗信息查询、公交信息查询、就业信息查询等应用,还可以在这里依据个人的权限,应用综合查询系统、报表系统、决策支持等系统。

(3)主要功能

- 个性化定制:为系统内所有用户提供个性化的系统访问界面和模式;
- RSS 订阅器:提供对外部 RSS 订阅,并合理控制在不同的栏目中;
- 社区服务:提供 BBS、评论、留言、信息发布等服务;
- 文档管理:提供对文档的管理;
- 通用查询:提供通用的对数据源的数据进行自定义查询;
- 统计报表:提供通用的对数据源的数据进行统计与打印的功能;
- 决策支持:提供通用的对数据源的数据进行动态的分析与监控和预警的功能;
- 相册管理:提供对个人图片的上传、下载、删除、浏览等功能;
- 记事本:提供个人记事本的功能;
- 日程安排:提供日程安装与日历等功能;
- 用户角色管理:增加新的用户、用户组、组织与触角;
- 栏目管理:可以增加栏目、删除栏目、修改栏目及修改栏目的样式、格式等功能;
- 内容管理:可以增加内容、删除内容、修改内容、设置内容及设置内容的用户访问权限、内容的格式样式等;

- 日志管理：提供 portal、栏目、内容的操作历史记录浏览；
- 备份管理：可以导出或导入栏目内容；
- 门户访问统计：可以统计 Portal 在线人数。

（4）系统特征

①个性化定制

提供页面的扩展功能，系统提供多套不同风格的主题，不同的用户进入门户可以展现不同的页面与不同的内容；支持管理员扩展；用户根据自己的爱好进行自由的选取；提供栏目的自定义配置；也可以根据需要增加内容进行自定义等。

②综合查询

综合查询可以任何数据源的信息，如劳动就业数据、失业保险数据、养老保险数据、工伤保险数据、生育保险数据、医疗保险数据、民政业务数据、公积金数据、残疾人数据、卫生医疗数据、计生数据等。可以替代应用系统查询不方便的情况，省去多余的开发。综合查询提供对自定义数据源的自由式查询，可以自己定义多条查询条件，自定义查询的数据显示的格式、数据的样式，并可以直接打印或导出 Excel 文件以及进行简单的图形化分析。

选择	学号	考生号	财务编号	姓名	身份证号	性别	院系	专业
1	20070800839	07411515155022	2070800839	朱荧科	412825199008160296	男	材料工程学院	材料科学与工程
2	20070800838	07410101151135	2070800838	朱明会	412723198801147334	男	材料工程学院	材料科学与工程
3	20070800837	07410517150938	2070800837	朱国香	410727198903082643	女	材料工程学院	材料科学与工程
4	20070800836	07411801152232	2070800836	周宁宁	410881198804034543	女	材料工程学院	材料科学与工程
5	20070800835	07410714152980	2070800835	张珍心	410526198707051164	女	材料工程学院	材料科学与工程
6	20070800834	07411301152932	2070800834	张明亮	411424198608115014	男	材料工程学院	材料科学与工程
7	20070800833	0982107268	2070800833	张春晖	440223198708171117	男	材料工程学院	材料科学与工程
8	20070800832	07411317153864	2070800832	尹新瑞	411421198905272885	女	材料工程学院	材料科学与工程
9	20070800831	07210521150715	2070800831	杨柳	210521198802250445	女	材料工程学院	材料科学与工程
10	20070800830	07231000050284	2070800830	徐文策	231005198902204013	男	材料工程学院	材料科学与工程
11	20070800829	07330975150314	2070800829	谢斌	332501198807073410	男	材料工程学院	材料科学与工程

综合查询应用效果图

③统计报表

是以数据中心的数据为基础，结合综合查询，把综合查询的内容进行固化，把查询条件进行固化，应用模板技术，形成固定的数据格式，形成一整套的报表应用体系（如综合报表、月报、日报、年报、PKI 应用指标等）。主要有以下功能：

- 支持动态配置数据源、数据表、字段以及定义过滤条件，如图：

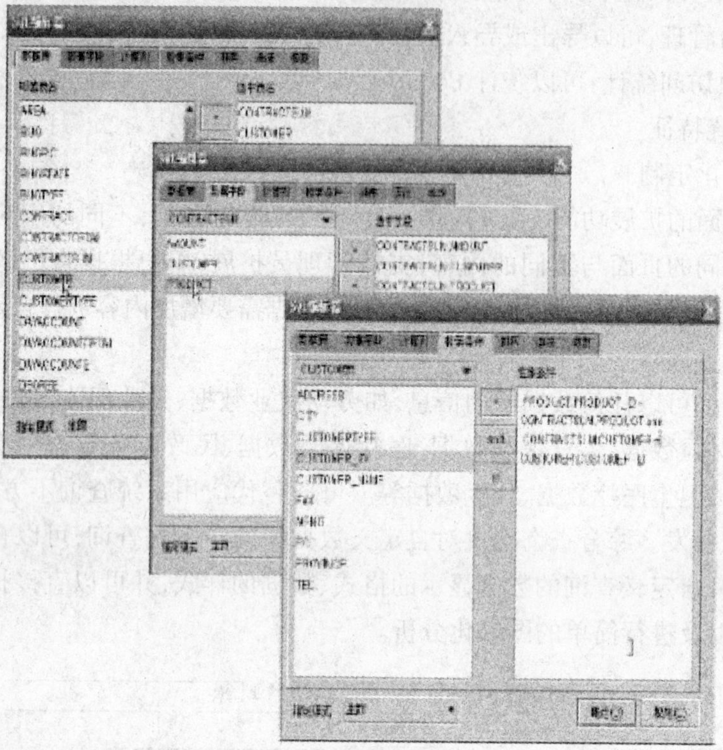

报表设计界面截图

- 可自定义报表模板、样式；

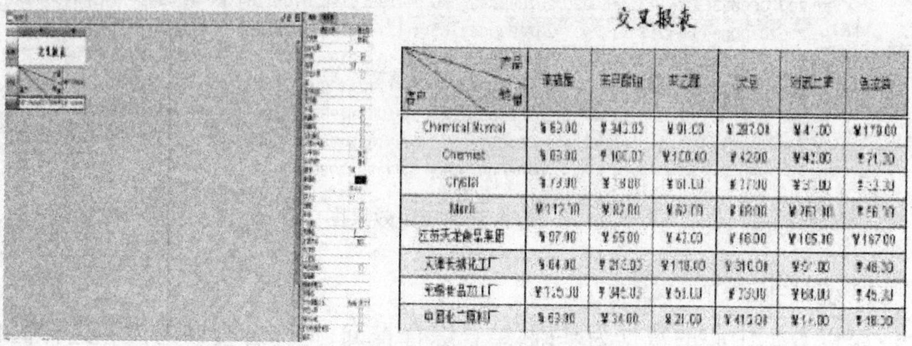

报表设计界面截图

- 提供报表打印、导出 Excel 文件；
- 支持多种形式的图形报表输出。

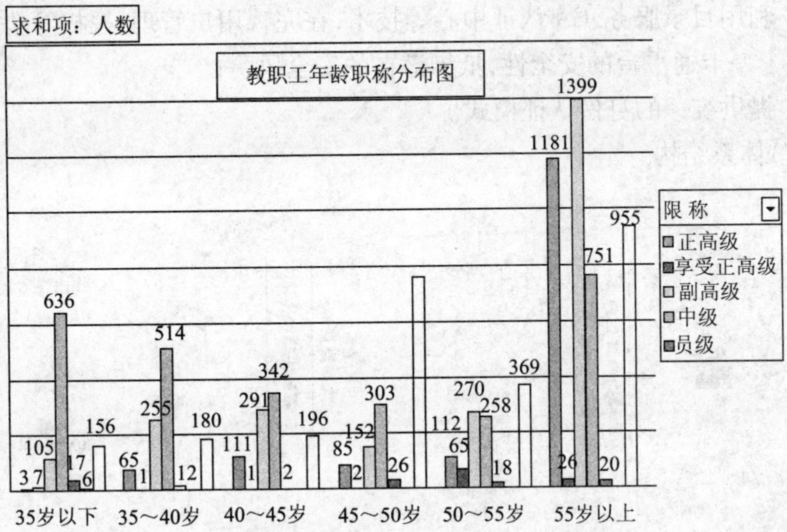

报表效果图

教职工学历构成图

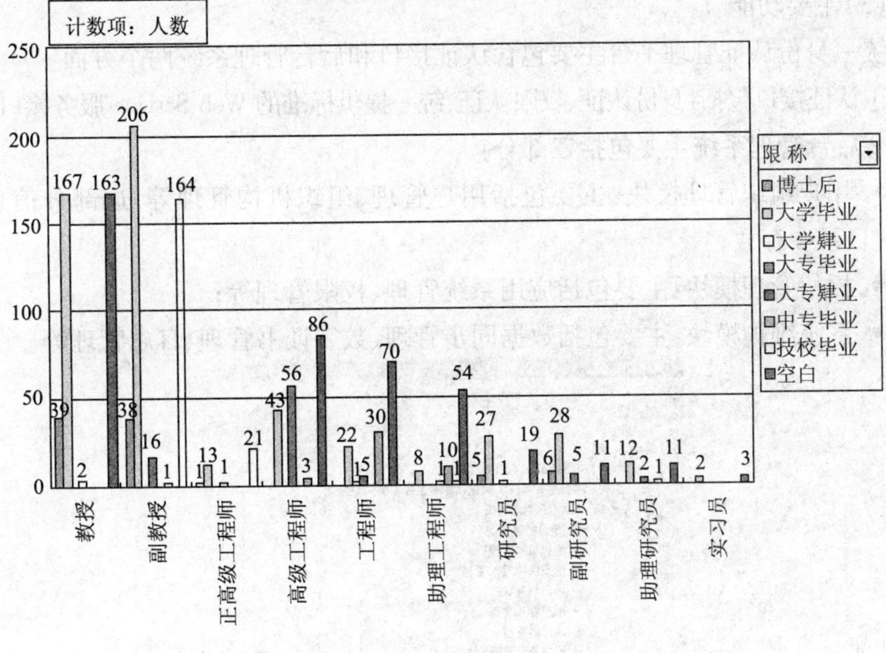

报表效果图

2. 统一身份认证平台建设

(1)设计目标

- 统一一卡通系统的授权和安全模型，提供统一、完善、易用的管理平台；
- 为现存和即将开发的各应用系统提供一个统一的权限管理平台，解决目前权限管理混乱、用户使用不便、安全性差等问题；

• 利用目录服务、CA 认证中心等技术，在完善用户管理、授权等功能的同时，提高整个一卡通平台的安全性，抵御潜在的安全风险；

• 提供统一的身份认证模式。

(2)体系结构

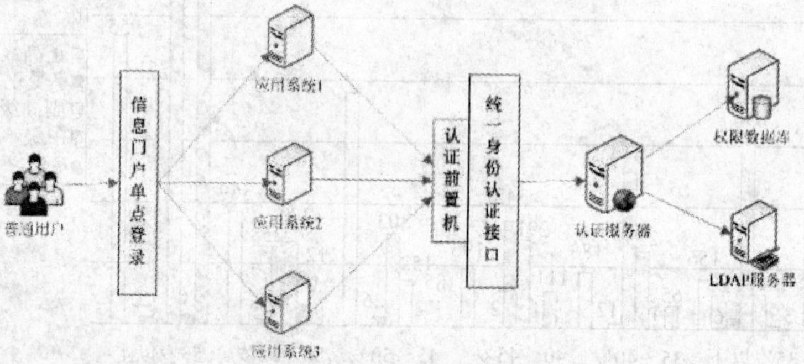

统一身份认证平台体系结构图

(3)主要功能

统一身份认证管理平台主要包含认证接口和后台管理系统两个方面：

①认证接口包括：身份认证、权限认证，统一提供标准的 Web Service 服务接口。

②后台管理系统主要包括三部分：

• 用户组织管理模块：主要包括用户管理、组织机构管理等，这部分信息在 LDAP 目录中存放；

• 授权管理模块：主要包括应用系统管理、权限管理等；

• 系统维护模块：主要包括数据同步管理、数字证书管理、日志管理等。

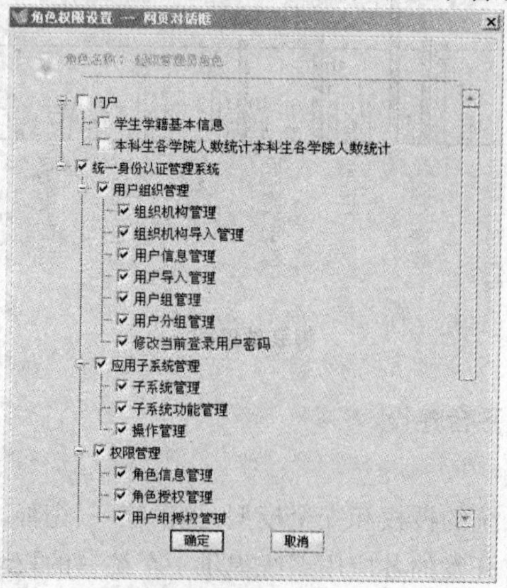

系统授权页面

(4)系统特征

①统一的用户及权限信息管理模式

将用户信息和授权信息统一管理,根本上解决原有信息系统中同一用户在不同应用系统中有不同的用户账号,容易引起管理混乱的问题,便于用户使用和系统管理。

统一认证模式和传统模式比较示意图

②各角色的访问控制模型(RBAC)

实现了用户与访问权限的逻辑分离,减少了授权管理的复杂性,降低了管理开销,而且与日常信息系统管理的架构类似,降低了管理复杂度。

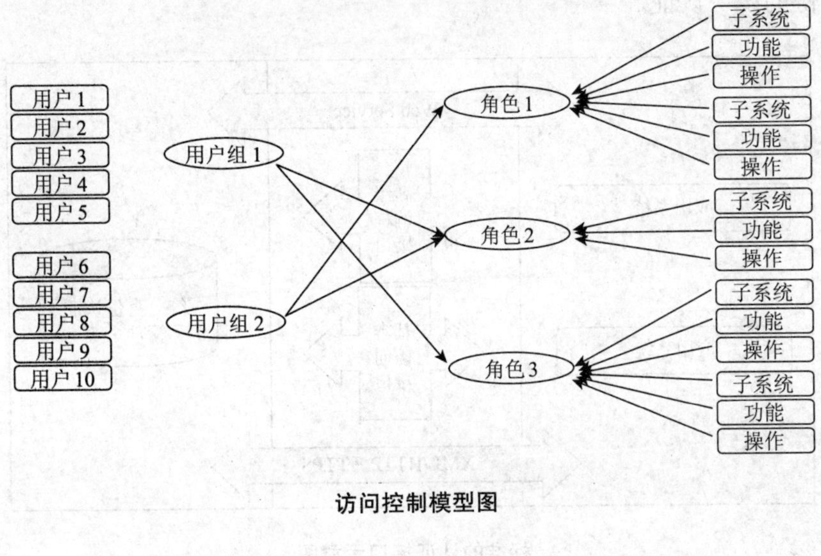

访问控制模型图

③权限的多级管理、分级授权机制

系统采用了权限的多级管理、分级授权机制,可以将指定范围的授权管理权限赋予指定的人员,便于信息办将将授权工作分级委派,简化管理,提高管理效率。

④基于业务逻辑的授权方式

• 传统的授权管理一般是通过设置用户访问网页的权限或者在操作系统级别设置用户对文件的访问权限来间接控制用户能否使用某项具体的业务功能,这种实现方式具有安全性较差,控制力度、精确性、灵活性不够等缺点。

• 统一身份认证平台通过采用基于业务逻辑的授权管理方式,从根本上克服了传统授权模式的以上种种弊端,进一步加强了平台的安全性,并大大提高了管理人员对平台控制的精确度和灵活性。

⑤应用系统独立性

• 统一身份认证平台是对不同应用系统中授权管理功能的抽象和综合,为所有的应用系统服务。该系统不依赖于任何具体的应用,通过用户权限检查代码和业务逻辑代码的分离,授权管理系统与应用系统的变动不会互相影响。

• 将来的新应用无需再开发一套复杂的授权管理,只需要与本系统接口即可。

⑥平台无关性

系统的平台无关性具体体现在以下两个方面:

• 标准的认证接口:系统通过提供标准的 Web Service 认证接口,保证几乎所有的传统系统都可以通过 SOAP 协议与统一身份认证平台对话,进行各应用系统用户身份的统一认证。

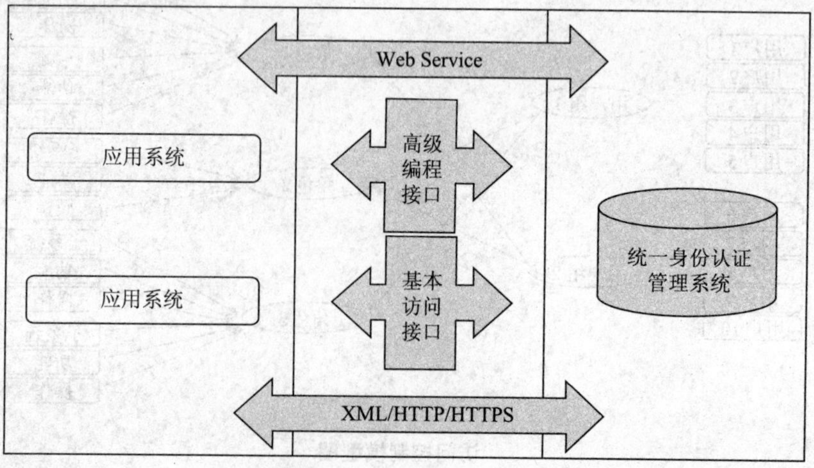

标准的认证接口示意图

• 提供基于 Web 的授权界面:统一身份认证平台提供 Web 形式的管理界面,用户可以在任何平台上通过 Web 浏览器对用户信息、权限信息进行管理。

3. 决策系统建设

决策支持系统是高层领导应用的管理系统,是高层领导的"驾驶舱"。可以对系统范围内的所有信息进行动态的预警,对数据进行钻探,可以综合分析,也可以进行对某一特定的问题进行专题分析。可以整体地分析,可以对某一关注点进行剖析,也可以对历史数据进行跟踪,同时也可以对未来发展进行科学预测。

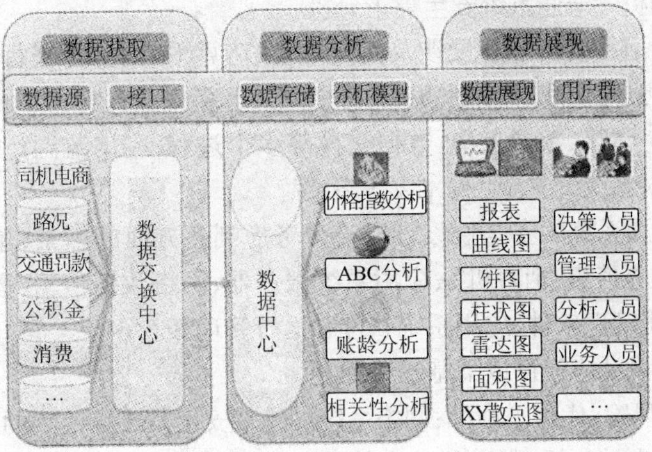

决策支持系统示意图

主要功能有:

(1)数据挖掘:决策支持系统以数据库中心为基础,数据中心通过数据交换工具把所需要的数据读取或关联到数据中心;数据中心经过整理、组合、关联、筛选过滤、优化、精简等技术与数学方法把加工过的数据保存到数据中心。

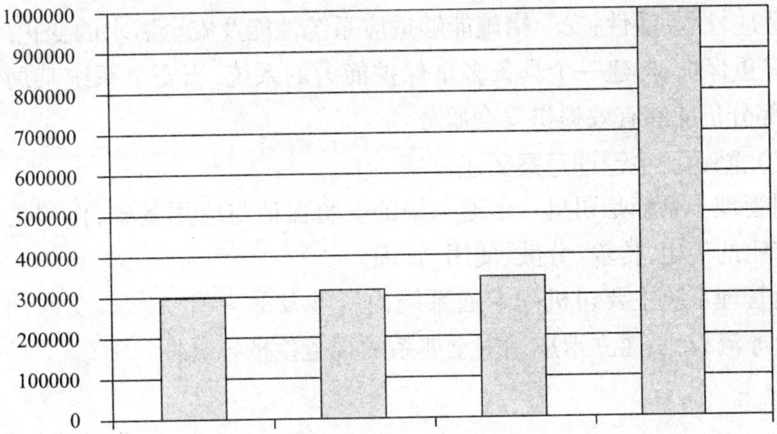

数据分析结果展现效果图

(2)数据建模:根据数学的方法建立决策分析模型。如动态分析、数据跟踪、动态预警、相关分析、同比分析、环比分析、波士顿矩阵分析、ABC 分析、2/8 分析、趋势分析、回归分析、杜邦分析等一系列科学的数学分析模型。

(3)数据展现:可以把分析的数据展现为简单的表格,对关心的数据进行层层抽取,也可以把数据导出为 Excel 文件,也可以利用图形展现,支持导出图片、打印等功能。

三、司机一卡通系统安全方案

(一)司机一卡通系统安全需求分析

司机一卡通系统安全建设涉及交换平台、清算平台、清算银行、各政务部门、运营商、售卡点、充值点、数据采集点、持卡用户等多个业务实体;业务处理涉及办卡、充值、消费、清算、数据采集、数据交换等多个过程,应用范围广,涉及点多,系统功能复杂,对系统的安全可靠性要求很高。

司机一卡通系统的安全性设计应充分考虑到各方面的因素,包括:司机一卡通、读卡机具(充值机、消费机)、应用系统服务器、网络数据传输、数据交换、中心数据存储、系统管理软件、应用系统软件和运行管理等。

安全总体设计应遵循以下基本原则:

- 需求、风险、代价平衡性:网络系统的绝对安全是难以达到的。通过对安全威胁的定性与定量分析,制定行之有效的安全策略,同时在安全性和投资之间寻求平衡。
- 综合性:运用系统工程的观点、方法分析站点的安全问题,制定工程上可行的具体安全措施,综合应用多种安全措施。
- 一致性:安全措施与网站生命周期同步,安全体系结构必须与安全需求保持一致。
- 易操作性:安全措施易于使用,不能影响系统正常运行。
- 适应性、灵活性:安全措施能够适应系统性能及安全需求的变化。
- 多重保护:构建一个具备多重保护能力的系统,当安全系统某局部被破坏时,其他部分仍能够有效提供安全服务。

(二)密钥安全管理方案概述

密钥管理子系统是司机一卡通系统的安全保证与应用基础,作用是规范卡应用系统密钥的产生、传输、分散、使用、管理。

密钥管理系统主要司机一卡通系统内所涉及的人员、数据、设备、卡片、密钥传输和业务流程,是建立卡应用安全体系的规范性指导文件。

（三）密钥管理系统结构

1. 系统组成

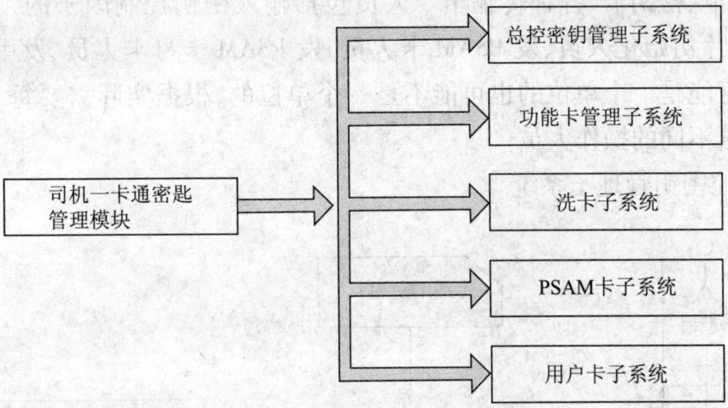

2. 密钥结构

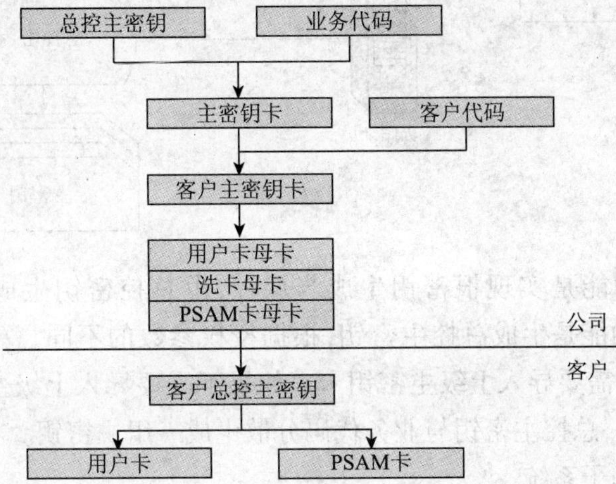

3. 硬件组成

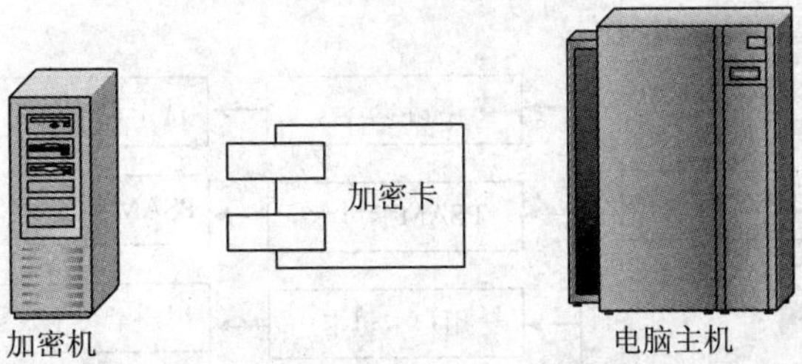

（四）密钥管理系统设计

整个密钥管理系统包括硬件、软件、卡片、人员。硬件指用户密钥的生成、存储、分散的加密设备，包括加密机、加密卡、电脑主机。软件包括主控密钥生成软件、洗卡软件、制作功能母卡及相应的传输卡软件、发 PSAM 卡软件、卡片物流软件、发用户卡软件。卡片包括用户卡、PSAM 卡、用户卡母卡、PSAM 卡母卡、洗卡母卡、管理卡、密钥卡、各种传输卡。人员包括输入密钥控制因子的领导、卡片采购人员、卡片初始化人员、发 PSAM 卡人员、发 PSAM 卡母卡人员、发用户卡人员，这些人员可能是一个单位的也可能不是一个单位的，根据实际需要每个软件功能可以授权给不同的操作人员。

1. 总控密钥管理子系统

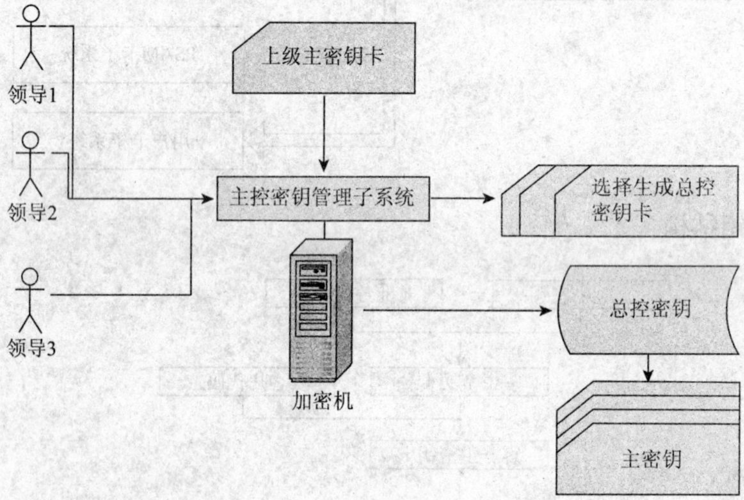

密钥管理的功能是实现根密钥生成与保存，由总控密钥生成软件、加密卡(机)、卡片组成，功能是生成总控主密钥，根据授权参数的不同，总控密钥生成软件可以配置为是否需要导入上级主密钥卡。如果不需要导入上级主密钥卡，需要支持业务代码功能，总控主密钥与业务代码分散生成一组主密钥。

2. 功能卡管理子系统

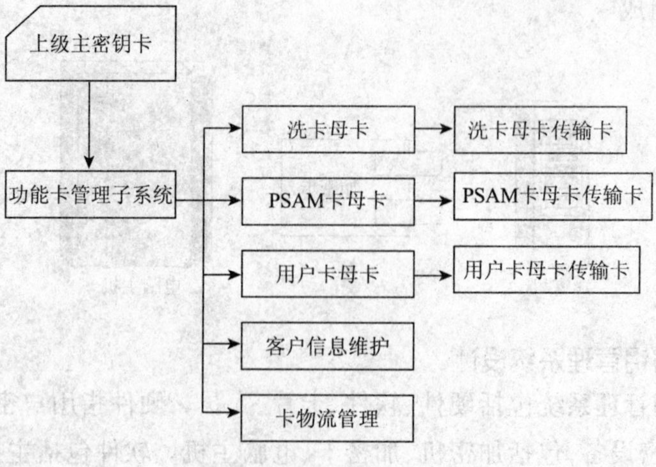

功能卡管理子系统必须导入上级主密钥卡,使用主密钥卡内的主控密钥生成所有卡片的主控密钥。客户信息维护是指客户信息录入,根据客户信息分散生成功能卡。如果制作功能卡软件下放给具体客户使用,他们的客户信息就是指自己,不能输入别人的信息而产生不同的密钥的其他功能卡。

3. PSAM 卡子系统

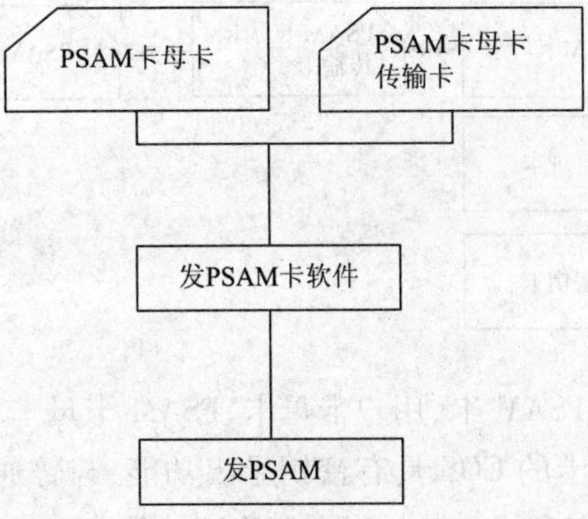

PSAM 卡子系统只支持发 PSAM 卡,可以单独授权给客户使用。

4. 洗卡子系统

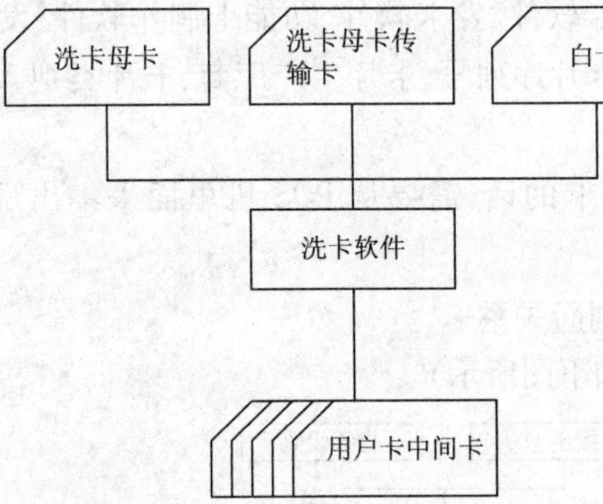

洗卡子系统实现把从卡厂采购的卡片初始化成用户卡中间卡,用户卡中间卡提供给制卡中心制作用户卡。洗卡由洗卡软件实现,洗卡时需要导入洗卡母卡,洗卡母卡保存白卡的传输密钥与客户的主密钥中间密钥,只有经过洗卡之后才能在制卡中心生成用户卡。

洗卡时创建卡文件结构,更新卡主控密钥与卡维护密钥。应用的所有密钥为中间密钥,在发卡的时候需更新应用密钥。

5. 用户卡子系统

用户卡子系统根据用户卡母卡发用户卡,用户卡由制卡中心发行。

6. 卡片分类

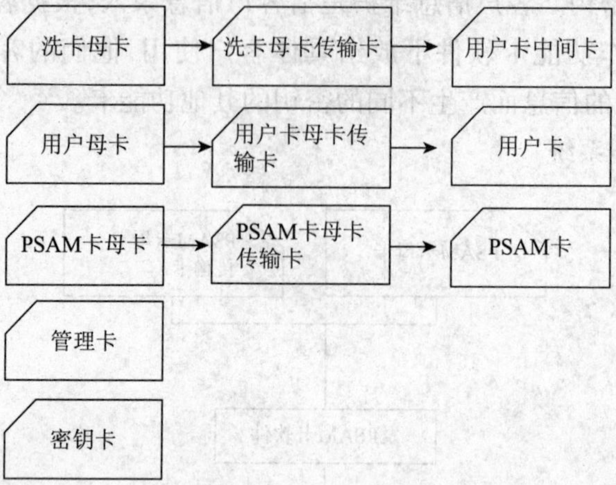

卡片包括用户卡、PSAM 卡、用户卡母卡、PSAM 卡母卡、洗卡母卡及各种传输卡、管理卡、密钥卡,母卡的 COS 具有密钥导出功能,与普通 PSAM 卡和用户卡是不一样的,PSAM 卡具有密钥分散与用户卡认证功能,PSAM 卡的 COS 不同于母卡与用户卡。

7. 卡物流管理

卡物流管理是指洗卡软件、发卡软件、功能卡制作软件、发用户卡软件中,用来记录系统发放的所有卡片序列号、卡片生产厂商、卡片类别、卡片使用单位的功能模块。

如果采用 POS 机洗卡的话,需要从 POS 机里面采集出洗卡的数目与卡唯一号。

(五)密钥流程与对应关系

1. 密钥发放流程(如下图所示)

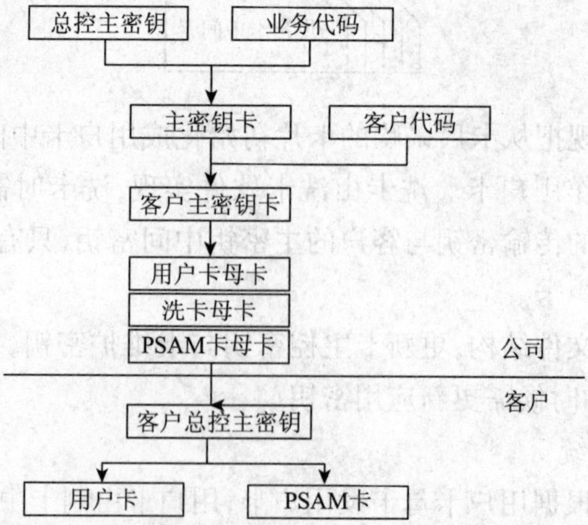

每一张卡片的主控密钥都由上级总控主密钥分散生成，PSAM 卡与用户卡采用两个不同的流程发卡，每个用户的主控密钥不相同。

2. 卡主控密钥流程

司机主密钥族里面有总控卡主控密钥，卡主控密钥根据公司总控卡主密钥与卡唯一序列号生成卡主控密钥，卡主控密钥设计为仅仅支持目录删除、卡应用目录创建、应用主控密钥装载功能。

用户卡母卡不导出总控卡主控密钥，总控卡主控只在总控密钥管理子系统、功能卡管理子系统、洗卡管理子系统、PSAM 卡管理子系统存在。

总控卡主控密钥在总控密钥管理子系统生成，由主密钥母卡导出到功能卡管理子系统，在功能卡管理子系统根据客户信息分散成具有客户信息的客户总控卡主密钥，由 PSAM 母卡导出到 PSAM 卡管理子系统，由洗卡母卡导出到洗卡管理子系统。

四、司机一卡通硬件平台建设方案

司机一卡通（一卡通）中心硬件平台建设主要包含司机一卡通管理办公室机房建设、服务器系统建设、主机备份与存储、平台网络系统建设等。中心硬件平台建设功能要涵盖数据库及前置应用服务器、机房管理、网络交换、异地容灾备份、制卡发卡、呼叫中心、视频会议、司机一卡通（一卡通）门户网站等核心平台硬件设备。

（一）中心机房建设

对中心机房进行专业化装修，装修必须符合《国家标准电子计算机机房设计规范 GB50174》的要求。主要包括供配电系统、空调系统、火灾报警及消防设施及防水、防噪音、防尘、防静电、防雷击、防鼠害和电磁屏蔽设施。

中心机房应采用恒温恒湿空调系统以及机房新风系统，要求一卡通网络设备运行时机房温度为 18～27°C，温度变化率＜10°C/h；湿度为 30%～55%，保证 7×24 小时的不间断运营要求。室内照明不低于 200lx。地板承重量不低于 300 公斤/平方米。机房内无线电干扰场强，在频率为 0.15～1000MHz 时，不应大于 126dB。机房内磁场干扰环境场强不应大于 800A/m。机房地面及工作台面的静电泄漏电阻，应符合现行国家标准。机房内绝缘体的静电电位不应大于 1KV。

为防止数据丢失，应配置大功率的在线式的 UPS（建议 60KVA 以上，最终由机房中心设备总功率选配），UPS 的供电功率必须满足工作方式为在线式、0 中断，满足 ISO9000 认证，标称输入/输出电压为单相 220V。设计 UPS 配电柜，总配电柜与输入和输出配电柜满足机房安全供电要求，配电系统电源防雷应采用三级防护，保护输入电源总配电室、机房配电柜、机柜中各个网络设备安全，每个配电柜必须增加浪涌保护安全装置。

3.2.2 数据存储

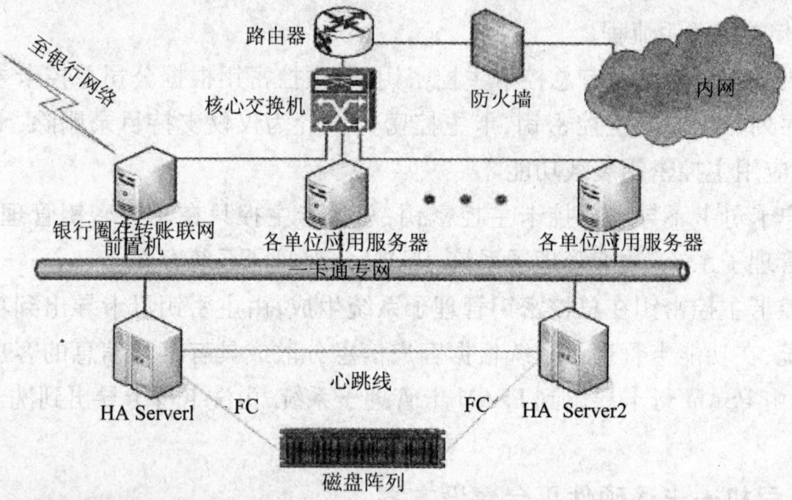

（二）建立高可靠性、高性能的SAN存储网络

数据存储系统的设计需要考虑的因素很多,包括存储系统的结构是否适应各业务运营主体现有的应用类型(如商业消费、金融、教育、社保、医疗等),选择适合用户的存储系统和配置是非常重要的。

根据各运营主体业务数据交换所要实现的目标和系统设计原则,在存储系统硬件选型时必须充分地考虑硬件的配置和所选硬件平台及支撑软件平台的可扩充性、稳定性、安全性。简单地说,在存储系统硬件选型方面我们遵循下列技术标准:

(1)性能优异:强大的I/O处理能力、足够的内外存储容量确保服务器硬件能提供足够的性能给所运行的软件。

(2)技术先进:存储系统应代表当代计算机技术的最高水平,能够以更先进的技术获得更高的性能。

(3)扩充性好:能随着应用系统的增加而扩展,具有长远的生命周期和可扩充性,能适应现在和未来需要。

(4)维护方便:能得到良好的技术支持及维修服务,售后服务优良,维修及时,费用低。

(5)易于使用:具有操作界面直观、系统文档全面的特点。

(6)价格因素:具有性能/价格比率的优势。

(7)符合标准: 技术发展方向遵循工业标准,符合开放性标准。

SAN(光纤存储系统)是一套先进可靠的应用存储和备份系统,通过存储网络内光纤交换机把各种应用服务器和存储产品连接起来,能够支持相关用户的访问需求,满足传输和容量的需求,以及完善可靠的备份和管理解决方案,实现企业级数据存储的高安全。

(三)数据备份

对于司机一卡通(一卡通)系统一个关键业务系统而言,数据资料是整个系统运作的核心。一旦由于系统硬件的功能失效,存储介质的老化损坏,人为的错误操作,以及各种难以预料的外界因素导致数据意外丢失或损坏,那么将会对各运营主体业务运作造成无法估量的影响。所以必须对数据存储系统的完整性和可靠性给予高度重视,并提供一个完善的具有高可用性的存储备份解决方案,以避免在各种极端情况下造成的重大损失。

重要数据备份与恢复安全技术要求:

• 司机一卡通(一卡通)数据中心和各系统消费终端机具必须具有重要数据备份与恢复功能。一旦磁盘阵列和消费终端机具发生意外时,能够及时恢复重要数据。

• 司机一卡通(一卡通)数据中心采用国内外著名数据备份与恢复专用软件,将重要数据和文件系统自动备份到异地磁带库,备份磁带库在网络数据中心异地存放。在确保重要数据和文件系统安全的同时,简化数据备份与恢复的管理。

• 司机一卡通(一卡通)数据中心应具有多重数据备份方案。除采用专用数据备份与恢复软件之外,还充分利用 Oracle 9i/10g 数据库管理系统自带的数据备份与恢复技术方案。

• 司机一卡通(一卡通)数据中心支持异地容灾备份技术方案,建设数据中心专用的异地容灾备份中心。

• 根据司机一卡通(一卡通)系统需求在国家建设部 IC 卡应用服务中心的“建设事业 IC 卡数据处理中心”进行容灾备份方案,其主要功能包括对司机与司机间、区域与区域间、司机数据处理远程托管等三方面所发生的消费交易数据提供公共数据处理平台;对相应数据进行整合、分析、归纳,并为政府管理部门提供参考;更重要的是可为司机一卡通(一卡通)IC 卡运行系统提供数据备份。

（四）中心平台网络部署图

1. 中心平台系统部署示意

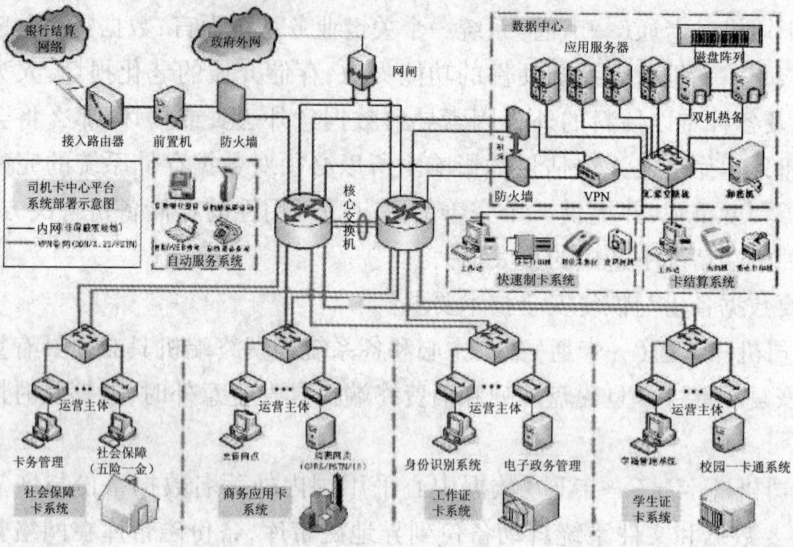

2. 服务器选型

(1)需求分析

服务器是在网络环境下为客户机提供共享资源(查询、存储和计算)的关键设备,是整个网络的协调处理中心。司机一卡通(一卡通)系统投入运行后,司机和各运营主体管理用户通过互联网登录到该平台上,政府工作人员也登录到该平台上,因此会有大量的数据上传和下载,这就要求服务器需要有高的系统响应速度和大的作业吞吐量,高可靠性,能胜任繁重的工作量和长时间不间断的工作,关键部件(例如电源、硬盘、风扇和网卡)要有冗余配置,并易于扩充升级。Web 服务器系统应该具备强大的处理能力和扩充能力以及负载平衡和群集功能以适应高负载的网络运行,数据库服务器应该具备海量数据存储能力和高可靠性、高可用性,以及可实施的全天数据备份系统。推荐选用 IBM 或 HP 的服务器。

司机一卡通(一卡通)系统服务器的应用与部署主要分为:中心数据库服务器、各运营主体应用服务器(如公交系统、社保系统、公安系统、教育系统、医疗卫生系统等)、银行前置服务器、清算服务器、卡管理服务器、查询服务器(语音、web 服务器)、门户网站服务器、密钥认证服务器、通信前置服务器(如移动短信平台服务器等)、各服务网点服务器(负责发卡、充值、挂失、解挂、网点管理等业务)、中心集群管理服务器等。

(2)服务器部署原则

数据中心选择主机应遵循如下的原则:

- 可靠性
- 安全性
- 标准化与开放性
- 先进性与成熟实用性
- 可扩展性
- 可管理性
- 可维护性

(3)数据中心主机系统的基本要求

主机系统的体系架构是衡量主机先进性的重要指标,对于主机系统的体系架构类型,目前有总线型、环路型、交换型,以交换型体系架构最为高效,建议本次项目的主机选用交换型体系架构的主机系统。

在该主机进行的大量联机处理中,内存对性能的影响也非常大,根据目前其他客户的惯例,支持4核CPU,每个CPU配置2GB内存,准确的内存配置需要和应用相结合进行讨论得出。

主机系统的I/O能力在系统的处理中非常重要,主机需要和外部数据交换保持高效的通道,在这样的大数据量处理的系统中,主机的I/O带宽应该较大。

要求主机本身要具有高可靠性的特点,具有冗余的硬盘、电源、风扇部件,主机的启动硬盘都要求进行镜像保护,CPU、内存等故障部件的动态隔离,电源、风扇、I/O卡等故障部件的在线插拔、更换等。

要求主机系统支持集群(Cluster)系统,对于重要的应用要采用双机或多机的集群保护。

主机系统要求具有良好的扩展性,要求能够在增加CPU、内存等资源来满足业务增长的要求。

主机的扩展性还要求主机能够支持厂商的下一代的CPU,可以在机箱内升级到将来的CPU,这样可以保证主机系统有长久的生命力。

主机系统要求具有灵活的扩展能力,要求增加CPU、内存时的粒度要小。比如CPU增加的粒度为1个、2个、4个或8个CPU。用户在将来的扩容时会比较方便。

主机系统在网卡的配置上要求采用双网口或多网口,互为备份,提供网络通信的可靠性。在网卡的选择上,建议选用1000兆网卡。

主机系统若要对存储系统进行访问,建议采用光纤连接技术,在主机上需要配置2块或多块光纤卡,互为备份。

该主机作为系统的核心数据库服务器,提供司机基础信息数据库、业务基础信息数据库及交换中心数据库的数据服务。服务器数量要求如下:

服务器名称	数量
数据库服务器主机	1
数据库服务器备机	1

数据库主机的性能要求如下：

性能要求：	CPU：Intel® Xeon® 或 Intel® Itanium® 2 核或 4 核处理器 内存：2GB ~ 8GB
网络连接要求：	采用千兆网卡作为数据通信，采用多个网卡，保证性能及可靠性。 采用百兆网卡作为心跳线连接。
存储连接要求：	采用 2Gb/s 标准的 FC 光纤接口，采用多个 FC 光纤卡，保证性能及可靠性。
可靠性要求：	可靠性要大于 99.99%，应采用集群系统。
操作系统及数据库：	Linux 操作系统、数据库 Oracle10g。
服务要求：	原厂商 7x24 服务。

(4) 运营主体数据交换服务器系统的基本要求

数据交换系统由数据交换服务器、交换前置机、交换中间数据库服务器构成。数据交换服务器是交换系统的中心。

对于共建单位交换进来的原始数据要分别保存，建立交换流水数据库，分别由交换中间数据库进行处理，数据存放在数据中心的磁盘阵列上，在磁盘阵列上为每个共建单位划分单独的存放空间，使得每个共建单位有独立的存储区域。

在数据中心网络和交换服务器之间设立多台中心交换前置数据库服务器，完成中心数据和各运营主体共建部门、公共服务网点、便民服务网点、网站服务系统的数据交换。

根据可靠性的要求，交换服务器采用 2 台服务器，构成双机系统。

数据交换系统需要的服务器汇总如下表所示：

服务器名称	数量需求与部署
银行前置服务器及备机	根据不同结算银行的数量而定（以公交和教育一卡通的结算银行合作为主），至少配置为 1 台。
运营主体交换服务器及备机	主要应用：社保卡和商务通卡，可根据各运营主体业务数据交换的需求配置，如公交系统、社保系统、公安系统、教育系统、医疗卫生系统等。
司机一卡通管理服务器	主要应用部署：清算服务器、查询服务器（语音、web 服务器）、门户网站服务器、各服务网点服务器、通信前置服务器（如移动短信平台服务器等）。

交换前置机的性能要求如下表所示：

性能要求:	CPU:Intel® Xeon® 或 Intel® Itanium® 2 核或 4 核处理器 内存:2GB ~ 8GB
网络连接要求:	采用千兆网卡作为数据通信。 采用百兆网卡作为心跳线连接。
存储连接要求:	不连接存储。
可靠性要求:	可靠性要大于 99.99%,应采用集群系统。
操作系统:	Windows 或 Linux

3. 核心交换机

中心核心交换机承担的主要任务包括局域网内终端数据的交换转发、服务器数据的转发等,这就要求核心交换机必须有很大的交换容量和包转发率。此外它必须拥有电信级、自适应的可靠性设计,保证业务的永续性。

网络中心平台建议配置两台高端核心路由交换机作为司机一卡通(一卡通)的核心交换机,整机交换容量≥1T,包转发率达到≥773Mpps。另根据实际服务器数量,配置千兆以太网光接口模块,对各服务器(数据库服务器、运营主体应用服务器)实现汇聚。

性能要求:核心交换机支持 IPv4/IPv6 双协议栈,支持多种隧道技术,实现 IPv4/IPv6 业务的线速无阻塞转发,提供完善的安全防护机制,可从控制、管理、转发三平面全面保障网络的安全:在控制平面,内置协议报文攻击识别模块,防止 TCN、ARP 等协议报文攻击,防止非法路由更新报文导致的网络瘫痪;在管理方面,支持用户身份认证以及分级的用户权限管理,保证设备管理的安全性;在转发平面,支持 IP、VLAN 、MAC 和端口等多种组合精细绑定;支持 URPF 单播反向路径转发,防止非法流量访问网络,采用最长匹配逐包转发机制,有效抵御病毒的攻击。

4. VPN 路由器

(1)中心专网 VPN 路由器部署

在司机一卡通(一卡通)专网出口处部署一台高端路由器,对各个运营分中心进行专网接入。

网络中心平台建议配置一台高端多核路由器作为网络出口路由器,考虑一卡通整体部署与实际应用,中心专网路由器可集成 VPN 功能,路由器整机包转发率≥18Mpps, 支持多个扩展插槽,每个槽位上又可以灵活配置不同的子卡,以备后期系统升级扩展应用。

性能要求:中心专网 VPN 路由器支持多核多线程处理器、全分布式架构,路由引擎和业务引擎硬件分离,所有引擎上控制平面和业务平面分离,确保系统全速运行时业务和控制互不干扰,主备倒换时不丢包,业务不中断;各业务引擎可独立完成 NAT、VPN、Netstream 等业务的分布式处理,提高系统的整体业务能力,消除传统高端路由器通过专门的业务板处理所造成的高成本。

(2)分支专网路由器部署

各运营分支机构通过各自的专网路由器上联至中心,访问和同步数据中心的各类运营数据。

各分支专网路由器需要根据司机一卡通(一卡通)网络平台建设实际需求部署。配置支持转发性能≥800Kpps。支持2个以上的固定GE光电combo口,支持多个扩展槽位,可根据实际需求进行各类端口和业务的扩展。

集数据安全、语音通信、视频交互、业务定制等功能于一体,能够在企业网络应用不断丰富的形势下将多元业务方便地部署于同一节点,不仅能够最大限度地避免网络中多设备繁杂异构问题,而且极大降低了企业网络建设的初期投资与长期运营维护成本。

分支路由器选型需要充分地考虑到各运营主体业务数据交换的实际需要,采用了先进的N-Bus多总线设计方案,语音、数据、交换、安全四大业务分别经由不同的总线,由专门的协处理引擎并行完成处理,消除总线和CPU性能瓶颈,大大提高了该系列路由器集成的多业务部署和实施能力。可满足企业网络内部多种高质量并发业务无缝集成、完美融合。

(3)银行网络路由器和司机一卡通(一卡通)网络路由器部署

通过银行网络路由器将司机一卡通(一卡通)应用中心连接至银行网络系统,方便开展费用结算业务。

通过司机一卡通(一卡通)网络路由器将司机一卡通应用中心和司机一卡通(一卡通)网络进行互连,方便司机通过网络查询相关信息。

性能要求:建议配置的银行前置路由器转发性能≥200Kpps。支持2个以上的固定GE光电combo口,支持多个扩展槽位,可根据实际需求进行各类端口和业务的扩展。

5. 防火墙

实现司机一卡通(一卡通)数据中心专网与各个银行清算系统边界防御,司机一卡通(一卡通)专用网络平台与公交、公安、社保等各运营主体的内网之间的网络互联。防火墙是内、外网连接的唯一通路,极易形成单失效点,此方案建议配置2台防火墙,组成互冗余备份防火墙解决方案。

防火墙位于应用服务器和它所连接的VPN专线网络之间。各个应用服务器流入流出的所有网络通信均要经过此防火墙。

防火墙主要功能是对流经它的网络通信进行扫描,这样能够过滤掉一些攻击,以免其在目标应用服务器上被执行。防火墙还可以关闭不使用的端口。而且它还能禁止特定端口的流出通信,封锁特洛伊木马。最后,它可以禁止来自特殊站点的访问,从而防止来自不明入侵者的所有通信。

防火墙具有很好的保护作用。入侵者必须首先穿越防火墙的安全防线,才能接触目标计算机。用户可以将防火墙配置成许多不同保护级别。高级别的保护可能会禁止一些服务,如视频流等,但至少这是用户自己的保护选择。

6. 隔离网闸

(1)产品应用分析

司机一卡通(一卡通)网络系统是由保密性、安全性要求非常高的电子政务内网及与外部相关单位(如公安局、银行、公交公司等)交互业务数据的外部服务网络组成。对外服务网络通过 VPN、路由器等与外部单位进行互连,交互数据。为了使电子政务内网与外部单位之间实现实时交互数据就必须相连,很容易造成感染病毒、木马及敏感信息外泄等安全事件,从而导致一卡通网络的瘫痪,造成严重的经济损失。

网络平台建设采用网闸产品可解决网络物理隔离的条件下安全数据交换的这个矛盾。将网闸产品部署在电子政务内网与对外服务网络中间,可保障电子政务内网与对外服务网络隔离的同时实现业务数据的实时交互。

(2)网闸产品描述

网闸产品的设计原理就是在保证内外网物理隔离的情况下实现信息交换。其形象的比喻就是,一个 U 盘在两台计算机中间来回的拷贝数据,其数据流转过程称之为数据摆渡。网闸就是采用双主机 + 专用物理隔离芯片的硬件结构,结合专业定制的网络安全操作系统和高强度的网络协议分析及控制的软件系统,共同构建一个在网络边界处隔离网络已知和未知攻击行为的高端网络安全设备。

- 网闸产品采用高性能的硬件平台和应用会话算法,可保证在很高的网络流量的压力下能正常地处理所有的信息。
- 基于硬件的安全通道处理机制,使得单向控制极为安全。木马、病毒等有害信息更将无法反向穿过网闸破坏被保护的内网。
- 采用自行定制的网络安全操作系统和自研的安全协议栈,保障了平台的安全性,网闸设备本身具有极高的安全性,可抵御来自内外网的任何攻击者发起的地址欺骗、包重放、DDOS 等攻击行为。
- 网闸设备支持透明部署与非透明部署两种模式,极大地适应了用户的环境要求,方便了用户的管理配置,并且当设备采用透明部署方式时设备将会全隐形。
- 网闸可支持同一网段和不同网段的数据交换。管理控制口无 IP 地址,只有通过专用控制软件才可找到网闸设备,并且进行管理员身份认证之后才可进行管理行为。

(3)网闸产品部署

鉴于司机一卡通(一卡通)专网的网络特点,将在司机一卡通(一卡通)专网与对外服务网络之间部署网闸系统。可以在电子政务内网与对外服务网络安全隔离的情况下，实时进行相关业务的数据交互（如与银行的金融结算，与公安局的人员身份信息查询，与公交系统的卡业务信息交互等），同时保证一卡通网络系统的安全。同时鉴于相关单位均为互不信任单位，有部分单位安全级别要求很高、甚至是涉密单位，为了保证该单位的网络安全也需要在与一卡通进行业务交互的网络边界处部署网闸。利用 VPN 进行通信加密，利用网闸进行安全隔离，建立一整套的安全防护体系。前期采用百兆网闸，后期扩展选用千兆的。

（4）安全策略

网闸产品的工作原则是没有被明确指出的可以通过的数据一律不予摆渡，所以将网闸部署于电子政务内网与对外服务网络之间，需要定制专门的允许交换数据的安全策略才可实现系统业务数据的安全交互。

第一步：划分两个单向传输数据（内 - >外）的安全通道。目的是只允许系统业务数据的单向传输，不被黑客、木马反向穿透。

第二步：定制交换数据的对象。目的是只允许点（内网数据服务器）对点（相关单位服务器）的数据交换。其他试图穿过网闸的计算机的信息一律丢弃。

第三步：定制数据交换应用，通过选用设备内置的数据库、文件、邮件的处理模块，保证安全数据通道中传输的数据的合法性。

第四步：将安全通道与规则元素绑定、组合为一条综合安全保障策略，应用到网闸设备中。网闸设备通过指定的安全通道为电子政务内网和对外服务网络交换数据。

（5）设计优势

网闸产品结合自身产品的优点针对司机一卡通（一卡通）网络环境的特点制定相应的安全策略，以确保一卡通网络与对外服务网络安全隔离的同时，实现由司机一卡通（一卡通）网络与对外服务网络的两个单向的业务数据交换通道。

部署网闸产品后可以从 OSI 的各个层次上保护电子政务内网，形成一整套统一的安全防御体系。

面临的威胁	网闸的处理及结果
物理层窃听、攻击、干扰	物理通路的切断使之无法实施
链路、网络及通信层威胁	物理通路的切断使之上的协议终止，相应的攻击行为无法奏效
应用攻击（CC、溢出、越权访问等）	由于物理通路的切断、单向控制及其之上的协议的终止，使此类攻击行为无法进入电子政务内网（安全域）。 专有定制的应用服务模块的提供，使对网闸的非安全域一端的处理单元的攻击行为无法奏效。即便是最糟糕的情况出现，将外网端的处理单元攻陷，其攻击者也无法通过不受任何一端控制的安全通道进入电子政务内网（安全域），这是单主机类安全产品无法做到的。
数据（敏感关键字、病毒、木马等）	专业的数据交换处理模块，其应用协议传输的数据必须是可识别的规范数据。木马病毒等无法被网闸摆渡，更不可能反向穿透网闸

7. VPN 专线

VPN 专线指司机一卡通数据中心网络与各单位数据网络设计 VPN 隧道分离专线设备。

(1) VPN 设计原则

VPN 的设计包含以下原则：

- 安全性
- 网络优化
- VPN 管理

(2) 安全性

VPN 直接构建在公用网上，实现简单、方便、灵活，但同时其安全问题也更为突出。企业必须要确保其 VPN 上传送的数据不被攻击者窥视和篡改，并且要防止非法用户对网络资源或私有信息的访问。Extranet VPN 将企业网扩展到合作伙伴和客户，对安全性提出了更高的要求。

VPN 的安全性包含以下特征：

①隧道与加密：隧道能实现多协议封装，增加 VPN 应用的灵活性，可以在无连接的 IP 网上提供点到点的逻辑通道。在安全性要求更高的场合应用加密隧道则进一步保护了数据的私有性，使数据在网上传送而不被非法窥视与篡改。

②数据验证：在不安全的网络上，特别是构建 VPN 的公用网上，数据包有可能被非法截获，篡改后重新发送，接收方将会接收到错误的数据。数据验证使接收方可识别这种篡改，保证了数据的完整性。

③用户验证：VPN 可使合法用户访问他们所需的企业资源，同时还要禁止未授权用户的非法访问。通过 AAA 路由器可以提供用户验证、访问级别验证以及必要的访问记录等功能。这一点对于 Access VPN 和 Extranet VPN 具有尤为重要的意义。

④防火墙与攻击检测：防火墙用于过滤数据包，防止非法访问，而攻击检测则更进一步分析数据包的内容，确定其合法性，并可实时应用安全策略，断开包含非法访问内容的会话链接，并产生非法访问记录。

(3) 网络优化

构建 VPN 的另一重要需求是充分有效地利用有限的广域网资源，为重要数据提供可靠的带宽。广域网流量的不确定性使其带宽的利用率很低，在流量高峰时引起网络阻塞，产生网络瓶颈，使实时性要求高的数据得不到及时发送；而在流量低谷时又造成大量的网络带宽空闲。QoS 通过流量预测与流量控制策略，可以按照优先级分配带宽资源，实现带宽管理，使得各类数据能够被合理地先后发送，并预防阻塞的发生。

一般地,二层和三层的 QoS 具有以下功能:

①流分类:根据不同的用户、应用、服务器或 URL 地址等对数据流进行分类,然后才可以在不同的数据流上实施不同的 QoS 策略。流分类是实现带宽管理以及其他 QoS 功能的基础。ACL 就是流分类的手段之一。

②流量整形与监管:流量整形是指根据数据流的优先级,在流量高峰时先尽量保证优先级高的数据流的接收/发送,而将超过流量限制的优先级低的数据流丢弃或滞后到流量低谷时接收/发送,使网络上的流量趋于稳定;流量监管则是指带宽大的路由器限制出口的发送速率,从而避免下游带宽小的路由器丢弃超过其带宽限制的数据包,消除网络瓶颈。

③拥塞管理与带宽分配:根据一定的比例给不同的优先级的数据流分配不同的带宽资源,并对网络上的流量进行预测,在流量达到上限之前丢弃若干数据包,避免过多的数据包因发送失败同时进行重传而引起更严重的资源紧张,进而提高网络的总体流量。

(4)VPN 管理

VPN 要求司机一卡通(一卡通)系统将其网络管理功能从局域网无缝地延伸到公用网,甚至是客户和合作伙伴。虽然可以将一些次要的网络管理任务交给服务提供商去完成,企业自己仍需要完成许多网络管理任务。所以一个完善的 VPN 管理系统是必不可少的。

VPN 管理的目标为:

①减小网络风险:从传统的专线网络扩展到公用网络基础设施上,VPN 面临着新的安全与监控的挑战。网络管理需要做到在允许公司分部、客户和合作伙伴对 VPN 访问的同时,还要确保公司数据资源的完整性。

②扩展性: VPN 管理需要对日益增多的客户和合作伙伴作出迅捷的反应,包括网络硬、软件的升级及网络质量保证、安全策略维护等。

③经济性:保证 VPN 管理的扩展性的同时不应过多地增加操作和维护成本。

④可靠性:VPN 构建于公用网之上,不同于传统的专线广域网,其受控性大大降低,故 VPN 可靠而稳定地运行是 VPN 管理必须考虑的问题。

⑤VPN 管理主要包括安全管理、设备管理、配置管理、ACL 管理、QoS 管理等内容。

8. 加密机

(1)产品应用分析

司机一卡通(一卡通)系统主要应用于司机一卡通的商务系统,存在一些商业机密信息,如果这些机密信息在网上传输过程中泄密,其造成的损失将是不可估量的。社保、公安、民政等部门以及第三方相关联的政务应用等各个部门都会通过网络路径纳入到司机一卡通(一卡通)数据交换平台,所以司机一卡通(一卡通)

系统网络安全方案的解决不容忽视。而针对业务数据应用安全的解决方案,金融数据加密机解决方案成为首选的数据应用层加密解决方案。

在司机一卡通(一卡通)系统中,其安全风险和隐患主要来自于以下几个方面:

• 来自于密钥管理系统软件实现方式的安全隐患;

• 来自于通信线路上的风险,如搭线、篡改、重播等;

• 来自于人员的风险,如攻击者分析、跟踪程序代码、获取用户密码;非法访问数据业务主机数据库,获取客户信息等;

• 来自于保护措施上的风险,采用的保护措施安全强度不够或方法不得当而给攻击者以可乘之机;

• 卡片个人化处理系统;

• 主机操作系统的安全性等。

(2)产品功能需求

司机一卡通(一卡通)系统的金融加密机主要实现司机一卡通(一卡通)数据中心服务器以及各运营服务器与各个参建业务单位的前置服务器进行数据加密交换。

①金融数据加密机提供完整的安全保密体系结构,支持如下功能:

• 由硬件完成数据加解密;

• 个人 PIN 码的保护(PINBLOCK 的加密、转换、验证);

• 消息来源正确性验证(MAC)的产生、验证及转发;

• 对交易中的关键数据(如交易金额、交易时间、交易流水等)都利用硬件加密设备进行完整性保护和验证(TAC);

• 密钥的产生、分发、分散、存储、销毁;

• 通过与发卡机相连,可以实现卡片个人化处理。

②金融数据加密机还有完善的密钥管理体系,具体包括:

• 提供由全硬件噪声源产生的随机密钥;

• 通过按键板分段注入密钥分量;

• 通过 IC 卡注入和备份密钥;

• 物理锁防撬;

• 任何时候的人工销毁密钥功能。

利用金融数据加密机能有效防止通信信道上的主动攻击行为。在司机一卡通(一卡通)系统网络中,线路上传输的所有数据全是经加密机加密后的密文,明文只在加密机内部出现,所有的密钥也保存在加密机内部,可有效防止内外部人员的攻击。

(3)产品部署

结合以往司机一卡通(一卡通)系统的建设单位分析,司机一卡通(一卡通)系统主要参建单位有：市公交总公司、社保局、公积金中心、卫生局、教育局、公安局、客运管理处、财政局、商务消费第三方联名业务单位等。金融数据加密机应部署在司机一卡通（一卡通）系统网络的数据中心，采用的是金融数据加密机三种部署方式中的有中心模式，并根据实际情况部署到两台核心交换机上，两台金融数据加密机无需心跳线连接，只要可以与各个运营主体通信，就可为各个业务运行主体和需要提供数据加密业务时所需要的加解密服务。

根据司机一卡通（一卡通）数据中心业务的重要性、可靠性和实时性要求，建议对数据中心提供业务数据加密服务的两台金融数据加密机配备金融数据加密机备份机，可以保证在金融数据加密机宕机的情况下持续地为司机一卡通（一卡通）系统和各个业务运营主体提供服务。金融数据加密机的部署如下图所示。

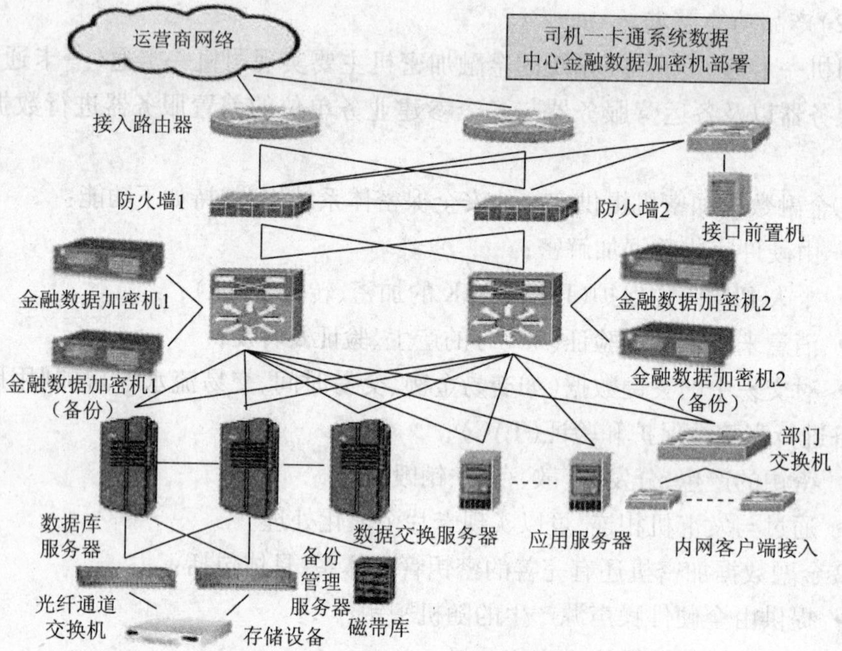

司机一卡通（一卡通）系统金融数据加密机部署示意图

五、司机一卡通系统网络设计方案

（一）网络平台建设原则

为达到网络优化和将来扩展的目标要求，司机一卡通（一卡通）网络平台建设应遵循以下原则：

1. 高可靠性

网络系统的稳定可靠是司机一卡通应用系统正常运行的关键保证，在司机一卡通（一卡通）内部与外部网络设计中选用高可靠性网络产品（加密机、网闸、

VPN、防火墙等安全部署),合理设计网络架构,制定可靠的网络冗余和备份策略,保证网络具有故障自愈的能力,最大限度地支持系统的正常运行。

2. 标准开放性

支持国际上通用标准的网络协议(如 TCP/IP)、国际标准的大型的动态路由协议(如 BGP、OSPF)等开放协议,有利于保证司机一卡通(一卡通)系统与现有业务单位网络之间的平滑连接互通,以及将来的网络扩展。

3. 灵活性及可扩展性

根据未来司机一卡通业务的增长和变化,网络可以平滑地扩充和升级,最大限度地减少对网络架构和现有设备的调整。

4. 可管理性

通过网管软件中间件或网管硬件设备对司机一卡通(一卡通)全局网络实行集中监测、分权管理,并统一分配带宽资源。选用先进的网络管理平台,具有对设备、端口等的管理和流量统计分析,并可提供故障自动报警。

5. 安全性

制定统一的司机一卡通骨干网安全策略,整体考虑网络平台的安全性。网络平台可以通过 VPN 和 VLAN 实现各业务子网隔离,全网统一规划 IP 地址,根据不同的业务划分不同的子网(Subnet),相同物理 LAN 通过 VLAN 的方式隔离,不同子网间的互通性由路由策略决定。

6. 保护现有投资

在保证网络整体性能的前提下,充分利用公交公司、社保等业务单位现有的网络设备或做必要的升级,对其他的设备用作司机一卡通骨干网外联的接入设备。

7. 统一标准、统一平台

司机一卡通(一卡通)网络平台的互联及互通关键是对相同标准的遵循,在网络中,由于有多个业务系统网络并存,要使这些网络能融合到一起,实现业务整合及数据集中与共享等业务,就必须统一标准。在具体实施中,必须统一规划 IP 地址及各种应用,采用开放的技术及国际标准,如路由协议、安全标准、接入标准和网络管理平台等,才能保证实现网络的统一,并确保网络的可扩展性。

(二) 网络整体结构

建立一个能满足各种业务应用,支持多协议的统一的计算机通信平台,实现平滑、高效的网络互连,除满足业务需要外,还能满足信息系统将来的发展需求,顺应网络发展的趋势,保证可向未来网络模式平滑移植。

司机一卡通(一卡通)网络的业务流向:各个业务中心(如中石油、小额缴费、社保中心等)←→一卡通中心的数据中心以这样的纵向流为主。根据业务走向,最适合的网络模型是星形组网。

从司机一卡通(一卡通)网络的管理和技术角度来看,建议采用层次化的网络设计结构,这样既方便了管理,也有利于扩展和灵活布置。

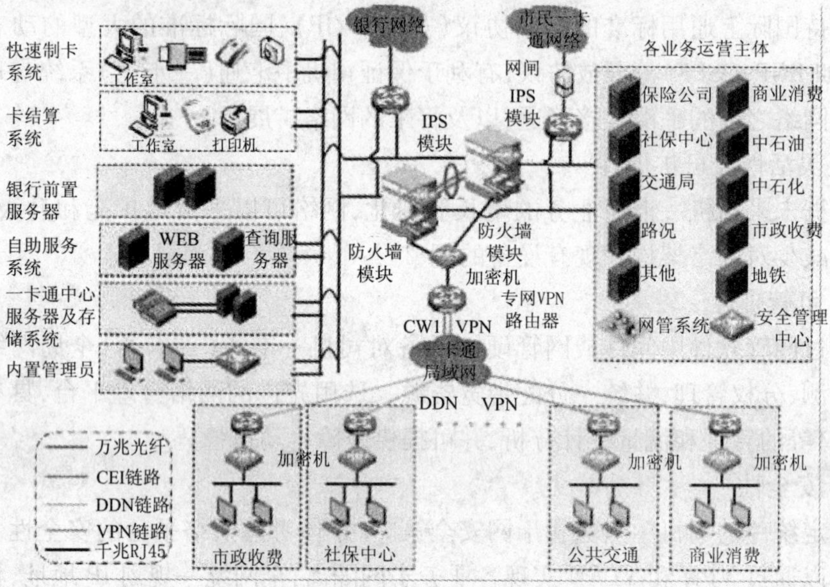

司机一卡通网络拓扑图

①在司机一卡通(一卡通)数据中心局域网部署两台高端核心交换机作为网络的双核心,双机热备提高核心的冗余性,保证在一台核心交换机出现问题时,仍然能够通过另外一台核心交换机进行数据转发。同时也可以在两台核心交换机正常工作时,进行数据转发的负载分担,进一步提高了数据转发速率,消除了网络拥塞。

②两台核心交换机之间捆绑两条万兆链路,在建立心跳线的同时,进一步提高核心层的可靠性。

③所有服务器和工作站通过双归属的方式,分别上联至两台核心交换机上,保证链路的冗余性。

④充分利用核心交换机的可扩展性,在两台核心交换机上各扩展一块高吞吐量的防火墙插卡,对各个区域之间访问进行可管理的隔离,特别是对各个重要的服务器,并且对各个区域的终端的攻击能起到一个很好的防范。部署在交换机防火墙的模块采用虚拟防火墙技术,最大可虚拟成128台防火墙,可以针对不同的业务部门,如社保系统、公交系统等,制定相应的安全策略,当有终端访问一卡通数据中心时,经过安全策略的限制,大大提高了整网安全性。

⑤根据防火墙的工作机制,它主要是防御3~4层的网络攻击,对于更高层面的,如应用层的病毒攻击等,是无能为力的。建议在两台核心交换机上各扩展一

块高性能的入侵防御 IPS 插卡，对数据中心的服务器进行应用层保护，可以有效地防止 DDOS 攻击和数据库数据更改等黑客行为。因为 IPS 系统部署在核心交换机内部，所以可理解成在所有链路上都部署了一台高性能的 IPS，所有经过核心交换机的数据都可以经过一次过滤，整网安全性进一步提高。

⑥当有大量访问各个运营业务服务器的需求时，可在两台核心交换机上各扩展一块负载均衡卡（Load Balance），对访问服务器群的访问量进行负载分担。

⑦在一卡通中心的专网出口处部署一台强 VPN 功能的高端路由器，在各个运行分支部署一台中端路由器，它们之间通过 CE1 链路进行互连（若数据量不大，可以考虑使用 DDN 链路，或者一部分用 CE1 链路，另一部分使用 DDN 链路）。

⑧通过一台安全路由器连接至银行网络系统，方便开展费用结算业务。

⑨通过一台中端路由器连接司机一卡通（一卡通）网络，方便司机对相关信息进行查询。同时在路由器前端部署一台网闸，有效控制网络的访问。

⑩为对全网所有的安全事件进行统一管理，部署一台服务器作为安全管理中心，收集整理所有网络和安全设备的日志信息，并提供丰富的报表，供管理进行分析和监控网络。

⑪采用智能管理中心对整网所有的设备进行远程管理，管理范围包括设备运行状态、整网运行业务、上线用户的软硬件情况。此外在智能管理中心安装端点准入插件，对各个终端用户的认证、授权、补丁和病毒库进行统一管理。

⑫在司机一卡通（一卡通）网络通过加密机进行数据的加解密，保证数据的安全性。

⑬网管系统和其他服务器和核心交换机直接相连，保证数据转发没有瓶颈。

⑭各网络设备必须支持多种网关协议，并支持中文网关，方便今后的统一管理。

（三）广域网建设方案

1. 广域网的技术选择

选择合理的广域网络主干技术对于司机一卡通网络来说十分重要，因为它关系到网络的服务品质和可持续发展的特性。目前，可供选择的宽带技术包括以下几种：

（1）传统电信资源。包括 DS0（64Kbps），nX64Kbps，PCM G.703/G.704（2Mbps）、DS3、帧中继（FR）、X.25 等。传统电信资源一般用于较低的速率，例如 64Kbps（DS0）、nX64Kbps、2Mbps PCM（G.703/G.704）、45Mbps（DS3）、帧中继（FR）、X.25 等。其优点是资源丰富、费用比较低廉等，但速率较低，而且由于是基于 TDM 技术，网络资源利用率较低。对于司机一卡通网络的某些低速接入的运营主体，如大型商业市场，可以考虑采用。对于更大一些的主体，可以考虑通过绑定多条低速线路形成高速网络骨干。

(2)千兆以太网技术(GE)。最高传输速率为1Gbps,与以太网技术、快速以太网技术向下兼容。下一代10Gbps以太网标准还在起草。GE技术的最大问题是缺乏足够的可靠性机制和足够的扩展性机制(例如其单端口最高带宽限于1Gbps),而且是适合于距离有限的网络骨干。

(3)异步转移模式(ATM技术)。它采用了信元的传输和交换技术,减少了处理的时延,保障了服务质量,使其端口可以支持从E1(2Mbps)到STM-1(155Mbps)、STM-4(622Mbps)、STM-16(2.5Gbps)、STM-64(10Gbps)的传输速率。ATM技术的最大问题是协议过于复杂和太多的信头开销,但对于目前国内的用户来说,ATM是电信公司能提供的少数的高速网络资源之一,对于司机一卡通(一卡通)网络而言,ATM是考虑建立网络骨干的技术之一。

(4)SDH技术(或POS技术)。采用高速光纤传输,以点对点方式提供从STM-1到STM-64甚至更高的传输速率。其中IP over SDH技术也简称为POS技术,也就是将IP包直接封装到SDH的数据帧中,提高了传输的效率。SONET/SDH是一种在当前电信网络中普遍采用的一种传输技术,它可以支持高达OC-48c/STM-16c、OC-192/STM-64c的速率,并具有性能监视、APS(Automatic protection switching)网络自愈的功能。虽然POS技术具有很多的优点,是一种相当不错的宽带主干网技术,但它的最大缺点是带宽分配不够灵活(基于点对点传输,且最低速率为155M)。

(5)CPOS。CPOS是指可信道化的POS电路,在一个物理POS通道中可划分为几个逻辑链路,有155M、2.5G两种。CPOS接口物理形态上是一个端口,但实际上内部分为了多个接口,155M的CPOS接口可以分为63个2M接口,2.5G的CPOS接口可以分为16个155M的接口。通过这种接口可以用一个端口与多个物理接口相连(当然中间采用传输),这种连接和帧中继、X.25的虚连接不同,实际上仍然是物理相连,在传输中独享VC12/VC4。采用CPOS接口的好处是:节省了一个TM传输设备;路由器上配线简单多了;可以节省很多的同轴电缆,用一根光纤全部解决。

(四)局域网建设方案

1. 司机一卡通管理中心局域网

经过对局域网组网方式的比较,根据上面所提的组网原则,考虑到实际情况,建议采用万兆交换以太网。采用具有1000M/10000M自适应端口的交换机,连接数据库服务器、工作站、访问服务器、WEB服务器、路由器等设备。

2. 地方分站运营中心

地方分站运营中心由于以营销为主,设备不会很多,且只有一个数据库服务器,所以推荐使用1000M快速以太网方式,使用一台1000M汇聚层交换机连接行业应用中心的各类设备。

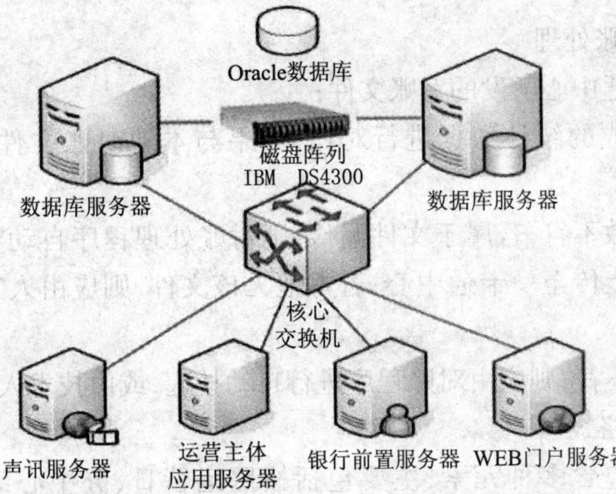

3. 内部结算

行业分中心可完成一卡通在该行业的交易结算，主要功能包括：

• 定时（日/月/年）统计各商户的充值/消费金额，按照交易类型、业务类型进行分类统计，并形成对账记录；

• 定时（日/月/年）统计各营运 POS/终端的充值或消费记录，并可根据终端的消费总数判断哪些营运网点需增加设备；

• 定时（日/月/年）统计各商户/营运 POS/终端的发售统计；

• 统计出各商户的营运收入。

（五）对账处理

一卡通清算中心在每日结算后，将清算结果以及对账文件发送至行业分中心。

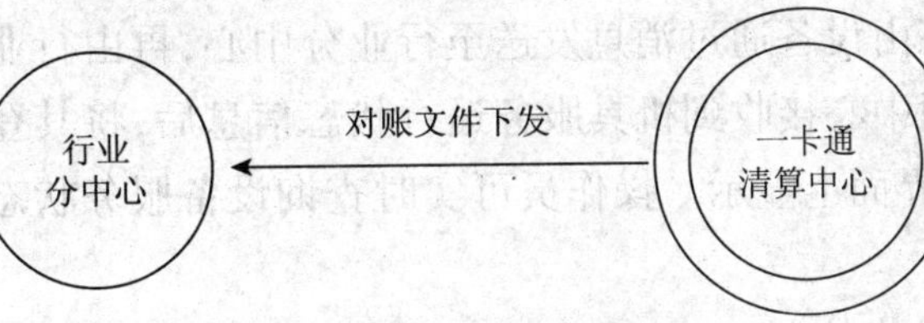

1. 一卡通对账数据生成

• 一卡通中心每日运营结束后，根据各行业分中心的原始交易数据，按照运营日、票种统计生成交易次数、交易金额的对账数据；

• 按照运营日、分中心、设备等统计生成售票次数、售票金额的对账数据；

• 按照运营日、分中心、设备、SAM 卡等统计生成交易次数、交易金额的对账数据；

• 按照运营日、分中心运营商等统计生成服务费、收益金额、损失金额的对账数据。

2. 分中心对账处理

• 接收一卡通中心下发的对账文件；

• 与本地生成的统计数据进行对比，如果与本地对账文件不符，对应处理如下：

①交易文件数不符，若属于文件漏传，则对账处理程序自动将未上传的数据在下一个工作日上传至一卡通中心；若本地无该文件，则应由人工追溯至终端进行检查；

②对账金额不符，则应由对账程序进行自动挂起，或由技术人员进行排查。

3. 对账文件格式

• 对账数据包含多种元素，主要包括按照运营日、分中心编码、设备编码、SAM、支付方式等统计的次数和金额，另外，还包括按照行业中心统计的服务费、收益金额以及损失金额。

• 对账数据的具体格式将在设计过程中确定。

（六）机具管理

机具管理的功能主要集中在：记录机具分布位置、记录机具服务运行状态、记录故障维修信息、记录安全卡更换信息、记录设备搬迁信息等。

由于机具的管理还涉及整个系统交易数据的验证，因此机具管理建议由一卡通清算中心统一完成，行业分中心可以保留查看机具服务运行状态的功能。

1. 记录机具分布位置

一卡通中心对全线设备统一进行编号，设备编号在一卡通系统中唯一标示。

设备编码 = 位置代码 + 设备类型代码 + 设备序号。

2. 记录机具服务运行状态

机具服务状态由设备通过消息发送至行业分中心，再由行业分中心转发至一卡通中心。一卡通中心接收到机具服务运行状态信息后，将其登记到中心数据库中，并实时在监控界面上显示。操作员可实时查询设备服务状态，并可打印、导出结果。

3. 记录故障维修信息

一卡通中心系统提供录入界面用于记录故障维修信息，由操作人员或故障维修人员登记。故障维修信息主要包括以下关键信息：

故障维修信息记录表

序号	关键元素
1	位置编码
2	机具类型

续表

序号	关键元素
3	机具序号
4	机具中文名
5	故障原因
6	故障发生时间
8	维修人员编码
9	维修人员中文名
10	维修结果

4. 记录安全卡更换信息

安全卡一般指 SAM 卡。一卡通中心系统提供录入界面用于记录 SAM 卡更换信息,由操作人员或更换人员登记。SAM 卡更换信息关键元素如下:

安全卡更换信息表

序号	关键元素
1	位置编码
2	设备类型
3	设备序号
4	设备中文名
5	SAM 卡类型,包括消费类、充值类等
6	原 SAM 卡逻辑卡号
7	新 SAM 卡逻辑卡号
8	更换原因
9	更换时间
10	更换人员
11	领用审批人员

操作人员可通过应用程序界面实时查询 SAM 卡更换的当前及历史记录,并可打印及导出结果。

由于当一卡通中心系统对交易记录进行校验以及验证时,会对 SAM 卡进行验证,因此更换信息将由中心数据库应用程序及时更新到设备与 SAM 卡相关联的信息表中。

5. 记录机具搬迁信息

当机具由于某种原因需要搬迁时,操作人员或搬迁人员使用一卡通中心系统提供的登记界面记录机具搬迁信息。机具搬迁信息关键元素如下表所示:

机具搬迁信息表

序号	关键元素
1	机具类型
2	设备中文名
3	原机具所属位置编码
4	原机具序号
5	搬迁后所属位置编码
6	搬迁后机具序号
7	搬迁原因
8	搬迁时间
9	搬迁人员
10	搬迁结果
11	搬迁审核人员

操作人员可通过应用程序界面实时查询设备搬迁的当前及历史记录，并可打印及导出结果。

当一卡通中心系统对交易记录进行校验以及验证时，会对设备编号进行验证，因此搬迁信息将由中心数据库应用程序及时更新到设备信息表中。

六、与地方核心场站枢纽对接

整套系统把全国的场站连成一体，通过大屏幕、互联网、手机等形式，把货运、车辆信息全部连接起来。

（一）功能设计思路

1. 信息整合

旨在将全站的信息整合，完善明细分类，明确核心信息之间的关联，提高信息的有效转化，细化信息库之间的逻辑，明确技术开发的核心数据库和业务实现逻辑。

2. 辅助功能及相关功能联想

设计绝大部分功能参考《绿色低碳货运物流司机综合服务平台可行性报告》，对功能进行分析后，对应需求明确具体功能，并找出部分功能盲点，完善功能使用流程。

3. 角色定位、功能细化

除从会员和管理员等角色分析不同功能使用、管理等细节外，还从业务逻辑上对会员做进一步区分，确保每一个角色围绕网站主业务的基本潜在需求得以满足。

4. 逻辑业务重整，关联重整，信息共享

网站主业务按照需求划分相对独立，但是有很多潜在关联和功能交叉，特别是在原有网站基础上新增了两大逻辑业务，信息逻辑的重整、结构关联的重整就变得尤其重要，这是让用户快速完成需求、细化网站功能、简化网站流程、明确开发功能主体、优化程序处理逻辑的重要保障。

5. 可扩展思路解决功能的延伸问题

从可扩展的角度去解决网站主业务功能，便于日后扩展信息或者对信息分类、检索等。如地区化思路解决信息的扩展和地域性的划分；车辆详细页的扩展、等级划分等功能；

（二）功能设计

1. 网站总框架概述

网站根据平台划分，可分为互联网平台、手机客户端平台。从网站结构上可分为网站前台、会员中心和管理员后台三大部分。网站前台主要针对普通网站用户；会员中心主要针对一卡通会员；管理后台的应用对象单一，只针对一卡通管理员。

手机客户端思路同互联网平台，后期根据功能需要再做规划，此处不再赘述。下面以互联网平台为例，从网站前台、会员中心、管理员后台讲述一卡通项目的规划方案。

2. 司机一卡通主业务功能规划

司机一卡通主业务主要包括会员服务、一卡通、车体广告、配货优先、资讯服务及信息实时发布、司机用品超市、综合物流服务大厅、运输综合系统，这八个模块共同支持一卡通网站的所有业务功能，它们之间的数据互相关联。

注：这里提到的 8 个主业务功能是从功能逻辑上做了整合，如物流百事通、消费实惠、加油省钱这些规划在资讯服务里。

（1）会员服务

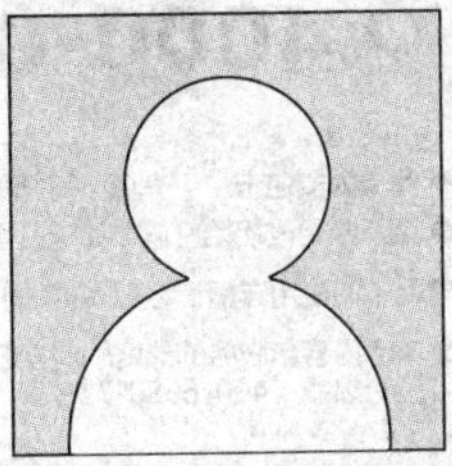

针对网站服务对象人群，一卡通的会员服务包括：网站针对会员从引导会员注册登录，到用户的咨询委托服务（这里提到的咨询只针对咨询环节，不包括委托业务的受理，如前台电话展示、QQ 咨询接口、帮助中心等）及用户的后台管理。

注：会员的服务是可持续的，随着业务扩展，日后可以做会员的管理升级功能，如会员奖励机制、会员等级机制等。

网站前台：会员引导注册（是否考虑需要分析会员需求对会员注册加以区分，

并对会员进行分类管理，可有利于业务统计，针对用户的信息进行关联推荐，由此带来的规划和开发复杂度增加）、用户登录、已登录用户显示、一卡通卡号关联、会员公告、会员帮助中心（以标签检索的模式让用户尽快找到常用问题，并在首页、信息栏等地方露出）等功能。

会员中心：包括会员中心首页（会员公告、会员登录时间、会员消息、会员业务提示等）、会员资料管理、会员密码修改、会员评价管理等。需要提出的是，根据一卡通业务的部分功能分析，应该在个人中心增加用户的个人喜好收藏功能，具体应用详见一卡通八大业务的内容。

后台管理：会员列表、会员检索、一卡通会员管理、普通会员管理、会员权限管理等。

3. 一卡通

一卡通服务包括：前台一卡通业务的引导和充值入口，用户可凭借注册实名或者卡号进行充值。同时在个人中心有相应的一卡通账户余额查询、账户充值记

录、消费记录等。

一卡通前台:一卡通业务说明页(需要提供业务信息文案)、申请办理流程页等。

一卡通个人中心:会员中心下的一卡通功能有充值功能、余额查询功能、充值记录功能、消费记录功能。

注:这里的充值记录数据接口来自支付宝和财付通,可能会产生一定的接口费用。消费记录的数据接口来自一卡通的磁卡机构提供的数据接口,实施起来还要与相关机构进行沟通,可能会产生一定的费用。目前一卡通的卡片功能是独立的,如联名卡、石油卡等,如进行功能整合到一张卡上,还需要在开发和流程上做进一步分析。

一卡通后台:一卡通账户管理、账户管理列表、充值订单列表、卡功能类型开通管理、消费商品类型列表、积分规则列表等。

4. 车体广告

车体广告主要围绕一卡通网站的车辆信息数据库展开的车体广告功能,包括车况展示、筛选、选车下单等功能。

前台:前台主要围绕车辆信息的展示,如列表展示、图片展示为主,其核心功能是车辆的多条件筛选和检索(车辆的 GPS 信息、年检、保险等信息将作为车辆的检索标准之一,以图标的形式展示);对于车主要有一个车辆添加的入口,鼓励车主添加自己的车辆,同时判断如果非一卡通网站用户,需注册为会员才可添加车辆并联系到车主,即车辆的发布功能。对于广告主应添加选车下订单功能,同时这里建议增加收藏功能和车辆评价功能,对已经合作过的车辆进行评价,评价的累计也可以作为车辆检索的一个标准。同时对于车辆可能要增加一个车辆详细页,有车辆的详细信息和图片展示等功能。

注:此功能有较大信息扩展性,如集成 GPS 功能等。

会员中心:根据前面提到的个人中心需求分类,这里对于货车司机和订单委托人的展示信息有所不同。对于车主会通过完善资料来让自己的车子更容易被检索,比如更多的照片上传、GPS 功能、常跑线路等。同时车主可以看到自己的广告订单记录。而对于广告订单的委托用户,在个人中心有广告订单的管理、添加,查看订单详情,查看订单状态,订单支付等功能。此功能建立在会员注册分类基础上。

后台管理:包括广告订单审核,检索筛选,广告订单添加、删除、编辑,管理广告订单状态,完成广告交易记录等。

(2)配货优先

配货基本业务同样是围绕车辆信息开展的功能,包括车辆列表、车辆检索、按条件筛选车辆等功能。同时对选定的车辆可以收藏,进行下派送单、支付流程等操作。

前台:车辆信息检索、按要素对车辆进行筛选、车辆收藏,下派送单流程。仓库信息检索、按要素对车辆进行筛选、仓库收藏、下单派送流程。

会员中心:订单管理,包括订单列表显示、订单修改、订单删除、订单处理状态查询;运单管理,包括运单列表显示、运单删除、运单详情页、运单状态、车辆 GPS 定位查询等。

后台管理:货源订单管理,包括订单检索查询、订单详情查看、订单编辑、添加订单功能;司机订单管理,包括订单检索、订单状态及状态修改、订单编辑、订单删除。

(3)资讯服务功能及信息实时发布

资讯服务功能,是围绕一卡通司机衣食住行等生活消费拓展的资讯服务功能。其中加油省钱是按地区聚合的加油站信息,消费实惠是按地区聚合的车辆维修保养、餐饮、住宿、大型超市等会员优惠信息。物流百事通是围绕司机货运这一

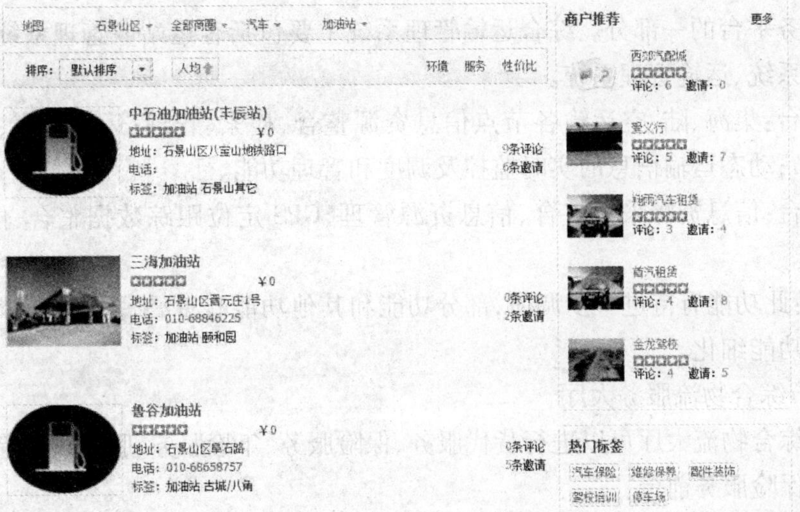

行为所涉及的信息速查工具。针对司机资讯服务这类信息有一定的地域性,可按位置划分分站。

前台:加油省钱、消费实惠模式和表现上是一致的。其主体数据来自成千上万家商家库信息,功能主要包括商家信息的分类筛选、检索、排序以及商户收藏、商户地理位置查询等功能(GPS 相关信息需要有 GPS 数据接口支持,会有一定的费用支出成本)。

后台管理:商户信息添加(包括照片、名称、联系电话、业务介绍等信息)、商户信息修改等。

(4)司机用品超市

司机用品超市功能,包含一般电子商城的基本功能:如产品发布功能(产品检索、产品筛选、产品详细页编辑、产品关联分类、产品评论)、产品订购功能(购物车功能、订单支付、订单流程跟踪、订单确认等)、产品评价体系等。

前台:产品发布(包括产品检索、产品筛选、产品详情、产品编辑、产品关联分类等、产品订购功能(购物车、订单支付、订单跟踪、订单确认等)、产品评价体系、产品促销(产品优惠信息发布、产品优惠券领取、产品优惠券使用、购物积分返还等)、用户咨询。

个人中心:我的购物车、买到的商品(订单的查询、修改、确认、评价等功能),我的优惠(用户的产品优惠券信息)、我的收藏、地址管理、留言管理、用户咨询等。

后台管理:产品发布(产品信息添加、产品预览、产品编辑)、产品列表、销售记录、库存管理、订单状态编辑

(5)运输综合系统

运输系统包括车源、船、航班信息和货源信息,实时运价跟踪和行业运价指数

发布；物流公司信息发布展示、物流线路发布、综合物流供应链服务。此系统也是公共服务平台的一部分。综合运输管理系统主要包括客运站务管理系统、运价管理信息系统、运输管理系统。

前台：集海、陆、空运输各节点信息资源整合、检索、管理；运价采集、录入、分析、发布；动态运输信息的实时监控及调度和管理功能。

后台：信息资源采集整合、信息资源管理、GPS 定位跟踪数据整合、信息实时发布等。

注：此功能有待进一步调研，部分功能和其他功能有重叠，需根据实际需求做进一步功能细化。

(6)综合物流服务大厅

在综合物流大厅可以进行货代服务、保险服务、年检服务、服务评审等。

①保险服务前台：

1)服务中心：包括在线客服(电话/ QQ/呼叫中心等)和业务指南两部分。

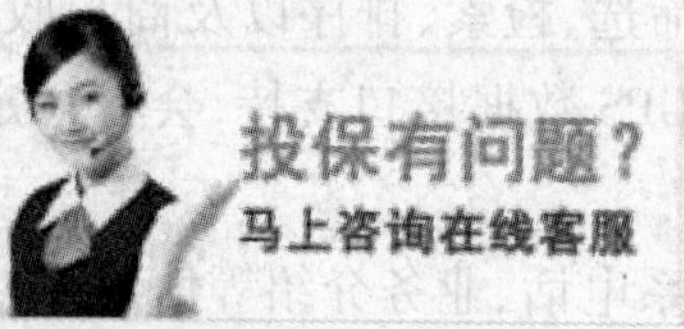

投保帮助及服务指南

- 境外出险了，谁来帮帮我？
- 您的宠物投保了吗？
- 家、孩子、宠物谁来帮我“看管”？
- 警惕网络洗钱陷阱，增强反洗钱意识

2)投保流程：STEP1 选购保险 > STEP2 在线报价 > STEP3 填写投保信息 > STEP4 投保确认 > STEP5 安全支付。

1.选购保险 ▸ 2.在线报价 ▸ 3.填写投保信息 ▸ 4.投保确认 ▸ 5.安全支付

承保公司	产品名称	自驾车意外	飞机意外	火车/轮船意外	运营汽车意外	保障期限	中民价格	产品详情
阳光保险集团	阳光人寿交通工具意外保障计划商旅版	10万元	40万元	15万元	12万元	1年	￥50	查看与投保
华泰保险	华泰全年自驾车人生意外保障计划	50万元/节假日80万	-	-	-	1年	￥350	查看与投保
泰康人寿	泰康人寿e顺交通意外公务车驾驶与乘坐保障计划	10万-50万	60万-90万	10万-50万	10万-50万	1年	￥148.51	查看与投保

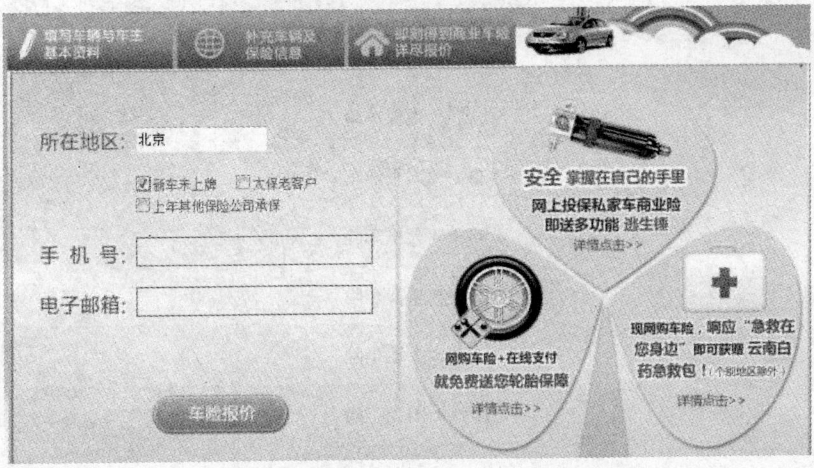

3)保险业务营销:包括业务关联、业务优势、业务资源展示。

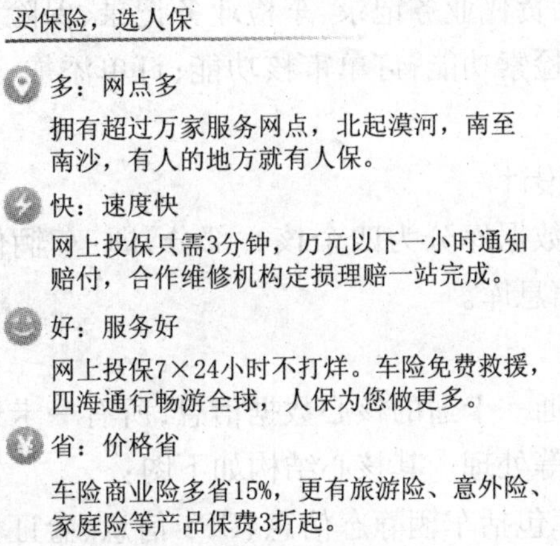

4）服务评审：对服务进行评价给分。

②货代服务前台：

1）服务中心：包括在线客服（电话/ QQ/呼叫中心等）和业务指南两部分。

2）预约流程：STEP1 填写货代订单 > STEP2 订单确认 > STEP3 安全支付。

3）业务营销信息展示等。

4）服务评审：对服务进行评价给分。

③年检服务前台：

1）服务中心：包括在线客服（电话/ QQ/呼叫中心等）和业务指南两部分。

2）预约流程：STEP1 填写车审订单 > STEP2 订单确认 > STEP3 安全支付。

3）业务营销信息展示等。

4）服务评审：对服务进行评价给分。

④个人中心：包括货代业务记录、车检业务记录、保险业务记录、状态查看、服务评审等功能。

⑤后台管理：包括货代业务记录、车检业务记录、保险业务记录；按订单编号、时间、会员 ID 等信息检索功能；订单审核功能；订单添加、删除、数据导出功能；订单状态修改功能。

（三）系统结构设计

交通一卡通系统数据库分为四个核心部分，即：车辆信息库、会员信息库、货源信息库、仓储库场信息库。

1. 车辆信息库

车辆信息库是交通一卡通的核心数据信息，所有一卡通业务都离不开车辆信息的采集、处理、调取等处理。其核心结构如下图：

如图，车辆信息库包括车辆静态信息、GPS 信息、验证信息三类信息。车辆静态信息要点字段包括：车长、调用地、调用时间、车牌号、车辆类型、车主及联系方式、运价等;GPS 信息动态采集车辆当前信息及历史轨迹等信息,为车辆调度提供及时信息;验证信息是车辆信息的一个评价标准,产品升级还可增加车辆等级等信息,就目前来说验证信息只包括是否有车辆保险、是否有年检、是否有 GPS 定位功能。

车辆信息库的信息除价格信息、车辆调度的信息不断变化外,其他信息均在注册时通过电话回访的方式确认,部分可修改参数,如手机号等可以通过会员的个人中心进行修改。这里所说的信息采集主要是价格和车辆位置信息的动态采集,主要有以下几种方式:

- 呼叫中心通过委托受理或回访等方式采集;
- 通常是车主通过短信方式发布车辆信息等;
- GPS 定位系统对车辆位置的信息采集;
- 会员登录注册并根据业务需要完善车辆信息。

2. 会员信息数据库

会员信息根据会员的类型,可分为车主信息、物流公司信息、委托业务人信息。会员信息采集方式主要包括移动客户端的信息采集、网上注册会员的资料完善、呼叫中心电话回访等方式。

3. 货源信息数据库

货源信息库为车辆信息库提供必要的货单信息来源。

4. 仓储库场数据库